Greek

at your Fingertips

Other titles in this series

French at your Fingertips
Portuguese at your Fingertips
Spanish at your Fingertips

Greek

at your Fingertips

compiled by
LEXUS

with

Konstantinos Greveniotis, Angelos D Grollios,
Philip Murphy, Stephanos Papadimitriou
and Peter Terrell

Routledge & Kegan Paul

London

First published in 1986
by Routledge & Kegan Paul Ltd.

11 New Fetter Lane, London EC4P 4EE

Reprinted 1986

Set in Linotron Baskerville
by Morton Word Processing Ltd, Scarborough
and printed in Great Britain
by The Guernsey Press Co. Ltd, Guernsey, Channel Islands

British Library Cataloguing in Publication Data

Greek at your fingertips.—(Fingertips)

1. Greek language—Conversation and phrase books
I. Lexus   II. Murphy, Philip   III. Series
489′383421   PA1059

ISBN 0-7102-0725-5

Contents

Greek Pronunciation

Because you are likely to want to speak most of the Greek given in this book, rather than just to understand its meaning, an indication of the pronunciation has been given in square brackets. If you pronounce this as though it were English, the result will be clearly comprehensible to a Greek person. You will also make the very pleasant discovery that speaking Greek is by no means as difficult as it might look.

Some comments on the pronunciation system used:

a	as in 'path', 'garden'
e	as in 'get'
H	like the 'ch' sound in the Scottish pronunciation of 'loch'
i	ee
o	as in 'dog'
oo	as in 'soon'
TH	similar to the 'th' sound in 'that', but very close to a 'd' sound
th	as the 'th' sound in 'theme'

Where the print for a letter (or two letters) is in bold type this means that this part of the word should be stressed. It is very important to get the stress right when speaking Greek.

The Greek alphabet and the corresponding English letters are given at the foot of every righthand page in the Greek-English section of this book. You will see that the Greek letter γ has been given two pronunciations: 'y' if it comes before an English 'e' or 'i', and 'g' if it comes before an English 'a', 'o' or 'u'.

English – Greek

A

a enas, mia, ena [ένας, μία, ένα]; **90 drachmas a bottle** enenida THraHmes to bookali [ενενήντα δραχμές το μπουκάλι]
about: about 25 peripoo ikosi pede [περίπου είκοσι πέντε]; **about 6 o'clock** yiro stis exi [γύρω στις έξι]; **is the manager about?** ine o THi-efthidis eTHo? [είναι ο διευθυντής εδώ;]; **I was just about to leave** molis tha efevga [μόλις θα έφευγα]; **how about a drink?** thelis ena poto? [θέλεις ένα ποτό;]
above pano apo [πάνω από]; **above the village** pano apo to Horio [πάνω από το χωριό]
abroad sto exoteriko [στο εξωτερικό]
abscess to apostima [το απόστημα]
absolutely: it's absolutely perfect ine apolitos telio [είναι απολύτως τέλειο]; **you're absolutely right** eHis apolito THikio [έχεις απόλυτο δίκιο]; **absolutely!** apolitos! [απολύτως!]
absorbent cotton to babaki [το μπαμπάκι]
accelerator to gaz [το γκάζ]
accept THeHome [δέχομαι]
accident ena THistiHima [ένα δυστύχημα]; **there's been an accident** eyine ena THistiHima [έγινε ένα δυστύχημα]; **sorry, it was an accident** signomi, itan kata lathos [συγγνώμη, ήταν κατά λάθος]
accommodation(s) THomatia [δωμάτια]; **we need accommodation(s) for four** Hriazomaste THomatia ya teseris [χρειαζόμαστε δωμάτια γιά τέσσερεις]
accurate akrivis [ακριβής]
ache: I have an ache here eHo ena pono eTHo [έχω ένα πόνο εδώ]; **it aches** ponai [πονάει]
across: across the street apenadi sto THromo [απέναντι στο δρόμο]
actor enas ithopios [ένας ηθοποιός]
actress mia ithopios [μία ηθοποιός]
adapter ena polaplo [ένα πολλαπλό]
address i THi-efthinsi [η διεύθυνση]; **what's your address?** pia ine i THi-efthinsi soo? [ποιά είναι η διεύθυνσή σου;]
address book i antzenta ton THi-efthiseon [η αντζέντα των διευθύσεων]
admission: how much is admission? poso kani i isoTHos? [πόσο κάνει η είσοδος;]
adore: I adore ... latrevo ... [λατρεύω ...]
adult enas enilikos [ένας ενήλικος]
advance: I'll pay in advance tha pliroso prokatavolika [θα πληρώσω προκαταβολικά]
advertisement mia THiafimisi [μία διαφήμιση]
advise: what would you advise? ti tha simvooleves? [τι θα συμβούλευες;]
Aegean to Eyeo [το Αιγαίο]
affluent ploosios [πλούσιος]
afraid: I'm afraid of heights fovame ta ipsi [φοβάμαι τα ύψη]; **don't be afraid** mi fovase [μη φοβάσαι]; **I'm not afraid** THen fovame [δεν φοβάμαι]; **I'm afraid I can't help you** fovame oti THen boro na se voithiso [φοβάμαι ότι δεν μπορώ να σε βοηθήσω]; **I'm afraid so** THistiHos [δυστυχώς]; **I'm afraid not** oHi THistiHos [όχι δυστυχώς]
after: after you meta apo sas [μετά από σας]; **after 9 o'clock** meta tis enea [μετά τις εννέα]; **not until after 9 o'clock** oHi prin tis enea [όχι πριν τις εννέα]
afternoon to apoyevma [το απόγευμα]; **in the afternoon** kata to apoyevma [κατά το απόγευμα]; **good afternoon** kalispera [καλησπέρα]; **this afternoon** afto to apoyevma [αυτό το απογεύμα]
aftershave mia kolonia meta to xirisma [μία κολώνια μετά το ξύρισμα]
aftersun cream ena galaktoma meta ton ilio [ένα γαλάκτωμα μετά τον ήλιο]
afterwards meta [μετά]
again xana [ξανά]
against enadion [εναντίον]
age i ilikia [η ηλικία]; **under age** anilikos

[ανήλικος]; **not at my age!** oHi stin ilikia moo! [όχι στην ηλικία μου!]; **it takes ages** perni poli ora [πέρνει πολύ ώρα]; **I haven't been here for ages** eHo kero na ertho eTHo [έχω καιρό να έρθω εδώ]
agency ena praktorio [ένα πρακτορείο]
ago: a year ago prin ena Hrono [πριν ένα χρόνο]; **it wasn't long ago** THen pai polis keros [δεν πάει πολύς καιρός]
agony: it's agony ponai para poli [πονάει πάρα πολύ]
agree: do you agree? simfonis? [συμφωνείς;]; **I agree** simfono [συμφωνώ]; **it doesn't agree with me** (*food*) THen moo kani kalo [δεν μου κάνει καλό]
aggressive epithetikos [επιθετικός]
AIDS 'AIDS' [έϊντς]
air o aeras [ο αέρας]; **by air** aeroporikos [αεροπορικώς]
air-bed ena fooskoto stroma [ένα φουσκωτό στρώμα]
air-conditioning o klimatismos [ο κλιματισμός]
air hostess i aerosinoTHos [η αεροσυνοδός]
airmail: by airmail aeroporikos [αεροπορικώς]
airmail envelope enas aeroporikos fakelos [ένας αεροπορικός φάκελλος]
airplane to aeroplano [το αεροπλάνο]
airport to aeroTHromio [το αεροδρόμιο]
airport bus to leoforio aeroTHromioo [το λεωφορείο αεροδρομίου]
airport tax o foros aeroTHromioo [ο φόρος αεροδρομίου]
à la carte 'a la carte' [α λα καρτ]
alarm o sinayermos [ο συναγερμός]
alarm clock ena xipnitiri [ένα ξυπνητήρι]
Albania i Alvania [η Αλβανία]
alcohol to alko-ol [το αλκοόλ]
alcoholic: is it alcoholic? eHi alko-ol? [έχει αλκοόλ;]
alive zodanos [ζωντανός]; **is he still alive?** ine akoma zodanos? [είναι ακόμα ζωντανός;]
all: all the hotels ola ta xenoTHoHia [όλα τα ξενοδοχεία]; **all my friends** oli i fili moo [όλοι οι φίλοι μου]; **all my money** ola ta lefta moo [όλα τα λεφτά μου]; **all of it** olokliro [ολόκληρο]; **all of them** ola afta [όλα αυτά]; **all right** edaxi [εντάξει]; **I'm all right** ime edaxi [είμαι εντάξει]; **that's all** afta ine ola [αυτά είναι όλα]; **it's all changed** ola eHoon alaxi [όλα έχουν αλλάξει]; **thank you — not at all** efHaristo — parakalo [ευχαριστώ — παρακαλώ]
allergic: I'm allergic to ... ime aleryikos me ... [είμαι αλλεργικός με ...]
allergy i aleryia [η αλλεργία]
all-inclusive ola pliromena [όλα πληρωμένα]
allowed epitrepete [επιτρέπεται]; **is it allowed?** epitrepete? [επιτρέπεται;]; **I'm not allowed to eat salt** THen kani na tro-o alati [δεν κάνει να τρώω αλάτι]
almost s-HeTHon [σχεδόν]
alone monos [μόνος]; **are you alone?** ise monos? [είσαι μόνος;]; **leave me alone** ase me isiHo [άσε με ήσυχο]
already iTHi [ήδη]
also episis [επίσης]
alteration (*to plans*) mia alayi [μία αλλαγή]; (*to clothes*) mia metatropi [μία μετατροπή]
alternative: is there an alternative? (*choice*) iparHi ali ekloyi? [υπάρχει άλλη εκλογή;]; **we had no alternative** THen iHame ali ekloyi [δεν είχαμε άλλη εκλογή]
alternator o enalaktiras [ο εναλλακτήρας]
although an ke [αν και]
altogether sinolika [συνολικά]; **what does that come to altogether?** poso kani sinolika? [πόσο κάνει συνολικά;]
always pada [πάντα]
a.m.: at 8 a.m. stis oHto pro mesimvrias [στις οχτώ προ μεσημβρίας]
amazing (*surprising*) ekpliktikos [εκπληκτικός]; (*very good*) thavmasios [θαυμάσιος]
ambassador o presvis [ο πρέσβης]
ambulance to asthenoforo [το ασθενοφόρο]; **get an ambulance!** kaleste ena asthenoforo! [καλέστε ένα ασθενοφόρο!]
America i Ameriki [η Αμερική]
American Amerikanikos [Αμερικάνικος]; (*man*) o Amerikanos [ο Αμερικάνος]; (*woman*) i Amerikana [η Αμερικάνα]
American plan fool pansion [φουλ πανσιόν]

among anamesa [ανάμεσα]
amp: a 10 amp fuse mia asfalia THeka amper [μία ασφάλεια δέκα αμπέρ]
an(a)esthetic ena anesthitiko [ένα αναισθητικό]
ancestor o progonos [ο πρόγονος]
anchor i agira [η άγκυρα]
anchovies i anchooyes [οι αντσούγιες]
ancient arHeos [αρχαίος]
and ke [και]
angina i stithagHi [η στηθάγχη]
angry thimomenos [θυμωμένος]; **I'm very angry about it** ime poli thimomenos yafto [είμαι πολύ θυμωμένος γι' αυτό]
animal to zo-o [το ζώο]
ankle o astragalos [ο αστράγαλος]
anniversary: it's our (wedding) anniversary today ine i epetios too gamoo mas simera [είναι η επέτειος του γάμου μας σήμερα]
annoy: he's annoying me me enoHli [με ενοχλεί]; **it's so annoying** ine toso enoHlitiko [είναι τόσο ενοχλητικό]
anorak to 'anorak' [το άνορακ]
another: can we have another room? boroome na eHoome ena alo THomatio? [μπορούμε να έχουμε ένα άλλο δωμάτιο;]; **another bottle, please** alo ena bookali, parakalo [άλλο ένα μπουκάλι, παρακαλώ]
answer: there was no answer THen itan kanis eki [δεν ήταν κανείς εκεί]; **what was his answer?** ti apadise? [τι απάντησε;]
ant: ants ta mirmigia [τα μηρμήγκια]
antibiotics ta adiviotika [τα αντιβιοτικά]
anticlimax i apogoitefsi [η απογοήτευση]
antifreeze to adipsiktiko [το αντιψυκτικό]
antihistamine to adi-istaminiko farmako [το αντιισταμινικό φάρμακο]
antique: is it an antique? ine antika? [είναι αντίκα;]
antique shop to paleopolio [το παλαιοπωλείο]
antisocial: don't be antisocial min ise adikinonikos [μην είσαι αντικοινωνικός]
any: have you got any rolls/milk? eHete psomakia/gala? [έχετε ψωμάκια/γάλα;]; **I haven't got any** THen eHo katholoo [δεν έχω καθόλου]
anybody: can anybody help? bori kanis na voithisi? [μπορεί κανείς να βοηθήσει;]; **there wasn't anybody there** THen itan kanis eki [δεν ήταν κανείς εκεί]
anything otiTHipote [οτιδήποτε]; **I don't want anything** THen thelo tipote [δεν θέλω τίποτε]; **don't you have anything else?** THen eHis tipote alo? [δεν έχεις τίποτε άλλο;]
apart from ektos apo [εκτός από]
apartment ena THiamerisma [ένα διαμέρισμα]
aperitif ena aperitif [ένα απεριτίφ]
apology i signomi [η συγγνώμη]; **please accept my apologies** zito signomi [ζητώ συγγνώμη]
appalling apesios [απαίσιος]
appear: it would appear that ... fenete oti ... [φαίνεται ότι ...]
appendicitis i skolikoiTHitis [η σκωληκοειδίτις]
appetite i orexi [η όρεξη]; **I've lost my appetite** eHasa tin orexi moo [έχασα την όρεξή μου]
apple ena milo [ένα μήλο]
apple pie mia milopita [μία μηλόπιτα]
application form mia etisi [μία αίτηση]
appointment ena randevoo [ένα ραντεβού]; **I'd like to make an appointment** tha ithela na kliso ena randevoo [θα ήθελα να κλείσω ένα ραντεβού]
appreciate: thank you, I appreciate it efHaristo, to ektimo [ευχαριστώ, το εκτιμώ]
approve: she doesn't approve afti THen to egrini [αυτή δεν το εγκρίνει]
apricot ena verikoko [ένα βερίκοκο]
April o Aprilios [ο Απρίλιος]
aqualung i bookala oxigonoo [η μπουκάλα οξυγόνου]
archaeology i arHeoloyia [η αρχαιολογία]
are *see page 114*
area: I don't know the area THen xero tin perioHi [δεν ξέρω την περιοχή]
area code o koTHikos arithmos [ο κωδικός αριθμός]
arm to Heri [το χέρι]
around *see* **about**
arrangement: will you make the arrangements? tha ta taktopi-isis? [θα

τα τακτοποίησεις;]
arrest silamvano [συλλαμβάνω]; **he's been arrested** ton silavane [τον συλλάβανε]
arrival i afixi [η άφιξη]
arrive: when do we arrive? pote ftanoome? [πότε φτάνουμε;]; **has my parcel arrived yet?** eftase to THema moo? [έφτασε το δέμα μου;]; **let me know as soon as they arrive** pes moo molis ftasoon [πες μου μόλις φτάσουν]; **we only arrived yesterday** ftasame molis Htes [φτάσαμε μόλις χτες]
art i teHni [η τέχνη]
art gallery i pinakothiki [η πινακοθήκη]
arthritis ta arthritika [τα αθριτικά]
artificial teHnitos [τεχνητός]
artist o kaliteHnis [ο καλλιτέχνης]
as: as fast as you can oso pio grigora boris [όσο πιό γρήγορα μπορείς]; **as much as you can** oso pio poli boris [όσο πιό πολύ μπορείς]; **as you like** opos thelis [όπως θέλεις]; **as it's getting late** epiTHi perase i ora [επειδή πέρασε η ώρα]
ashore: to go ashore vyeno stin akti [βγαίνω στην ακτή]
ashtray ena tasaki [ένα τασάκι]
aside from ektos apo [εκτός από]
ask roto [ρωτώ]; **that's not what I asked for** THen ine afto poo zitisa [δεν είναι αυτό που ζήτησα]; **could you ask him to phone me back?** boris na too pis na moo tilefonisi? [μπορείς να του πεις να μου τηλεφωνήσει;]
asleep: he's still asleep akomi kimate [ακόμη κοιμάται]
asparagus to sparaghi [το σπαράγγι]
aspirin mia aspirini [μία ασπιρίνη]
assault: she's been assaulted tis epitethikan [της επιτέθηκαν]; **indecent assault** aprepis epithesi [απρεπής επίθεση]
assistant o/i voithos [ο/η βοηθός]
assume: I assume that ... ipotheto oti ... [υποθέτω ότι ...]
asthma to asthma [το άσθμα]
astonishing ekpliktikos [εκπληκτικός]
at: at the cafe sti kafeteria [στη καφετέρια]; **at the hotel** sto xenoTHoHio [στο ξενοδοχείο]; **at 8 o'clock** stis okto i ora [στις οκτώ η ώρα]; **see you at dinner** tha se THo sto fayito [θα σε δω στο φαγητό]
Athens i Athina [η Αθήνα]
Atlantic o Atladikos [ο Ατλαντικός]
atmosphere i atmosfera [η ατμόσφαιρα]
attractive elkistikos [ελκυστικός]; **you're very attractive** ise poli elkistikos [είσαι πολύ ελκυστικός]; (*to woman*) ise poli elkistiki [είσαι πολύ ελκυστική]
aubergine mia melidzana [μία μελιτζάνα]
auction i THimoprasia [η δημοπράσια]
audience to akroatirio [το ακροατήριο]
August o Avgoostos [ο Αύγουστος]
aunt: my aunt i thia moo [η θεία μου]
au pair (girl) i ikiaki voithos [η οικιακή βοηθός]
Australia i Afstralia [η Αυστραλία]
Australian Afstralos [Αυστραλός]
Austria i Afstria [η Αυστρία]
authorities i arHes [οι αρχές]
automatic aftomatos [αυτόματος]; (*car*) ena aftomato aftokinito [ένα αυτόματο αυτοκίνητο]
automobile to aftokinito [το αυτοκίνητο]
autumn to fthinoporo [το φθινόπωρο]; **in the autumn** to fthinoporo [το φθινόπωρο]
available: when will it be available? pote tha ine THiathesimo? [πότε θα είναι διαθέσιμο;]; **when will he be available?** pote tha ine efkeros? [πότε θα είναι εύκαιρος;]
avenue i leoforos [η λεωφόρος]
average: the average Greek o mesos Elinas [ο μέσος Έλληνας]; **an above average hotel** ena xenoTHoHio pano apo metrio [ένα ξενοδοχείο πάνω από μέτριο]; **a below average hotel** ena xenoTHoHio kato apo metrio [ένα ξενοδοχείο κάτω από μέτριο]; **the food was only average** to fai itan metrio [το φαΐ ήταν μέτριο]; **on average** kata meson oro [κατά μέσον όρο]
awake: is she awake? ine xipnia? [είναι ξύπνια;]
away: is it far away? ine makria? [είναι μακριά;]; **go away!** fiye! [φύγε!]
awful apesios [απαίσιος]
axle o axonas [ο άξονας]

B

baby to moro [το μωρό]
baby-carrier ena porte-bebe [ένα πορτ μπεμπέ]
baby-sitter mia 'baby-sitter' [μία μπέιμπι-σίττερ]; **can you get us a baby-sitter?** borite na mas vrite mia 'baby-sitter'? [μπορείτε να μας βρίτε μία μπέιμπι-σίττερ;]
bachelor enas eryenis [ένας εργένης]
back: I've got a bad back eHo provlima me tin plati moo [έχω πρόβλημα με την πλάτη μου]; **at the back** sto piso meros [στο πίσω μέρος]; **in the back of the car** sto piso kathisma [στο πίσω κάθισμα]; **I'll be right back** tha yiriso amesos [θα γυρίσω αμέσως]; **when do you want it back?** pote to thelis piso? [πότε το θέλεις πίσω;]; **can I have my money back?** boro na eHo ta lefta moo piso? [μπορώ να έχω τα λεφτά μου πίσω;]; **come back!** ela piso [έλα πίσω]; **I go back home tomorrow** tha yiriso stin patriTHa moo avrio [θα γυρίσω στην πατρίδα μου αύριο]; **we'll be back next year** tha yirisoome too Hronoo [θα γυρίσουμε του χρόνου]; **when is the last bus back?** pote pa-i piso to telefteo leoforio? [πότε πάει πίσω το τελευταίο λεωφορείο;]
backache: I have a backache moo pona-i i plati moo [μου πονάει η πλάτη μου]
back door i piso porta [η πίσω πόρτα]
backgammon ena tavli [ένα τάβλι]
backpack enas sakos [ένας σάκος]
back seat to piso kathisma [το πίσω κάθισμα]
back street to THromaki [το δρομάκι]
bacon to 'bacon' [το μπέικον]; **bacon and eggs** avga me 'bacon' [αυγά με μπέικον]
bad (*quality*) kakos [κακός]; **this meat's bad** afto to kreas ine Halasmeno [αυτό το κρέας είναι χαλασμένο]; **a bad headache** enas as-Himos ponokefalos [ένας άσχημος πονοκέφαλος]; **it's not bad** THen ine as-Hima [δεν είναι άσχημα]; **too bad!** atiHises [ατύχισες]
badly: he's been badly injured ktipise as-Hima [κτύπησε άσχημα]
bag mia tsada [μία τσάντα]; (*suitcase*) mia valitsa [μία βαλίτσα]
baggage i aposkeves [οι αποσκευές]; **baggage allowance** epitrepomena kila [επιτρεπόμενα κιλά]; **baggage check** (*at station*) Horos filaxis aposkevon [χώρος φύλαξις αποσκευών]
bakery o foornaris [ο φούρναρης]
balcony to balkoni [το μπαλκόνι]; **a room with a balcony** ena THomatio me balkoni [ένα δωμάτιο με μπαλκόνι]; **on the balcony** sto balkoni [στο μπαλκόνι]
bald falakros [φαλακρός]
ball mia bala [μία μπάλλα]
ballet to baleto [το μπαλλέτο]
ball-point pen ena stilo [ένα στιλό]
banana mia banana [μία μπανάνα]
band (*orchestra*) i orHistra [η ορχήστρα]
bandage enas epiTHesmos [έναςεπίδεσμος]; **could you change the bandage?** borite na alaxete ton epiTHesmo? [μπορείτε να αλλάξετε τον επίδεσμο;]
bandaid to lefkoplast [το λευκοπλάστ]
bank (*money*) i trapeza [η τράπεζα]; **when are the banks open?** pote anigoon i trapezes? [πότε ανοίγουν οι τράπεζες]; **bank account** enas trapezikos logariasmos [ένας τραπεζικός λογαριασμός]
bar to bar [το μπαρ]; **let's meet in the bar** as sinadithoome sto bar [ας συναντηθούμε στο μπαρ]; **a bar of chocolate** mia sokolata [μία σοκολάτα]
barbecue (*party*) to psisimo [το ψήσιμο]
barber enas kooreas [ένας κουρέας]
bargain: it's a real bargain ine mia pragmatiki efkeria [είναι μία πραγματική ευκαιρία]
barmaid i servitora [η σερβιτόρα]
barman o 'barman' [ο μπάρμαν]
barrette ena piastraki malion [ένα πιαστράκι μαλλιών]
bartender (*pub*) o 'barman' [ο μπάρμαν]
basic: the hotel is rather basic to xenoTHoHio ine aplo [το ξενοδοχείο

είναι απλό]; **will you teach me some basic phrases?** tha moo mathis merikes aples frasis? [θα μου μάθεις μερικές απλές φράσεις;]
basket ena kalathi [ένα καλάθι]
bath to banio [το μπάνιο]; **can I take a bath?** boro na kano ena banio? [μπορώ να κάνω ένα μπάνιο;]; **could you give me a bath towel?** moo THinete mia petseta too banioo? [μου δίνετε μία πετσέτα του μπάνιου;]
bathing to kolibi [το κολύμπι]; **bathing costume** ena mayo [ένα μαγιό]
bathrobe to boornoozi [το μπουρνούζι]
bathroom to lootro [το λουτρό]; **a room with a private bathroom** ena THomatio me iTHiotiko lootro [ένα δωμάτιο με ιδιωτικό λουτρό]; **can I use your bathroom?** boro na Hrisimopi-iso to banio sas? [μπορώ να χρησιμοποιήσω το μπάνιο σας;]
battery mia bataria [μια μπαταρία]; **the battery's flat** epese i bataria [έπεσε η μπαταρία]
bay o kolpos [ο κόλπος]
be ime [είμαι]; **be reasonable** logikepsoo [λογικέψου]; **don't be lazy** min tebeliazis [μην τεμπελιάζεις]; **where have you been?** poo isoona? [που ήσουνα;]; **I've never been to Naxos** THen eHo pa-i pote sti Naxo [δεν έχω πάει ποτέ στη Νάξο]; *see page 114*
beach i paralia [η παραλία]; **on the beach** stin paralia [στην παραλία]; **I'm going to the beach** pao stin paralia [πάω στην παραλία]; **beach mat** mia psatha [μία ψάθα]; **beach towel** mia petseta [μία πετσέτα]; **beach umbrella** mia ombrela [μία ομπρέλλα]
beads i Hadres [οι χάντρες]
beans ta fasolia [τα φασόλια]
beard ta yenia [τα γένια]
beautiful oreos [ωραίος]; **thank you, that's beautiful** ine thavmasio, sas efHaristo [είναι θαυμάσιο, σας ευχαριστώ]
beauty salon to komotirio [το κομμωτήριο]
because epiTHi [επειδή]; **because of the weather** logo too keroo [λόγω του καιρού]
bed ena krevati [ένα κρεβάτι]; **single bed** ena mono krevati [ένα μονό κρεβάτι]; **double bed** ena THiplo krevati [ένα διπλό κρεβάτι]; **you haven't made my bed** THen moo ftiaxate to krevati [δεν μου φτιάξατε το κρεβάτι]; **he's still in bed** akoma kimate [ακόμα κοιμάται]; **I'm going to bed** pao ya ipno [πάω γιά ύπνο]
bed and breakfast THomatio me proino [δωμάτιο με πρωινό]
bed linen ta sedonia [τα σεντόνια]
bedroom ena ipnoTHomatio [ένα υπνοδωμάτιο]
bee mia melisa [μία μέλισσα]
beef to mos-Hari [το μοσχάρι]
beer mia bira [μία μπύρα]; **two beers, please** THio bires, parakalo [δύο μπύρες, παρακαλώ]
before: before breakfast prin to proino [πριν το πρωινό]; **before I leave** prin figo [πριν φύγω]; **I haven't been here before** THen eHo xanarthi eTHo [δεν έχω ξανάρθει εδώ]
begin: when does it begin? pote arHizi? [πότε αρχίζει;]
beginner enas arHarios [ένας αρχάριος]; **I'm just a beginner** ime enas arHarios [είμαι ένας αρχάριος]
beginning: at the beginning kat arHas [κατ' αρχάς]
behaviour i siberifora [η συμπεριφορά]
behind piso [πίσω]; **the driver behind me** o oTHigos piso moo [ο οδηγός πίσω μου]
beige bezz [μπεζ]
Belgium to Velgio [το Βέλγιο]
believe: I don't believe you THen se pistevo [δεν σε πιστεύω]; **I believe you** se pistevo [σε πιστεύω]
bell (*door*) to kooTHooni [το κουδούνι]; (*church*) i kabana [η καμπάνα]
belong: that belongs to me ekino moo aniki [εκείνο μου ανήκει]; **who does this belong to?** se pion aniki afto? [σε ποιόν ανήκει αυτό;]
belongings: all my belongings ola ta iparHoda moo [όλα τα υπαρχοντά μου]
below apo kato [από κάτω]; **below the knee** kato apo to gonato [κάτω από το γόνατο]
belt mia zoni [μία ζώνη]
bend (*in road*) mia strofi [μία στροφή]
berries ta moora [τα μούρα]
berth (*on ship*) mia klini [μία κλίνη]

beside: beside the church THipla stin eklisia [δίπλα στην εκκλησία]; **sit beside me** katse THipla moo [κάτσε δίπλα μου]

besides: besides that ektos aftoo [εκτός αυτού]

best o aristos [ο άριστος]; **the best hotel in town** to kalitero xenoTHohio stin poli [το καλύτερο ξενοδοχείο στην πόλι]; **that's the best meal I've ever had** afto ine to kalitero yevma poo eHo fai pote [αυτό είναι το καλύτερο γεύμα που έχω φάει ποτέ]

bet : I bet you 500 drachmas 500 stiHimatizo pedakoses THrahmes [σου στοιχηματίζω πεντακόσες δραχμές]

better kaliteros [καλύτερος]; **that's better!** etsi bravo! [έτσι μπράβο!]; **are you feeling better?** esthanese kalitera? [αισθάνεσαι καλύτερα;]; **I'm feeling a lot better** esthanome poli kalitera [αισθάνομαι πολύ καλύτερα]; **I'd better be going now** tha itan kalitera na piyeno [θα ήταν καλύτερα να πηγαίνω]

between metaxi [μεταξύ]

beyond pera [πέρα]; **beyond the mountains** pera apo ta voona [πέρα από τα βουνά]

bicycle ena poTHilato [ένα ποδήλατο]; **can we rent bicycles here?** boroome na nikiasoome poTHilata eTHo? [μπορούμε να νοικιάσουμε ποδήλατα εδώ;]

big megalos [μεγάλος]; **a big one** ena megalo [ένα μεγάλο]; **that's too big** afto ine poli megalo [αυτό είναι πολύ μεγάλο]; **it's not big enough** THen ine arketa megalo [δεν είναι αρκετά μεγάλο]

bigger megaliteros [μεγαλίτερος]

bike ena poTHilato [ένα ποδήλατο]; (*motorbike*) ena miHanaki [ένα μηχανάκι]

bikini to bikini [το μπικίνι]

bill o logariasmos [ο λογαριασμός]; **could I have the bill, please?** boro na eHo ton logariasmo, parakalo? [μπορώ να έχω τον λογαριασμό, παρακαλώ;]

billfold to portofoli [το πορτοφόλι]

billiards to biliarTHo [το μπιλλιάρδο]

bird ena pooli [ένα πουλί]

biro (*tm*) ena stilo [ένα στυλό]

birthday ta yenethlia [τα γεννέθλια]; **it's my birthday** ine ta yenethlia moo [είναι τα γεννέθλιά μου]; **when is your birthday?** pote ine ta yenethlia soo? [πότε είναι τα γεννέθλιά σου;]; **happy birthday!** Hronia pola [χρόνια πολλά]

biscuit ena biskoto [ένα μπισκότο]

bit: just a little bit for me mono ligo ya mema [μόνο λίγο γιά μένα]; **a big bit** ena megalo komati [ένα μεγάλο κομμάτι]; **a bit of that cake** ligo apo afto to 'cake' [λίγο από αυτό το κέϊκ]; **it's a bit too big for me** ine ligo megalo ya mena [είναι λίγο μεγάλο γιά μένα]; **it's a bit cold today** kani ligo krio simera [κάνει λίγο κρύο σήμερα]

bite (*by flea etc*) ena tsibima [ένα τσίμπημα]; **I've been bitten** (*by insect*) me tsibse [με τσίμπησε]; **do you have something for bites?** eHete tipota ya tsibimata? [έχετε τίποτα γιά τσιμπήματα;]

bitter (*taste etc*) pikros [πικρός]; **bitter lemon** ena 'bitter lemon' [ένα μπίττερ λέμον]

black mavros; (*coffee*) Horis gala [χωρίς γάλα]; **black and white** (*photograph*) mavroaspri [μαυρό-ασπρη]

blackout: he's had a blackout eHase tis esTHisis too [έχασε τις αισθήσεις του]

bladder i fooska [η φούσκα]

blanket mia kooverta [μία κουβέρτα]; **I'd like another blanket** tha ithela ali mia kooverta [θα είθελα άλλη μία κουβέρτα]

blazer ena sakaki [ένα σακάκι]

bleach (*for loo etc*) ena 'harpic' (*tm*) [ένα χάρπικ]; (*for clothes*) mia Horini [μία χλωρίνη]

bleed emorago [αιμορραγώ]; **he's bleeding** emorayi [αιμορραγεί]

bless you! yasoo! [γειά σου!]

blind tiflos [τυφλός]

blinds ta pantzooria [τα παντζούρια]

blind spot (*driving*) to tiflo simio [το τυφλό σημείο]

blister mia fooskala [μία φουσκάλα]

blocked (*road, pipe*) frakarismenos [φρακαρισμένος]

block of flats mia polikatikia [μία πολυκατοικία]

blond (*adjective*) xanthos [ξανθός]

blonde (*noun*) i xanthia [η ξανθιά]

blood ema [το αίμα]; **his blood group is ...** i omaTHa too ematos too ine ... [η

ομάδα του αίματός του είναι ...]; **I have high blood pressure** eHo ipsili pi-esi ematos [έχω υψηλή πίεση αίματος]
bloody mary ena 'bloody mary' [ένα μπλάντυ μαίρυ]
blouse mia blooza [μία μπλούζα]
blue ble [μπλε]
blusher mia pooTHra [μία πούδρα]
board: full board pliris THiatrofi [πλήρης διατροφή]; **half-board** imiTHiatrofi [ημιδιατροφή]
boarding house mia pansion [μία πανσιόν]
boarding pass to THeltio epivivaseos [το δελτίο επιβιβάσεως]
boat to plio [το πλοίο]
body to soma [το σώμα]
boil (*on skin*) ena spiri [ένα σπυρί]; (*water*) vrazo [βράζω]
boiled egg ena vrasto avgo [ένα βραστό αυγό]
boiling hot zematistos [ζεματιστός]
bomb mia voba [μία βόμπα]
bone ena kokalo [ένα κόκκαλο]
bonnet to kapo [το καπό]
book ena vivlio [ένα βιβλίο]; **I'd like to book a table for two** tha ithela na kliso ena trapezi ya THio [θα είθελα να κλείσω ένα τραπέζι γιά δύο]
bookshop, bookstore ena vivliopolio [ένα βιβλιοπωλείο]
boot mia bota [μία μπότα]; (*of car*) to port-bagaz [το πορτ-μπαγκάζ]
booze ta pota [τα ποτά]; **I had too much booze** ipia para poli [ήπια πάρα πολύ]
border (*of country*) ta sinora [τα σύνορα]
bored: I'm bored vari-eme [βαριέμαι]
boring varetos [βαρετός]
born: I was born in ... yenithika to ... [γεννήθηκα το ...]
borrow: may I borrow ...? boro na THanisto ...? [μπορώ να δανειστώ;]
boss to afendiko [το αφεντικό]
both ke i THio [και οι δύο]; **I'll take both of them** tha paro ke ta THio [θα πάρω και τα δύο]; **we'll both come** tha elthoome ke i THio [θα έλθουμε και οι δύο]
bother: sorry to bother you signomi poo sas enoHlo [συγνώμη που σας ενοχλώ]; **it's no bother** THen ine provlima [δεν είναι πρόβλημα]; **it's such a bother** ine tosos belas [είναι τόσος μπελάς]
bottle ena bookali [ένα μπουκάλι]; **a bottle of wine** ena bookali krasi [ένα μπουκάλι κρασί]; **another bottle, please** ena bookali akoma, parakalo [ένα μπουκάλι ακόμα, παρακαλώ]
bottle-opener ena aniktiri [ένα ανοικτήρι]
bottom (*of person*) o kolos [ο κώλος]; **at the bottom of the hill** stoos propoTHes too lofoo [στους πρόποδες του λόφου]
bottom gear i proti taHitita [η πρώτη ταχήτητα]
bouncer o bravos [ο μπράβος]
bowel ta endosthia [τα εντόσθια]
bowling (*ten pin*) to 'bowling' [το μπόουλινγκ]
box ena kooti [ένα κουτί]
box lunch ena etimo mesimeriano [ένα έτοιμο μεσημεριανό]
box office to tamio [το ταμείο]
boy to agori [το αγόρι]
boyfriend: my boyfriend o filos moo [ο φίλος μου]
bra ena sootien [ένα σουτιέν]
bracelet ena vraHioli [ένα βραχιόλι]
brake fluid to igro frenon [το υγρό φρένων]
brake lining mia efthigramisi frenon [μία ευθυγάμμιση φρένων]
brakes ta frena [τα φρένα]; **there's something wrong with the brakes** kati THen pai kala me ta frena [κάτι δεν πάει καλά με τα φρένα]; **can you check the brakes?** borite na elenxete ta frena? [μπορείτε να ελέγξετε τα φρένα;]; **I had to brake suddenly** eprepe na frenaro apotoma [έπρεπε να φρενάρω απότομα]
brandy ena koniak [ένα κονιάκ]
brave yeneos [γενναίος]
bread to psomi [το ψωμί]; **could we have some bread and butter?** boroome na eHome ligo psomi ke vootiro? [μπορούμε να έχωμε λίγο ψωμί και βούτυρο;]; **some more bread, please** akomi ligo psomi, parakalo [ακόμη λίγο ψωμί, παρακαλώ]; **white bread** aspro psomi [άσπρο ψωμί]; **brown bread** mavro psomi [μαύρο ψωμί]
break spao [σπάω]; **I think I've broken my ankle** nomizo espasa ton astragalo moo [νομίζω έσπασα τον αστράγαλό μου]; **it keeps breaking** sineHos spa-i

[συνεχώς σπάει]
breakdown: I've had a breakdown наlase to aftokinito moo [χάλασε το αυτοκίνητό μου]; **nervous breakdown** enas nevrikos klonismos [ένας νευρικός κλονισμός]
breakfast to proino [το πρωινό]; **English/full breakfast** ena Agliko proino [ένα Αγγλικό πρωινό]; **continental breakfast** ena Evropa-iko pro-ino [ένα Ευρωπαϊκό πρωινό]
break in: somebody's broken in kapios тнi-erixe [κάποιος διέρρηξε]
breast to stithos [το στήθος]
breast-feed vizeno [βυζαίνω]
breath i anapnoi [η αναπνοή]; **out of breath** laнaniasmenos [λαχανιασμένος]
breathe anapneo [αναπνέω]; **I can't breathe** тнen boro na anapnefso [δεν μπορώ να αναπνεύσω]
breathtaking (*view etc*) fadastikos [φανταστικός]
breeze to aeraki [το αεράκι]
breezy (*fresh, cool*) тнroseros [δροσερός]
bridal suite i gamilia sooita [η γαμήλια σουίτα]
bride i nifi [η νύφη]
bridegroom o gabros [ο γαμπρός]
bridge mia yefira [μία γέφυρα]; (*card game*) to 'bridge' [το μπριτζ]
brief sidomos [σύντομος]
briefcase o нartofilakas [ο χαρτοφύλακας]
bright (*light etc*) fotinos [φωτεινός]; **bright red** нtipitos kokinos [χτυπητός κόκκινος]
brilliant (*idea, person*) katapliktikos [καταπληκτικός]
bring ferno [φέρνω]; **could you bring it to my hotel?** borite na to ferete sto xenoтнoнio moo? [μπορείτε να το φέρετε στο ξενοδοχείο μου;]; **I'll bring it back** tha to fero piso [θα το φέρω πίσω]; **can I bring a friend too?** boro na fero ena filo moo? [μπορώ να φέρω ένα φίλο μου;]
Britain i Vretania [η Βρεττανία]
British Vretanos [Βρετανός]
brochure ena тнiafimistiko [ένα διαφημιστικό]; **do you have any brochures on ...?** eнete kanena тнiafimistiko **ya ...?** [έχετε κανένα διαφημιστικό γιά ...;]
broke: I'm broke ime apedaros [είμαι απένταρος]
broken spasmenos [σπασμένος]; **you've broken it** to espases [το έσπασες]; **it's broken** ine spasmeno [είναι σπασμένο]; **broken nose** mia spasmeni miti [μία σπασμένη μύτη]
brooch mia karfitsa [μία καρφίτσα]
brother: my brother o атнelfos moo [ο αδελφός μου]
brother-in-law: my brother-in-law (*sister's husband*) o gabros moo [ο γαμπρός μου]; (*wife's brother*) o kooniaтнos moo [ο κουνιάδος μου]
brown kafe [καφέ]; (*sun-tanned*) mavrismenos [μαυρισμένος]; **I don't go brown** тнen mavrizo [δεν μαυρίζω]
browse: may I just browse around? boro na rixo mia matia triyio? [μπορώ να ρίξω μιά ματιά τριγύρω;]
bruise mia melania [μιά μελανιά]
brunette i melaнrini [η μελαχροινή]
brush mia voortsa [μία βούρτσα]; (*artist's*) ena pinelo [ένα πινέλο]
bubble bath ena afrolootro [ένα αφρόλουτρο]
bucket enas koovas [ένας κουβάς]
buffet o boofes [ο μπουφές]
bug (*insect*) ena edomo [ένα έντομο]; **she's caught a bug** kolise arostia [κόλλησε αρρώστια]
building to ktirio [το κτήριο]
bulb mia laba [μία λάμπα]; **a new bulb** mia kenoorya laba [μία καινούργια λάμπα]
Bulgaria i Boolgaria [η Βουλγαρία]
bull o tavros [ο ταύρος]
bump: I bumped my head нtipisa to kefali moo [χτύπησα το κεφάλι μου]
bumper o profilaktiras [ο προφυλακτήρας]
bumpy (*road*) anomalos [ανώμαλος]
bunch of flowers ena booketo loolooтнia [ένα μπουκέτο λουλούδια]
bungalow ena 'bungalow' [ένα μπάγκαλοου]
bunion enas kalos [ένας κάλος]
bunk mia kooketa [μία κουκέτα]; **bunk beds** i kookeies [οι κουκέτες]
buoy i simaтнoora [η σημαδούρα]
burglar enas тнiariktis [ένας διαρρήκτης]
burn: do you have an ointment for

burns? eнete tipota ya egavmata? [έχετε τίποτα γιά εγκαύματα;]
burnt: this meat is burnt afto to kreas ine kameno [αυτό το κρέας είναι καμένο]; **my arms are so burnt** ta bratsa moo ine poli kamena [τα μπράτσα μου είναι πολύ καμένα]
burst: a burst pipe mia spasmeni solina [μία σπασμένη σωλήνα]
bus to leoforio [το λεωφορείο]; **is this the bus for ...?** ine afto to leoforio ya ...? [είναι αυτό το λεωφορείο γιά ...;]; **when's the next bus?** pote ine to epomeno leoforio? [πότε είναι το επόμενο λεωφορείο;]
bus driver o oтнigos leoforioo [ο οδηγός λεωφορείου]
business i тнooli-es [οι δουλιές]; **I'm here on business** ime етнo ya тнooli-es [είμαι εδώ γιά δουλιές]
bus station o stathmos leoforion [ο σταθμός λεωφορείων]
bus stop i stasis leoforioo [η στάσις λεωφορείου]; **will you tell me which bus stop I get off at?** borite na moo pite se pia stasi tha katevo? [μπορείτε να μου πείτε σε ποιά στάση θα κατέβω;]
bust (*sculpture*) mia protomi [μία προτομή]
bus tour mia eктнromi me poolman [μία εκδρομή με πούλμαν]
busy (*street, restaurant etc*) polisiннastos [πολυσύχναστος]; **I'm busy this evening** ime apas-нolimenos apopse [είμαι απασχολημένος απόψε]; **the line was busy** i grami itan katilimeni [η γραμμή ήταν κατειλημμένη]
but ala [αλλά]; **not ... but ...** oнi ... ala ... [όχι ... αλλά ...]
butcher o нasapsis [ο χασάπης]
butter to vootiro [το βούτυρο]
butterfly mia petalooтнa [μία πεταλούδα]
button ena koobi [ένα κουμπί]
buy: I'll buy it tha to agoraso [θα το αγοράσω]; **where can I buy ...?** poo boro na agoraso ...? [που μπορώ να αγοράσω ...;]
by: by train/car/plane me treno/aftokinito/aeroplano [με τραίνο/αυτοκίνητο/αεροπλάνο]; **who's it written by?** pios to egrapse? [ποιός το έγραψε;]; **it's by Picasso** ine too Pikasso [είναι του Πικασσώ]; **I came by myself** iltha monos moo [ήλθα μόνος μου]; **a seat by the window** mia thesi sto parathiro [μία θέση στο παράθυρο]; **by the sea** koda sti thalasa [κοντά στη θάλασσα]; **can you do it by Wednesday?** borite na to kanete meнri tin tetarti? [μπορείτε να το κάνετε μέχρι την Τετάρτη;]
bye-bye yasoo [γεία σου]
bypass (*road*) mia parakampsis [μία παράκαμψις]

C

cab ena taxi [ένα ταξί]
cabaret ena kabare [ένα καμπαρέ]
cabbage ena laнano [ένα λάχανο]
cabin (*on ship*) mia kabina [μία καμπίνα]
cable (*elec*) ena kaloтнio [ένα καλώδιο]
cablecar to teleferik [το τελεφερίκ]
cafe ena kafenio [ένα καφενείο]
caffeine i kafe-ini [η καφεΐνη]
cake to 'cake' [το κέικ]; **a piece of cake** ena komati 'cake' [ένα κομμάτι κέικ]
calculator ena kompiooteraki [ένα κομπιουτεράκι]
calendar to imerologio [το ημερολόγιο]
call: what is this called? pos to lene? [πως το λένε;]; **call the manager!** kalese ton тнi-efindi! [κάλεσε τον διευθυντή!]; **I'd like to make a call to England** tha ithela na tilefoniso stin Aglia [θα είθελα να τηλεφωνήσω στην Αγγλία]; **I'll call back later** (*come back*) tha xanartho argotera [θα ξανάρθω αργότερα]; (*phone back*) tha se paro piso [θα σε πάρω πίσω]; **I'm expecting a call from London** perimeno ena tilefonima apo to Lonтнino [περιμένω ένα τηλεφώνημα από το Λονδίνο]; **would you give me a call at 7.30?** me kalite stis efta ke misi? [με καλείτε στις εφτά και μισή;]; **it's been called off** anevlithi [ανεβλήθει]

call box enas tilefonikos thalamos [ένας τηλεφωνικός θάλαμος]
calm iremos [ήρεμος]; **calm down!** iremise! [ηρέμησε!]
Calor gas (*tm*) to igra-erio [το υγραέριο]
calories i thermiTHes [οι θερμίδες]
camera i fotografiki miHani [η φωτογραφική μηχανή]
camp: is there somewhere we can camp? ipaRHi meros na kataskinosoome? [υπάρχει μέρος να κατασκηνώσουμε;]; **can we camp here?** boroome na kataskinosoome eTHo? [μπορούμε να κατασκηνώσουμε εδώ;]
campbed ena radzo [ένα ράτζο]
camping i kataskinosi [η κατασκήνωση]
campsite to 'camping' [το κάμπινγκ]
can ena kooti [ένα κουτί]; **a can of beer** mia bira se kooti [μία μπύρα σε κουτί]
can: can I ...? boro na ...? [μπορώ να ...;]; **can you ...?** (*singular polite form*) borite na ...? [μπορείτε να ...;]; (*singular familiar form*) boris na ...? [μπορείς να ...;]; **can he ...?** bori na ...? [μπορεί να ...;]; **can we ...?** boroome na ...? [μπορούμε να ...;]; **can they ...?** boroon na ...? [μπορούν να ...;]; **I can't ...** THen boro [δεν μπορώ ...]; **he can't** THen bori [δεν μπορεί ...]; **can I keep it?** boro na to kratiso? [μπορώ να το κρατήσω;]; **if I can** ean boreso [εάν μπορέσω]; **that can't be right** THen bori na ine sosto [δεν μπορεί να είναι σωστό]
Canada o KanaTHas [ο Καναδάς]
Canadian KanaTHikos [Καναδικός]; (*man*) o KanaTHos [ο Καναδός]; (*woman*) i KanaTHeza [η Καναδέζα]
cancel akirono [ακυρώνω]; **can I cancel my reservation?** boro na akiroso tin kratisi? [μπορώ να ακυρώσω την κράτηση;]; **can we cancel dinner for tonight?** boroome na akirosoome to THipno ya simera to vraTHi? [μπορούμε να ακυρώσουμε το δείπνο γιά σήμερα το βράδυ;]; **I cancelled it** to akirosa [το ακύρωσα]
cancellation i akirosis [η ακύρωσις]
candle ena keri [ένα κερί]
candies i karameles [οι καραμέλες]; **a piece of candy** ena komati gliko [ένα κομμάτι γλυκό]
canoe ena kano [ένα κανό]
can-opener ena aniHtiri [ένα ανοιχτήρι]
cap (*yachting*) to kasketo [το κασκέτο]; (*of bottle*) to vooloma [το βούλωμα]; (*of radiator*) to kapaki [το καπάκι]; **bathing cap** to skoofi [το σκουφί]
capital city i protevoosa [η πρωτεύουσα]
capital letters ta kefalea gramata [τα κεφαλαία γράμματα]
capsize: it capsized anapoTHoyiristike [αναποδογυρίστηκε]
captain (*of ship*) o kapetanios [ο καπετάνιος]; (*plane*) o kivernitis [ο κυβερνήτης]
car ena aftokinito [ένα αυτοκίνητο]
carafe mia karafa [μία καράφα]
carat: is it 9/14 carat gold? ine enea/THekatesera karatia Hrisos? [είναι εννέα/δεκατέσσερα καράτια χρυσός;]
caravan ena troHospito [ένα τροχόσπιτο]
carbonated (*drink*) me anthrakiko [με ανθρακικό]
carburettor, carburetor to karbirater [το καρμπιρατέρ]
card: do you have a (business) card? eHete mia karta? [έχετε μία κάρτα;]
cardboard box mia Hartini koota [μία χάρτινη κούτα]
cardigan mia plekti zaketa [μία πλεκτή ζακέτα]
cards ta Hartia [τα χαρτιά]; **do you play cards?** pezete Hartia? [παίζετε χαρτιά;]
care: goodbye, take care adio, ke na proseHis [αντίο, και να προσέχεις]; **will you take care of this bag for me?** borite na moo filaxete afti tin tsada? [μπορείτε να μου φυλάξετε αυτή την τσάντα;]; **care of ...** *In Greece this is done differently. Write the name of the occupant of the house, then say 'for the attention of ... eg* Kostas Greveniotis, pros [προς] Jim Smith, *then the address*
careful: be careful proseHe [πρόσεχε]
careless: that was careless of you itan aprosexia soo [ήταν απροσεξία σου]; **careless driving** aprosekto oTHigima [απρόσεκτο οδήγημα]
car ferry to feri-bot [το φέρρυ-μπωτ]
car hire enikiasis aftokiniton [ενοικίασις αυτοκινήτων]
car keys ta kliTHia too aftokinitoo [τα

κλειδιά του αυτοκινήτου]
carnation ena garifalo [ένα γαρύφαλλο]
carnival i apokria [η αποκριά]
car park ena 'parking' [ένα πάρκινγκ]
carpet ena Hali [ένα χαλί]
carrot ena karoto [ένα καρότο]
carry metafero [μεταφέρω]; **could you carry this for me?** borite na moo to metaferete? [μπορείτε να μου το μεταφέρετε;]
carry-all mia sakoola [μία σακούλα]
carry-cot ena port-bebe [ένα πορτ-μπεμπέ]
car-sick: I get car-sick zalizome sto aftokinito [ζαλίζομαι στο αυτοκίνητο]
carton (*of cigarettes*) mia koota [μία κούτα]; **a carton of milk** ena kooti gala [ένα κουτί γάλα]
carving to skalisto [το σκαλιστό]
carwash (*place*) ena plidirio aftokiniton [ένα πλυντήριο αυτοκινήτων]
case (*suitcase*) mia valitsa [μία βαλίτσα]; **in any case** en pasi periptosi [εν πάσει περιπτώσει]; **in that case** stin periptosi afti [στην περίπτωση αυτή]; **it's a special case** ine iTHiki periptosi [είναι ειδική περίπτωση]; **in case he comes back** stin periptosi poo tha yirisi [στην περίπτωση που θα γυρίσει]; **I'll take two just in case** tha paro THio ya kalo ke ya kako [θα πάρω δύο γιά καλό και γιά κακό]
cash ta metrita [τα μετριτά]; **I don't have any cash** THen eHo katholoo metrita [δεν έχω καθόλου μετριτά]; **I'll pay cash** tha pliroso metrita [θα πληρώσω μετριτά]; **will you cash a cheque/check for me?** borite na moo exaryirosete mia epitayi? [μπορείτε να μου εξαργυρώσετε μία επιταγή;]
cashdesk to tamio [το ταμείο]
cash register to tamio [το ταμείο]
casino to kazino [το καζίνο]
cassette mia kaseta [μία κασέττα]
cassette player, cassette recorder ena kasetofono [ένα κασεττόφωνο]
castle to kastro [το κάστρο]
casual: casual clothes ta kathimerina rooHa [τα καθημερινά ρούχα]
cat mia gata [μία γάτα]
catamaran ena katamaran [ένα καταμαράν]
catastrophe i katastrofi [η καταστροφή]
catch: the catch has broken i betooya espase [η μπετούγια έσπασε]; **where do we catch the bus?** apo poo tha paroome to leoforio? [από που θα πάρουμε το λεωφορείο;]; **he's caught some strange illness** prosvlithike apo kapia paraxeni arostia [προσβλήθηκε από κάποια παράξενη αρρώστια]
catching: is it catching? ine metaTHotiko? [είναι μεταδωτικό;]
cathedral o katheTHrikos naos [ο καθεδρικός ναός]
Catholic Katholikos [καθολικός]
cauliflower ena koonoopiTHi [ένα κουνουπίδι]
cause i etia [η αιτία]
cave mia spilia [μία σπηλιά]
caviar to Haviari [το χαβιάρι]
ceiling to tavani [το ταβάνι]
celebrations i yiortes [οι γιορτές]
celery ena selino [ένα σέλινο]
cellophane ena selofan [ένα σελοφάν]
cemetery to nekrotafio [το νεκροταφείο]
center to kedro [το κέντρο]; *see also centre*
centrigrade Kelsioo [Κελσίου]; *see page 121*
centimetre, centimeter ena ekatosto [ένα εκατοστό]; *see page 119*
central kedrikos [κεντρικός]; **we'd prefer something more central** tha protimoosame kati pio kedriko [θα προτιμούσαμε κάτι πιό κεντρικό]
central heating i kedriki thermansi [η κεντρική θέρμανση]
central station i kedrikos stathmos [ο κεντρικός σταθμός]
centre to kedro [το κέντρο]; **how do we get to the centre?** pos tha pame sto kedro? [πωσ θα πάμε στο κέντρο;]; **in the centre (of town)** sto kedro [στο κέντρο]
century enas eonas [ένας αιώνας]; **in the 19th/20th century** ston THekatoenato/ikosto eona [στον δεκατοέννατο/εικοστό αιώνα]
ceramics ta keramika [τα κεραμικά]
certain sigooros [σίγουρος]; **are you certain?** ise sigooros? [είσαι σίγουρος;]; **I'm absolutely certain** ime apolitos sigooros [είμαι απολύτως σίγουρος]
certainly sigoora [σίγουρα]; **certainly**

not fisika oHi [φυσικά όχι]
certificate ena pistopi-itiko [ένα πιστοποιητικό]; **birth certificate** to pistopiitiko yeniseos [το πιστοποιητικό γεννήσεως]
chain (*for bike*) i alisiTHa [η αλυσίδα]; (*around neck*) mia kaTHena [μία καδένα]
chair mia karekla [μία καρέκλα]
chalet to sale [το σαλέ]
chambermaid i kamari-era [η καμαριέρα]
champagne mia sampania [μία σαμπάνια]
chance: quite by chance endelos kata tiHi [εντελώς κατά τύχη]; **no chance!** me kamia periptosi! [με καμία περίπτωση!]
change: could you change this into drachmas? borite na moo alaxete afto ses THrahmes? [μπορείτε να μου αλλάξετε αυτό σε δραχμές;]; **I haven't any change** THen eHo psila [δεν έχω ψιλά]; **can you give me change for a 1,000 drachma note?** borite na moo Halasete Hilies THrahmes? [μπορείτε να μου χαλάσετε χίλιες δραχμές;]; **do we have to change (trains)?** prepi na alaxoome? [πρέπει να αλλάξουμε;]; **for a change** ya alayi [γιά αλλαγή]; **you haven't changed the sheets** THen alaxate ta sedonia [δεν αλλάξατε τα σεντόνια]; **the place has changed so much** to meros eHi alaxi para poli [το μέρος έχει αλλάξει πάρα πολύ]; **do you want to change places with me?** thelis na alaxoome thesis? [θέλεις να αλλάξουμε θέσεις;]; **can I change this for ...?** boro na alaxo afto ya ...? [μπορώ να αλλάξω αυτό γιά ...;]
changeable (*weather*) astatos [άστατος]
channel: the English Channel i MagHi [η Μάγχη]
chaos to Haos [το χάος]
chap o tipos [ο τύπος]; **the chap at reception** o tipos stin resepsion [ο τύπος στην ρεσεψιόν]
chapel to eklisaki [το εκκλησάκι]
charge: is there an extra charge? iparHi prostheti Hreosis? [υπάρχει πρόσθετη χρέωσις;]; **what do you charge?** ti Hreonete? [τι χρεώνετε;]; **who's in charge here?** pios ine ipefthinos eTHo? [ποιός είναι υπεύθυνος εδώ;]
charming (*person*) goiteftikos [γοητευτικός]
chart (*sea*) o Hartis [ο χάρτης]
charter flight mia ptisis tsater [μία πτήσις τσάρτερ]
chassis to sasi [το σασσί]
cheap ftinos [φτηνός]; **do you have something cheaper?** eHete tipota ftinotero? [έχετε τίποτα φτηνότερο;]
cheat: I've been cheated me exapatisan [με εξαπάτησαν]
check: will you check? borite na elenxete? [μπορείτε να ελέγξετε;]; **will you check the steering?** tha elenxis to timoni? [θα ελέγξεις το τιμόνι;]; **will you check the bill?** borite na elenxete ton logariasmo? [μπορείτε να ελέγξετε τον λογαριασμό;]; **I've checked it** to elenxa [το έλεγξα]
check (*money*) mia epitayi [μία επιταγή]; **will you take a check?** pernete epitayes? [πέρνετε επιταγές;]
check (*bill*) o logariasmos [ο λογαριασμός]; **may I have the check please?** boro na eHo to logariasmo? [μπορώ να έχω το λογαριασμό;]
checkbook to karne ton epitagon [το καρνέ των επιταγών]
checked (*shirt etc*) karo [καρρώ]
checkers i dama [η ντάμα]
check-in (*at airport*) i katagrafi aposkevon [η καταγραφή αποσκευών]
checkroom i gardaroba [η καρνταρόμπα]
cheek to magoolo [το μάγουλο]; **what a cheek!** ti thrasos! [τι θράσος!]
cheeky aneTHis [αναιδής]
cheerio yasoo [γειά σου]
cheers (*thank you*) efHaristo [ευχαριστώ]; *toast*) stin iyia sas [στην υγειά σας]
cheer up! Hamoyelase! [χαμογέλασε!]
cheese to tiri [το τυρί]
chef o mayiras [ο μάγειρας]
chemist o farmakopios [ο φαρμακοποιός]
cheque mia epitayi [μία επιταγή]; **will you take a cheque?** pernete epitayes? [πέρνετε επιταγές;]
cheque book to karne epitagon [το καρνέ επιταγών]
cheque card mia karta epitagon [μία κάρτα επιταγών]
cherry ena kerasi [ένα κεράσι]
chess to skaki [το σκάκι]

chest to stithos [το στήθος]
chewing gum mia tsiнla [μία τσίχλα]
chicken ena kotopoolo [ένα κοτόπουλο]
chickenpox i anemovloyia [η ανεμοβλογιά]
child to petнi [το παιδί]; **children** ta petнia [τα παιδιά]
child minder i dada [η ντάντά]
child minding service to dadema [το ντάντεμα]
children's playground i petнiki нara [η παιδική χαρά]
children's pool i pisina ton petнion [η πισίνα των παιδιών]
children's portion (*of food*) mia petнiki meritнa [μία παιδική μερίδα]
children's room to тнomatio ton petнion [το δωμάτιο των παιδιών]
chilled (*wine*) тнroseros [δροσερός]; **it's not properly chilled** тнen ine arketa pagomeno [δεν είναι αρκετά παγωμένο]
chilly (*weather*) krios [κρύος]
chimney o kapnoтнoнos [ο καπνοδόχος]
chin to pigooni [το πηγούνι]
china porselani [πορσελάνη]
chips patates tiganites [πατάτες τηγανιτές]; **potato chips** ta tsips [τα τσιπς]
chiropodist enas pedikiooristas [ένας πεντικιουρίστας]
chocolate mia sokalata [μία σοκολάτα]; **a chocolate bar** mia sokolata [μία σοκολάτα]; **a box of chocolates** ena kooti sokolatakia [ένα κουτί σοκολατάκια]; **a hot chocolate** mia zesti sokolata [μία ζεστή σοκολάτα]
choke (*car*) o aeras [ο αέρας]
choose: it's hard to choose ine тнiskolo na тнialexis [είναι δύσκολο να διαλέξεις]; **you choose for us** тнialexe ya mas [διάλεξε γιά μας]
chop: a pork/lamb chop mia нirini/arnisia brizola [μία χοιρινή/αρνίσια μπριζόλα]
Christian name: your Christian name to mikro soo onoma [το μικρό σου όνομα]
Christmas ta нristooyena [τα Χριστούγεννα]; **merry Christmas** kala нristooyena [Καλά Χριστούγεννα]
church i eklisia [η εκκλησία]; **where is the Protestant/Catholic Church?** poo ine i тнiamartiromeni/katholiki eklisia? [που είναι η Διαμαρτυρόμενη/Καθολική εκκλησία;]
cider *does not exist in Greece*
cigar ena pooro [ένα πούρο]
cigarette ena tsigaro [ένα τσιγάρο]; **tipped/plain cigarettes** me filtro/sketa tsigara [με φίλτρο/σκέτα τσιγάρα]
cigarette lighter enas anaptiras [ένας αναπτήρας]
cine-camera i kinimatografiki miнani [η κινηματογραφική μηχανή]
cinema to sinema [το σινεμά]
circle o kiklos [ο κύκλος]
citizen: I'm a British/American citizen ime Vretanos/Amerikanos ipikoos [είμαι Βρετανός/Αμερικανός υπήκοος]
city i poli [η πόλι]
city centre, city center to kedro tis polis [το κέντρο της πόλης]
claim (*insurance*) тнi-ektнiko [διεκδικώ]
claim form (*insurance*) mia etisi тнi-ektнikiseos [μία αίτηση διεκδικήσεως]
clarify тнi-efkrinizo [διευκρινίζω]
classical klasikos [κλασσικός]
clean (*adjective*) katharos [καθαρός]; **may I have some clean sheets?** tha ithela kathara sedonia? [θα ήθελα καθαρά σεντόνια;]; **our apartment hasn't been cleaned today** to тнiamerisma mas тнen katharistike simera [το διαμέρισμα μας δεν καθαρίστηκε σήμερα]; **it's not clean** тнen ine katharo [δεν είναι καθαρό]; **can you clean this for me?** (*clothes*) moo plenete afto? [μου πλένετε αυτό;]
cleansing cream galaktoma katharismoo [γαλάκτωμα καθαρισμού]
clear: it's not very clear (*meaning*) then ine poli xekatharo [δεν είναι πολύ ξεκαθάρο]; **ok, that's clear** (*understood*) edaxi, to katalava [εντάξει, το κατάλαβα]
clever exipnos [έξυπνος]
cliff enas apotomos vraнos [ένας απότομος βράχος]
climate to klima [το κλίμα]
climb: it's a long climb to the top ine megali i anavasi ya tin korifi [είναι μεγάλη η ανάβαση γιά την κορυφή]
clinic i kliniki [η κλινική]
cloakroom (*for coats*) i gardaroba [η

γκαρνταρόμπα]; (*WC*) i tooaleta [η τουαλέτα]
clock to roloi [το ρολόι]
close: is it close? ine koda? [είναι κοντά;]; **close to the hotel** koda sto xenoTHOHio [κοντά στο ξενοδοχείο]; **close by** eTHo triyiro [εδώ τριγύρω]
close: when do you close? pote klinete? [πότε κλείνετε;]
closed klistos [κλειστός]; **they were closed** itan klisto [ήταν κλειστό]
closet to doolapi [το ντουλάπι]
cloth (*material*) to ifasma [το ύφασμα]; (*rag etc*) ena pani [ένα πανί]
clothes ta rooHa [τα ρούχα]
clothes line i aplostra [η απλώστρα]
clothes peg, clothespin ena madalaki [ένα μανταλάκι]
clouds ta sinefa [τα σύννεφα]; **it's clouding over** sinefiazi [συννεφιάζει]
cloudy sinefia [συννεφιά]
club i les-Hi [η λέσχη]
clubhouse i les-Hi [η λέσχη]
clumsy aHaros [άχαρος]
clutch (*car*) to abrayaz [το αμπραγιάζ]; **the clutch is slipping** to abrayaz patinari [το αμπραγιάζ πατινάρει]
coach to poolman [το πούλμαν]
coach party to 'group' too poolman [το γκρουπ του πούλμαν]
coach trip ena taxiTHi me poolman [ένα ταξίδι με πούλμαν]
coast i akti [η ακτή]; **at the coast** stin akti [στην ακτή]
coastguard o limenofilakas [ο λιμενοφύλακας]
coat (*overcoat etc*) ena palto [ένα παλτό]; (*jacket*) ena sakaki [ένα σακάκι]
coathanger mia kremastra [μία κρεμάστρα]
cobbled street to kalderimi [το καλντερίμι]
cobbler o tsagaris [ο τσαγκάρης]
cockroach mia katsariTHa [μία κατσαρίδα]
cocktail ena 'cocktail' [ένα κοκτέηλ]
cocktail bar to 'cocktail bar' [το κεκτέηλ μπαρ]
cocoa (*drink*) ena kakao [ένα κακάο]
coconut mia kariTHa [μία καρύδα]
code: what's the (dialling) code for ...? pios ine o koTHikos ya ...? [ποιός είναι ο κωδικός γιά ...;]
coffee o kafes [ο καφές]; **a white coffee** ena kafe me gala [ένα καφέ με γάλα]; **a black coffee** ena kafe sketo [ένα καφέ σκέτο]; **two coffees, please** THio kafeTHes, parakalo [δύο καφέδες, παρακαλώ]
coin ena kerma [ένα κέρμα]
Coke (*tm*) mia koka-kola [μία κόκα-κόλα]
cold krios [κρύος]; **I'm cold** kriono [κρυώνω]; **I have a cold** ime kriomenos [είμαι κρυωμένος]
collapse: he's collapsed katarefse [κατάρευσε]
collar o yakas [ο γιακάς]
collar bone i kliTHa [η κλείδα]
colleague: my colleague o sinaTHelfos moo [ο συναδελφός μου]; **your colleague** o sinaTHelfos soo [ο συναδελφός σου]
collect: I've come to collect ... iltha na paralavo ... [ήλθα να παραλάβω ...]; **I collect ...** (*stamps etc*) silego ... [συλλέγω ...]; **I want to call New York collect** thelo na tilefoniso stin Nea Iorki ke na plirosoone eki [θέλω να τηλεφωνήσω στήν Νέα Υόρκη και να πληρώσουνε εκεί]
college to koleyio [το κολλέγιο]
collision mia singroosi [μία σύγκρουση]
cologne mia kolonia [μία κολόνια]
colo(u)r to Hroma [το χρώμα]; **do you have any other colo(u)rs?** eHete ala Hromata? [έχετε άλλα χρώματα;]
colo(u)r film ena enHromo film [ένα έγχρωμο φιλμ]
comb mia Htena [μία χτένα]
come erHome [έρχομαι]; **I come from London** ime apo to LonTHino [είμαι από το Λονδίνο]; **where do you come from?** apo poo ise? [από που είσαι;]; **when are they coming?** pote erHode? [πότε έρχοντε;]; **come here** ela eTHo [έλα εδώ]; **come with me** ela mazi moo [έλα μαζί μου]; **come back!** ela piso! [έλα πίσω!]; **I'll come back later** tha eltho argotera [θα έλθω αργότερα]; **come in!** peraste! [περάστε]; **he's coming on very well** (*improving*) ta pai poli kala [τα πάει πολύ καλά]; **come on!** ela tora! [έλα τώρα!]; **do you want to come out this evening?** tha itheles na vyis apopse? [θα είθελες να βγεις

απόψε;]; **these two pictures didn't come out** aftes i тнio fotografi-es тнen vyikan [αυτές οι δύο φωτογραφίες δεν βγήκαν]; **the money hasn't come through yet** ta lefta тнen eнoon elthi akoma [τα λεφτά δεν έχουν έλθει ακόμα]
comfortable anapaftikos [αναπαυτικός]; **it's not very comfortable** тнen ine poli anapaftiko [δεν είναι πολύ αναπαυτικό]
Common Market i Kini Agora [η Κοινή Αγορά]
company (*firm*) mia eteria [μία εταιρεία]
comparison: there's no comparison тнen iparнi kamia sigrisi [δεν υπάρχει καμία σύγκριση]
compartment (*train*) ena тнiamerisma trenoo [ένα διαμέρισμα τραίνου]
compass mia pixiтнa [μία πυξίδα]
compensation i apozimiosi [η αποζημίωση]
complain paraponoome [παραπονούμαι]; **I want to complain about my room** thelo na paraponetho ya to тнomatio moo [θέλω να παραπονεθώ γιά το δωμάτιό μου]
complaint ena parapono [ένα παράπονο]
complete: the complete set olo to 'set' [όλο το σετ]; **it's a complete disaster** ine mia yeniki katastrofi [είναι μιά γενική καταστροφή]
completely telios [τελείως]
complicated: it's very complicated ine poli berтнemeno [είναι πολύ μπερδεμένο]
compliment: my compliments to the chef ta sigнaritiria moo ston mayira [τα συγχαριτήριά μου στον μάγειρα]
compulsory ipoнreotikos [υποχρεωτικός]
computer o ipoloyistis [ο υπολογιστής]
concern: we are very concerned anisiнoome iтнi-eteros [ανησυχούμε ιδιαιτέρως]
concert i sinavlia [η συναυλία]
concussion mia тнiasisi egefaloo [μία διάσειση εγκεφάλου]
condenser (*car*) to psiyio [το ψυγείο]
condition: it's not in very good condition тнen ine se poli kali katastasi [δεν είναι σε πολύ καλή κατάσταση]
conditioner (*for hair*) ena 'conditioner' [ένα κοντίσιονερ]
conductor (*rail*) o elektis [ο ελεκτής]
conference to sineтнrio [το συνέδριο]
confirm: can you confirm the reservation? boris na moo epikirosis to klisimo tis theseos? [μπορείς να μου επικυρώσεις το κλείσημο της θέσεως;]
confuse: it's very confusing ine poli berтнemeno [είναι πολύ μπερδεμένο]
congratulations! sinнaritiria! [συγχαρητήρια!]
conjunctivitis to kritharaki [το κριθαράκι]
connection (*travel*) i sinтнesis [η σύνδεσις]
connoisseur enas iтнikos [ένας ειδικός]
consciousness: he's lost consciousness eнase tis esthisis too [έχασε τις αισθήσεις του]
constipation i тнiskiliotita [η δυσκοιλιότητα]
consul o proxenos [ο πρόξενος]
consulate to proxenio [το προξενείο]
contact: how can I contact ...? pos boro na epikinoniso me ...? [πως μπορώ να επικοινωνήσω με ...;]; **I'm trying to contact ...** prospatho na epikinoniso me ... [προσπαθώ να επικοινωνήσω με ...]
contact lenses i faki epafis [οι φακοί επαφής]
contraceptive ena adisiliptiko [ένα αντισυλληπτικό]
convenient volikos [βολικός]
cook: it's not properly cooked тнen ine kala mayiremeno [δεν είναι καλά μαγειρεμένο]; **it's beautifully cooked** ine apithana mayiremeno [είναι απίθανα μαγειρεμένο]; **he's a good cook** ine kalos mayiras [είναι καλός μάγειρας]
cooker i koozina [η κουζίνα]
cookie ena biskoto [ένα μπισκότο]
cool тнroseros [δροσερός]
corduroy to kotle [το κοτλέ]
Corfu i Kerkira [η Κέρκυρα]
cork o felos [ο φελλός]
corkscrew ena aniнtiri [ένα ανοιχτήρι]
corn (*foot*) enas kalos [ένας κάλος]
corner: on the corner sti gonia [στη γωνία]; **in the corner** sti gonia [στη

γωνία]; **a corner table** ena goniako trapezi [ένα γωνιακό τραπέζι]
cornflakes ta cornflex [τα κορνφλέξ]
coronary (*heart attack*) mia karTHiaki prosvoli [μία καρδιακή προσβολή]
correct (*adjective*) sostos [σωστός]; **please correct me if I make a mistake** parakalo THiorthose me an kano kanena lathos [παρακαλώ διόρθωσέ με αν κάνω κανένα λάθος]
corridor o THiaTHromos [ο διάδρομος]
corset enas korses [ένας κορσές]
cosmetics ta kalidika [τα καλλυντικά]
cost: what does it cost? poso kani? [πόσο κάνει;]
cot (*baby*) mia koonia [μία κούνια]
cottage ena exoHiko spitaki [ένα εξοχικό σπιτάκι]
cotton to vamvakero [το βαμβακερό]
cotton buds i otokatharistes [οι ωτοκαθαριστές]
cotton wool to babaki [το μπαμπάκι]
couch (*sofa*) o kanapes [ο καναπές]
couchette mia kooketa [μία κουκέτα]
cough o viHas [ο βήχας]
cough tablets i karameles too viHa [οι καραμέλες του βήχα]
cough medicine ena farmako ya ton viHa [ένα φάρμακο γιά τον βήχα]
could: could you ...? borite na ...? [μπορείτε να ...;]; **could I have ...?** boro na eHo ...? [μπορώ να έχω ...;]; **I couldn't ...** THen boroosa na ... [δεν μπορούσα να ...]
country i Hora [η χώρα]; **in the country** stin exoHi [στην εξοχή]
countryside i exoHi [η εξοχή]
couple (*man and woman*) to zevgari [το ζευγάρι]; **a couple of ...** THio apo ... [δύο από ...]
courier o sinoTHos [ο συνοδός]
course (*of meal*) ena piato [ένα πιάτο]; **of course** vevea [βέβαια]
court (*law*) to THikastirio [το δικαστήριο]; (*tennis*) to yipeTHo tennis [το γήπεδο τέννις]
cousin: my cousin o exaTHelfos moo [ο εξαδελφός μου]
cover charge to koover estiatorioo [το κουβέρ εστιατορίου]
cow mia ayelaTHa [μία αγελάδα]
crab ena kavoori [ένα καβούρι]
cracked: it's cracked ine rayismeno [είναι ραγισμένο]
cracker ena krakeraki [ένα κρακεράκι]
craftshop ena ergastiri [ένα εργαστήρι]
cramp (*in leg etc*) kraba [κράμπα]
crankshaft o strofalos [ο στρόφαλος]
crash: there's been a crash eyine ena trakarisma [έγινε ένα τρακάρισμα]
crash course ta edatika mathimata [τα εντατικά μαθήματα]
crash helmet to kranos [το κράνος]
crawl (*swimming*) kro-ool [κρώουλ]
crazy trelos [τρελλός]
cream (*on milk, on cakes*) i krema [η κρέμα]; (*for skin*) mia krema THermatos [μία κρέμα δέρματος]
creche o peTHikos stathmos [ο παιδικός σταθμός]
credit card mia pistotiki karta [μία πιστωτική κάρτα]
Crete i Kriti [η Κρήτη]
crib (*for baby*) mia koonia [μία κούνια]
crisis i krisi [η κρίση]
crisps ta tsips [τα τσιπς]
crockery ta piatika [τα πιατικά]
crook: he's a crook ine enas apateonas [είναι ένας απατεώνας]
crossing (*by sea*) ena thalasio taxiTHi [ένα θαλάσσιο ταξίδι]
crossroads to stavroTHromi [το σταυροδρόμι]
crosswalk i THiavasi pezon [η διάβαση πεζών]
crowd o kosmos [ο κόσμος]
crowded yematos kosmo [γεμάτος κόσμο]
crown (*on tooth*) mia korona [μία κορώνα]
crucial: it's absolutely crucial ine apolita krisimo [είναι απόλυτα κρίσιμο]
cruise mia krooazi-era [μία κρουαζιέρα]
crutches (*for walking*) i pateritses [οί πατερίτσες]
cry kleo [κλαίω]; **don't cry** mi kles [μη κλαις]
cucumber ena agoori [ένα αγγούρι]
cuisine i koozina [η κουζίνα]
cultural pnevmatikos [πνευματικός]
cup ena flidzani [ένα φλυτζάνι]; **a cup of coffee** ena flidzani kafe [ένα φλυτζάνι καφέ]
cupboard to doolapi [το ντουλάπι]
cure: can you cure it? borite na to therapefsete? [μπορείτε να το θεραπεύσετε;]

curlers ta bikoodi [τα μπικουτί]
current (*elec, in sea*) to revma [το ρεύμα]
curtains i koortines [οι κουρτίνες]
curve (*in road*) i strofi [η στροφή]
cushion ena maxilaraki [ένα μαξιλλαράκι]
custom ena ethimo [ένα έθιμο]
Customs to telonio [το τελωνίο]
cut: I've cut myself kopika [κόπικα]; **could you cut a little off here?** borite na ta kopsete ligo ετHO? [μπορείτε να τα κόψετε λίγο εδώ;]; **we were cut off** mas kopsane [μας κόψανε]; **the engine keeps cutting out** i miHani sineHos stamata [η μηχανή συνεχώς σταματά]
cutlery ta maHeropiroona [τα μαχαιροπήρουνα]
cutlets ta paiTHakia [τα παϊδάκια]
cycle: can we cycle there? boroome na kanoome poTHilato eki? [μπορούμε να κάνουμε ποδήλατο εκεί;]
cyclist enas poTHilatis [ένας ποδηλάτης]
cylinder (*car*) enas kilinTHros [ένας κύλινδρος]
cylinder-head gasket i fladza too kapakioo [η φλάντζα του καπακιού]
cynical kinikos [κυνικός]
Cyprus i Kipros [η Κύπρος]
cystitis i kistitis [η κυστίτις]

D

damage: you've damaged it to Halases [το χάλασες]; **it's damaged** katastrafike [καταστράφηκε]; **there's no damage** THen iparHi zimia [δεν υπάρχει ζημιά]
damn! na pari i oryi! [να πάρει η οργή!]
damp igros [υγρός]
dance: a Greek dance enas elinikos Horos [ένας Ελληνικός χορός]; **do you want to dance?** thelis na Horepsis? [θέλεις να χορέψεις;]
dancer: he's a good dancer ine kalos Horeftis [είναι καλός χορευτής]
dancing: we'd like to go dancing theloome na pame na Horepsoome [θέλουμε να πάμε να χορέψουμε]; **traditional (Greek) dancing** patroparaTHotos Horos [πατροπαράδοτος χορός]
dandruff i pitiriTHa [η πιτυρίδα]
dangerous epikinTHinos [επικίνδυνος]
dare: I don't dare THen tolmo [δεν τολμώ]
dark skotinos [σκοτεινός]; **dark blue** ble skooro [μπλε σκούρο]; **when does it get dark?** pote skotiniazi? [πότε σκοτινιάζει;]; **after dark** otan skotiniasi [όταν σκοτεινιάσει]
darling (*to woman*) glikia moo [γλυκιά μου]; (*to man*) agapimene moo [αγαπημένε μου]
darts ta velakia [τα βελάκια]
dashboard to kadran aftokinitoo [το καντράν αυτοκινήτου]
date: what's the date? poso eHi o minas? [πόσο έχει ο μήνας;]; **on what date?** se pia imerominia? [σε ποιά ημερομηνία;]; **can we make a date?** boroome na klisoome ena randevoo? [μπορούμε να κλείσουμε ένα ραντεβού;]
dates (*to eat*) i HoormaTHes [οι χουρμάδες]
daughter: my daughter i kori moo [η κόρη μου]
daughter-in-law i nifi [η νύφη]
dawn i avgi [η αυγή]; **at dawn** tin avgi [την αυγή]
day i mera [η μέρα]; **the day after** tin epomeni mera [την επόμενη μέρα]; **the day before** tin proigoomeni mera [την προηγούμενη μέρα]; **every day** kathe mera [κάθε μέρα]; **one day** mia mera [μία μέρα]; **can we pay by the day?** boroome na plironoome me tin mera? [μπορούμε να πληρώνουμε με την μέρα;]
day trip ena taxiTHi afthimeron [ένα ταξείδι αυθημερόν]
dead pethamenos [πεθαμένος]
deaf koofos [κουφός]
deal (*business*) i simfonia [η συμφωνία]; **it's a deal** simfonisame [συμφωνήσαμε]; **will you deal with it?** tha to kanonisis? [θα το κανονήσεις;]

dealer (*agent*) o adiprosopos [ο αντιπρόσωπος]
dear agapitos [αγαπητός]; (*expensive*) akrivos [ακριβός]; **Dear Sir** Agapite Kirie [Αγαπητέ Κύριε]; **Dear Madam** Agapiti Kiria [Αγαπητή Κυρία]; **Dear Nikos** Agapite Niko [Αγαπητέ Νίκο]
death o thanatos [ο θάνατος]
decadent parakmasmenos [παρακμασμένος]
December o THekemvrios [ο Δεκέμβριος]
decent: that's very decent of you ine poli evyeniko ek meroos sas [είναι πολύ ευγενικό εκ μέρους σας]
decide: we haven't decided yet THen eHoome apofasisi akoma [δεν έχουμε αποφασίσει ακόμα]; **you decide for us** apofasiste yia mas [αποφασίστε γιά μας]; **it's all decided** ine apofasismeno [είναι αποφασισμένο]
decision mia apofasis [μία απόφασις]
deck to katastroma [το κατάστρωμα]
deckchair mia shez long [μία σεζ λονγκ]
declare: I have nothing to declare THen eHo tipota na THiloso [δεν έχω τίποτα να δηλώσω]
decoration (*in room*) i THiakosmisis [η διακόσμησις]
deep vathis [βαθύς]; **is it deep?** ine vathia? [είναι βαθειά;]
deep-freeze i katapsixi [η κατάψυξη]
definitely opostHipote [οπωσδήποτε]; **definitely not** me kamia periptosi [με καμιά περίπτωση]
degree (*university*) to ptiHio [το πτυχίο]; (*temperature*) o vathmos [ο βαθμός]
dehydrated (*person*) afiTHatomenos [αφυδατωμένος]
delay: the flight was delayed i ptisi eHi kathisterisi [η πτιήση έχει καθυστέρηση]
deliberately epitiTHes [επίτηδες]
delicacy: a local delicacy mia dopia liHootHia [μία ντόπια λιχουδιά]
delicious nostimotatos [νοστιμώτατος]
deliver: will you deliver it? tha to paraTHosete? [θα το παραδώσετε;]
delivery: is there another mail delivery? iparHi ali THianomi? [υπάρχει άλλη διανομή;]
de luxe politelias [πολυτελείας]
denims ta tzins [τα τζινς]
Denmark i THania [η Δανία]
dent: there's a dent in it eHi ena vathooloma [έχει ένα βαθούλωμα]
dental floss ena oTHodiko nima [ένα οδοντικό νήμα]
dentist enas oTHodoyatros [ένας οδοντογιατρός]
dentures i masela [η μασέλα]
deny: he denies it to THiapsevTHi [το διαψεύδει]
deodorant to aposmitiko [το αποσμητικό]
department store ena megalo katastima [ένα μεγάλο κατάστημα]
departure i anaHorisi [η αναχώρηση]
departure lounge i ethoosa anaHoriseos [η αίθουσα αναχωρήσεως]
depend: it depends exartate [εξαρτάται]; **it depends on ...** exartate apo ... [εξαρτάται από ...]
deposit (*downpayment*) i prokatavoli [η προκαταβολή]
depressed thlimenos [θλιμμένος]
depth to vathos [το βάθος]
description mia perigrafi [μία περιγραφή]
deserted erimikos [ερημικός]
dessert ena glikisma [ένα γλύκισμα]
destination o pro-orismos [ο προορισμός]
detergent ena aporipadiko [ένα απορρυπαντικό]
detour mia loxoTHromisis [μία λοξοδρόμησις]
devalued ipotimimenos [υποτιμημένος]
develop: could you develop these films? borite na emfanisete afta ta film? [μπορείτε να εμφανίσετε αυτά τα φιλμ;]
diabetic enas THiavitikos [ένας διαβιτικός]
diagram to THiagrama [το διάγραμμα]
dialect i THialektos [η διάλεκτος]
dialling code o koTHikos arithmos [ο κωδικός αριθμός]
diamond ena THiamadi [ένα διαμάντι]
diaper mia pana [μία πάνα]
diarrhoea, diarrhea i THiaria [η διάρροια]; **do you have something to stop diarrhoea?** eHete kati ya tin THiaria? [έχετε κάτι γιά την διάρροια;]
diary to imeroloyio [το ημερολόγιο]

dictionary ena lexiko [ένα λεξικό]; **a Greek/English dictionary** ena Elino/Agliko lexiko [ένα Ελληνο/Αγγλικό λεξικό]
die petheno [πεθαίνω]; **I'm absolutely dying for a drink** petheno ya ena poto [πεθαίνω γιά ένα ποτό]
didn't *see* **not** *and page 117*
diesel (*fuel*) to 'diesel' [το ντίζελ]
diet i THieta [η δίαιτα]; **I'm on a diet** kano THieta [κάνω δίαιτα]
difference i THiafora [η διαφορά]; **what's the difference between ...?** pia ine i THiafora metaxi ...? [ποιά είναι η διαφορά μεταξύ ...;]; **it doesn't make any difference** THen pezi kanena rolo [δεν παίζει κανένα ρόλο]
different: they are different ine THiaforetiki [είναι διαφορετικοί]; **they are very different** ine poli THiaforetiki [είναι πολύ διαφορετικοί]; **it's different from this one** ine THiaforetiko apo afto eTHo [είναι διαφορετικό από αυτό εδώ]; **may we have a different table?** boroome na eHoome ena alo trapezi? [μπορούμε να έχουμε ένα άλλο τραπέζι;]; **ah well, that's different** afto ine kati alo [αυτό είναι κάτι άλλο]
difficult THiskolos [δύσκολος]
difficulty mia THiskolia [μία δυσκολία]; **without any difficulty** Horis kamia THiskolia [χωρίς καμμία δυσκολία]; **I'm having difficulties with ...** eHo THiskoli-es me ... [έχω δυσκολίες με ...]
digestion i Honepsi [η χώνεψη]
dinghy to zodiak (*tm*) [το ζόντιακ]
dining car ena vagoni estiatorioo [ένα βαγόνι εστιατορίου]
dining room i trapezaria [η τραπεζαρία]
dinner (*evening meal*) to THipno [το δείπνο]
dinner jacket to smokin [το σμόκιν]
dinner party ena simposio [ένα συμπόσιο]
dipped headlights ta mesea fota [τα μεσαία φώτα]
direct kat-efthian [κατ' ευθείαν]; **does it go direct?** pai kat-efthian? [πάει κατ' ευθείαν;]
direction i katefthinsi [η κατεύθυνση]; **in which direction is it?** pros pia katefthinsi ine? [προς ποιά κατεύθυνση είναι;]; **is it in this direction?** ine pros afti tin katefthinsi? [είναι προς αυτή την κατεύθυνση;]
directory: telephone directory o tilefonikos katalogos [ο τηλεφωνικός κατάλογος]
directory enquiries i plirofori-es [οι πληροφορίες]
dirt i vroma [η βρώμα]
dirty vromikos [βρώμικος]
disabled anapiros [ανάπηρος]
disagree: it disagrees with me (*food*) THen moo kani kalo [δεν μου κάνει καλό]
disappear exafanizome [εξαφανίζομαι]; **it's just disappeared** molis exafanistike [μόλις εξαφανίστηκε]
disappointed: I was disappointed imoon apogo-itevmenos [ήμουν απογοητευμένος]
disappointing apogo-iteftiko [απογοητευτικό]
disaster mia katastrofi [μία καταστροφή]
discharge (*pus*) to pion [το πύον]
disc jockey o 'disc jockey' [ο ντισκ τζόκεϋ]
disco i diskotek [η ντισκοτέκ]
disco dancing Horos 'disco' [χορός ντίσκο]
discount mia ekptosi [μία έκπτωση]
disease i arostia [η αρρώστια]
disgusting (*food, smell etc*) apesios [απαίσιος]
dish ena piato [ένα πιάτο]
dishcloth mia patsavoora [μία πατσαβούρα]
dishwashing liquid ena sapooni piaton [ένα σαπούνι πιάτων]
disinfectant ena apolimandiko [ένα απολυμαντικό]
disk of film ena film THiskos [ένα φιλμ δίσκος]
dislocated shoulder enas vgalmenos omos [ένας βγαλμένος ώμος]
dispensing chemist to farmakio [το φαρμακείο]
disposable nappies i Hartines panes [οι χάρτινες πάνες]
distance i apostasi [η απόσταση]; **what's the distance from ... to ...?** posi apostasi ine apo ... meHri ...? [πόση απόσταση είναι από ... μέχρι ...;]; **in the dis-**

tance eki kato [εκεί κάτω]
distilled water apestagmeno nero [απεσταγμένο νερό]
distributor (*car*) to distribiter [το ντιστριμπιουτέρ]
disturb: the disco is disturbing us i diskotek mas enoHli [η ντισκοτέκ μας ενοχλεί]
diversion mia parakampsis [μία παράκαμψις]
diving board i saniTHa vootias [η σανίδα βουτιάς]
divorced Horismenos [χωρισμένος]
dizzy: I feel dizzy zalizome [ζαλίζομαι]; **dizzy spells** zalaTHes [ζαλάδες]
do kano [κάνω]; **what shall I do?** ti na kano? [τι να κάνω;]; **what are you doing tonight?** ti kanis apopse? [τι κάνεις απόψε;]; **how do you do it?** pos to kanete? [πως το κάνετε;]; **will you do it for me?** borite na moo to kanete? [μπορείτε να μου το κάνετε;]; **who did it?** pios to ekane? [ποιός το έκανε;]; **the meat's not done** to kreas ine apsito [το κρέας είναι άψητο]; **do you have ...?** eHete ...? [έχετε ...;]
docks to limani [το λιμάνι]
doctor enas yatros [ένας γιατρός]; **he needs a doctor** Hriazete ena yatro [χρειάζετε ένα γιατρό]; **can you call a doctor?** borite na fonaxete ena yatro? [μπορείτε να φωνάξετε ένα γιατρό;]
document ena egrafo [ένα έγγραφο]
dog enas skilos [ένας σκύλος]
doll mia kookla [μία κούκλα]
dollar to THolario [το δολλάριο]
donkey enas ga-iTHaros [ένας γάϊδαρος]
don't! mi! [μη!]; *see* **not** *and page 117*
door i porta [η πόρτα]
doorman o thiroros [ο θυρωρός]
dosage mia THosi [μία δόση]
double: double room ena THiplo THomatio [ένα διπλό δωμάτιο]; **double bed** ena THiplo krevati [ένα διπλό κρεβάτι]; **double brandy** ena THiplo 'brandy' [ένα διπλό μπράντυ]; **double r** (*in spelling name*) THio ro [δυό ρο]; **it's all double Dutch to me** afta ine kinezika ya mena [αυτά είναι κινέζικα γιά μένα]
doubt: I doubt it amfivalo [αμφιβάλλω]
douche to dooz [το ντουζ]
doughnut ena 'doughnut' [ένα ντόνατ]
down: get down! (*duck*) hamilose! [χαμήλωσε!] (*off something*) kateva kato! [κατέβα κάτω!]; **he's not down yet** (*out of bed*) THen sikothike akoma [δεν σηκώθηκε ακόμα]; **further down the road** ligo parakato [λίγο παρακάτω]; **I paid 20% down** plirosa ikosi tis ekato prokatavoli [πλήρωσα είκοσι τις εκατό προκαταβολή]
downmarket (*cafe etc*) ftinos [φτηνός]
downstairs kato [κάτω]
dozen mia doozina [μία ντουζίνα]; **half a dozen** misi doozina [μισή ντουζίνα]
drain o oHetos [ο οχετός]
draughty: it's rather draughty kani revma [κάνει ρεύμα]
drawing pin mia pineza [μία πινέζα]
dreadful friktos [φρικτός]
dream ena oniro [ένα όνειρο]; **it's like a bad dream** ine san efialtis [είναι σαν εφιάλτης]; **sweet dreams** onira glika [όνειρα γλυκά]
dress (*woman's*) ena forema [ένα φόρεμα]; **I'll just get dressed** mia stigmi na ditho [μία στιγμή να ντυθώ]
dressing (*for wound*) mia gaza [μία γάζα]; (*for salad*) to laTHolemono [το λαδολέμονο]
dressing gown mia roba [μία ρόμπα]
drink (*verb*) pino [πίνω]; (*alcoholic*) ena poto [ένα ποτό]; **can I get you a drink?** boro na soo prosfero ena poto? [μπορώ να σου προσφέρω ένα ποτό;]; **I don't drink** THen pino [δεν πίνω]; **a long cool drink** ena pagomeno poto [ένα παγωμένο ποτό]; **may I have a drink of water?** boro na eHo ligo nero? [μπορώ να έχω λίγο νερό;]; **drink up!** pi-es to! [πιές το!]; **I had too much to drink** ipia para poli [ήπια πάρα πολύ]
drinkable: is the water drinkable? ine posimo to nero? [είναι πόσιμο το νερό;]
drive: we drove here oTHigisame eTHo [οδηγήσαμε εδώ]; **I'll drive you home** tha se pao spiti [θα σε πάω σπίτι]; **do you want to come for a drive?** thelis na pame mia volta? [θέλεις να πάμε μία βόλτα;]; **is it a very long drive?** ine megali apostasi? [είναι μεγάλη απόσταση;]
driver o oTHigos [ο οδηγός]
driver's license i aTHia oTHigiseos [η

άδεια οδηγήσεως]
drive shaft o kinitirios axonas [ο κινητήριος άξωνας]
driving licence i aTHia oTHigiseos [η άδεια οδηγήσεως]
drizzle: it's drizzling psiHalizi [ψιχαλίζει]
drop: just a drop ligaki [λιγάκι]; **I dropped it** moo epese [μου έπεσε]; **drop in some time** perna kamia fora [πέρνα καμιά φορά]
drown: he's drowning pniyete [πνίγετε]
drug ena farmako [ένα φάρμακο]
drugstore to farmakio [το φαρμακείο]
drunk (*adjective*) methismenos [μεθυσμένος]
drunken driving methismeno oTHiyima [μεθυσμένο οδήγημα]
dry (*weather, clothes*) stegnos [στεγνός]; (*wine*) xiros [ξηρός]
dry-cleaner ena stegnokatharistirio [ένα στεγνοκαθαριστήριο]
duck mia papia [μία πάπια]
due: when is the bus due? pote erHete to leoforio? [πότε έρχετε το λεωφορείο;]
dumb moogos [μουγγός]; (*stupid*) Hazos [χαζός]
dummy (*for baby*) mia pipila [μία πιπίλα]
durex (*tm*) ena profilaktiko [ένα προφυλακτικό]
during kata ti THiarkia [κατά τη διάρκεια]
dust i skoni [η σκόνη]
dustbin enas skoopiTHodenekes [ένας σκουπιδοντενεκές]
duty-free (*goods*) ta aforoloyita [τα αφορολόγητα]
dynamo to THinamo [το δυναμό]

E

each: each of them o kathenas apo aftoos [ο καθένας από αυτούς]; **one for each of us** ena ya ton kathena mas [ένα γιά τον καθένα μας]; **how much are they each?** poso eHi to kathena? [πόσο έχει το καθένα;]; **each time** kathe fora [κάθε φορά]; **we know each other** xeroome o enas ton alo [ξέρουμε ο ένας τον άλλο]
ear to afti [το αυτί]
earache: I have earache eHo pono sto afti [έχω πόνο στο αυτί]
early noris [νωρίς]; **early in the morning** noris to proi [νωρίς το πρωί]; **it's too early** ine poli noris [είναι πολύ νωρίς]; **a day earlier** mia mera noritera [μία μέρα νωρίτερα]; **half an hour earlier** misi ora noritera [μισή ώρα νωρίτερα]; **I need an early night** prepi na pao noris ya ipno [πρέπει να πάω νωρίς γιά ύπνο]
early riser: I'm an early riser xipnao noris [ξυπνάω νωρίς]
earring ena skoolariki [ένα σκουλαρίκι]
earth (*soil*) to Homa [το χώμα]
earthenware pilina iTHi [πήλινα είδη]
earwig mia psaliTHa [μία ψαλίδα]
east i anatoli [η ανατολή]; **to the east** anatolika [ανατολικά]
Easter to Pas-Ha [το Πάσχα]
easy efkolos [εύκολος]; **easy with the cream!** siga me tin krema! [σιγά με την κρέμα!]
eat tro-o [τρώω]; **something to eat** kati na fao [κάτι να φάω]; **we've already eaten** fagama iTHi [φάγαμε ήδη]
eau-de-Cologne mia kolonia [μία κολόνια]
eccentric ekedrikos [εκκεντρικός]
edible troyete [τρώγεται]
efficient (*staff etc*) ikanos [ικανός]
egg ena avgo [ένα αυγό]
eggplant mia melidzana [μία μελιντζάνα]
Eire i Notios IrlanTHia [η Νότιος Ιρλανδία]
either: either ... or ... i ... i ... [ή ... ή ...]; **I don't like either of them** THen moo aresi kanena apo afta [δεν μου αρέσει κανένα από αυτά]
elastic elastikos [ελαστικός]
elastic band ena lastiHaki [ένα λαστιχάκι]
Elastoplast (*tm*) ena lefkoplast [ένα λευκοπλάστ]

elbow o agonas [ο αγκώνας]
electric ilektrikos [ηλεκτρικός]
electric blanket mia ilektriki kooverta [μία ηλεκτρική κουβέρτα]
electric cooker i ilektriki koozina [η ηλεκτρική κουζίνα]
electric fire mia ilektriki soba [μία ηλεκτρική σόμπα]
electrician o ilektrologos [ο ηλεκτρολόγος]
electricity to ilektriko [το ηλεκτρικό]
electric outlet i briza [η μπρίζα]
elegant kompsos [κομψός]
elevator to asanser [το ανσασέρ]
else: something else kati alo [κάτι άλλο]; **somewhere else** kapoo aloo [κάπου αλλού]; **let's go somewhere else** pame kapoo aloo [πάμε κάπου αλλού]; **what else?** ti alo? [τι άλλο;]; **nothing else, thanks** tipote alo, efharisto [τίποτε άλλο, ευχαριστώ]
embarrassed: he's embarrassed ine se amihania [είναι σε αμηχανία]
embarrassing dropiastikos [ντροπιαστικός]
embassy i presvia [η πρεσβεία]
emergency ektatos anagi [έκτατος ανάγκη]; **this is an emergency** ine epigon [είναι επείγον]
emery board mia lima [μία λίμα]
emotional (*person*) sinesthimatikos [συναισθηματικός]
empty aTHios [άδειος]
end to telos [το τέλος]; **at the end of the road** sto telos too THromoo [στο τέλος του δρόμου]; **when does it end?** pote telioni? [πότε τελειώνει;]
energetic eneryitikos [ενεργητικός]
energy (*of person*) i eneryitikotis [η ενεργητικότης]
engaged (*toilet*) katilimemi [κατειλημμένη]; (*telephone*) katilimeno [κατειλημμένο]; (*person*) aravoniasmenos [αρραβωνιασμένος]
engagement ring i vera [η βέρα]
engine i miHani [η μηχανή]
engine trouble mihaniki vlavi [μηχανική βλάβη]
England i Aglia [η Αγγλία]
English Aglikos [Αγγλικός]; **the English** i Agli [οι Άγγλοι]; **I'm English** ime Aglos [είμαι Άγγλος]; (*woman*) ime AgliTHa [είμαι Αγγλίδα]; **do you speak English?** milate aglika? [μιλάτε Αγγλικά;]
Englishman enas Aglos [ένας Αγγλος]
Englishwoman mia AgliTHa [μία Αγγλίδα]
enjoy: I enjoyed it very much moo arese para poli [μου άρεσε πάρα πολύ]; **enjoy yourself!** kali THiaskeTHasi [καλή διασκέδαση]
enjoyable efHaristos [ευχάριστος]
enlargement (*of photo*) mia meyenthisi [μία μεγένθυση]
enormous terastios [τεράστιος]
enough arketa [αρκετά]; **there's not enough** THen iparHi arketo [δεν υπάρχει αρκετό]; **it's not big enough** THen ine arketa megalo [δεν είναι αρκετά μεγάλο]; **thank you, that's enough** efHaristo, arki [ευχαριστώ, αρκεί]
entertainment i THiaskeTHasis [η διασκέδασις]
enthusiastic enthoosioTHis [ενθουσιώδης]
entrance i isoTHos [η είσοδος]
envelope o fakelos [ο φάκελος]
epileptic (*noun*) enas epiliptikos [ένας επιληπτικός]
equipment o exoplismos [ο εξοπλισμός]
eraser mia goma [μία γόμα]
erotic erotikos [ερωτικός]
error ena lathos [ένα λάθος]
escalator i kiliomeni skala [η κυλιόμενη σκάλα]
especially iTHikoos [ειδικώς]
espresso ena espreso [ένα εσπρέσο]
essential: it is essential that ... ine aparetito na ... [είναι απαραίτητο να ...]
estate agent o ktima-tomesitis [ο κτηματομεσίτης]
ethnic (*restaurant*) ethnikotitos [εθνικότητος]
Europe i Evropi [η Ευρώπη]
European (*adjective*) Evropa-ikos [Ευρωπαϊκός]; **European plan** imiTHiatrofi [ημιδιατροφή]
even: even the Greeks akoma ke i Elines [ακόμα και οι Έλληνες]; **even if ...** akoma kian [ακόμα κι άν ...]
evening to vraTHi [το βράδυ]; (*after nightfall*) to THilino [το δειλινό]; **good evening** kalispera [καλησπέρα]; **this evening** simera to vraTHi [σήμερα το

βράδυ]; **in the evening** to vratHi [το βράδυ]; **evening meal** to THipno [το δείπνο]
evening dress (*woman's*) ena vratHino forema [ένα βραδυνό φόρεμα]; (*man's*) ena episimo koostoomi [ένα επίσημο κουστούμι]
eventually telika [τελικά]
ever: have you ever been to ...? eHete pai pote sto ...? [έχετε πάει ποτέ στο ...;]; **if you ever come to Britain** an erthete pote stin Vretania [αν έρθετε ποτέ στην Βρεττανία]
every kathe [κάθε]; **every day** kathe mera [κάθε μέρα]
everyone oli [όλοι]
everything kathe ti [κάθε τι]
everywhere padoo [παντού]
exactly! akrivos! [ακριβώς!]
exam ena THiagonisma [ένα διαγώνισμα]
example ena paraTHigma [ένα παράδειγμα]; **for example** paraTHigmatos Hari [παραδείγματος χάρι]
excellent exoHos [έξοχος]
except ektos [εκτός]; **except Sunday** ektos tis Kiriakes [εκτός τις Κυριακές]
exception i exeresi [η εξαίρεση]; **as an exception** san exeresi [σαν εξαίρεση]
excess baggage to ipervaro [το υπέρβαρο]
excessive (*bill etc*) fooskomenos [φουσκομένος]; **that's a bit excessive** afto ine ligaki ipervoliko [αυτό είναι λιγάκι υπερβολικό]
exchange (*money*) to sinalagma [το συνάλλαγμα]; **in exchange** se adalagma [σε αντάλλαγμα]
exchange rate: what's the exchange rate? pia ine i timi sinalagmatos? [ποιά είναι η τιμή συναλλάγματος;]
exciting sinarpastikos [συναρπαστικός]
exclusive (*club etc*) prive [πριβέ]
excursion mia ekTHromi [μία εκδρομή]; **is there an excursion to ...?** iparHi ekTHromi ya ...? [υπάρχει εκδρομή γιά ...;]
excuse me (*to get past etc*) signomi [συγγνώμη]; (*to get attention*) parakalo [παρακαλώ]; (*apology*) me sinHorite [με συγχωρείτε]
exhaust (*car*) i exatmisi [η εξάτμιση]
exhausted exadlimenos [εξαντλημένος]
exhibition mia ekthesi [μία έκθεση]
exist: does it still exist? iparHi akoma? [υπάρχει ακόμα;]
exit i exoTHos [η έξοδος]
expect: I expect so etsi fadazome [έτσι φαντάζομαι]; **she's expecting** ine egios [είναι έγκυος]
expensive akrivos [ακριβός]
experience: an absolutely unforgettable experience mia pragmatika axeHasti ebiria [μία πραγματικά αξέχαστη εμπειρία]
experienced ebiros [έμπειρος]
expert o iTHikos [ο ειδικός]
expire: it's expired eHi lixi [έχει λήξει]
explain exigo [εξηγώ]; **would you explain that to me?** moo to exiyite? [μου το εξηγείτε;]
explore exerevno [εξερευνώ]; **I just want to go and explore** thelo na pao na exerevniso [θέλω να πάω να εξερευνήσω]
export i exagoges [οι εξαγωγές]
exposure meter to fotometro [το φωτόμετρο]
express (*mail*) katepigon [κατεπήγον]
extra: can we have an extra chair? boroome na eHoome mia karekla akoma? [μπορούμε να έχουμε μία καρέκλα ακόμα;]; **is that extra?** ine epipleon afto? [είναι επιπλέον αυτό;]
extraordinary asinithistos [ασυνήθηστος]
extremely ipervolika [υπερβολικά]
extrovert enas exostrefis [ένας εξωστρεφής]
eye to mati [το μάτι]; **will you keep an eye on it for me?** tha moo to proseHete? [θα μου το προσέχετε;]
eyebrow to friTHi [το φρύδι]
eyebrow pencil ena molivi ya ta friTHia [ένα μολύβι γιά τα φρύδια]
eye drops i stagones [οι σταγώνες]
eyliner enas thermatografos [ένας δερματογράφος]
eye shadow mia skia mation [μία σκιά ματιών]
eye witness enas aftoptis martis [ένας αυτόπτης μάρτυς]

F

fabulous exoHos [έξοχος]
face to prosopo [το πρόσωπο]
face mask mia maska [μία μάσκα]
face pack (*cosmetic*) mia kiema prosopoo [μία κρέμα προσώπου]
facing: facing the sea me thea pros tin thalasa [με θέα προς την θάλασσα]
fact to yegonos [το γεγονός]
factory to ergostasio [το εργοστάσιο]
Fahrenheit *see page 121*
faint: she's fainted lipothimise [λιποθύμησε]; **I'm going to faint** moo erHete lipothimia [μου έρχεται λιποθυμία]
fair (*fun-*) to paniyiri [το πανηγύρι]; (*commercial*) i ekthesi [η έκθεση]; **it's not fair** THen ine THikeo [δεν είναι δίκαιο]; **OK, fair enough** edaxi, simfoni [εντάξει, σύμφωνοι]
fake i apomimisi [η απομίμηση]
fall: he's had a fall epese [έπεσε]; **he fell off his bike** epese apo to poTHilato too [έπεσε από το ποδήλατό του]; **in the fall** to fthinoporo [το φθινόπωρο]
false pseftikos [ψεύτικος]
false teeth i masela [η μασέλα]
family mia iko-yenia [μία οικογένεια]
family name to epitheto [το επίθετο]
family hotel ena iko-yeniako xenoTHoHio [ένα οικογενειακό ξενοδοχείο]
famished: I'm famished eHo pethani tis pinas [έχω πεθάνει της πείνας]
famous THiasimos [διάσημος]
fan (*mechanical*) o anemistiras [ο ανεμιστήρας]; (*hand held*) mia ventalia [μία βεντάλια]; (*football etc*) enas opaTHos [ένας οπαδός]
fan belt ena loori ventilater [ένα λουρί βεντιλατέρ]
fancy: he fancies you se yoostari [σε γουστάρει]
fancy dress party ena 'party' metamfiesmenon [ένα πάρτυ μεταμφιεσμένων]
fantastic fadastikos [φανταστικός]
far makria [μακρυά]; **is it far?** ine makria? [είναι μακρυά;]; **how far is it to ...?** poso makria ine ya ...? [πόσο μακρυά είναι γιά ...;]; **as far as I'm concerned** oso afora emena [όσο αφορά εμένα]
fare i timi isitirioo [η τιμή εισιτηρίου]; **what's the fare to ...?** poso eHi to isitirio ya ...? [πόσο έχει το εισιτήριο γιά ...;]
farewell party ena apoHeretistirio 'party' [ένα αποχεραιτιστήριο πάρτυ]
farm ena agroktima [ένα αγρόκτημα]
farther makriteros [μακρύτερος]; **farther than ...** makritera apo ... [μακρύτερα από ...]
fashion i moTHa [η μόδα]
fashionable tis moTHas [της μόδας]
fast grigoros [γρήγορος]; **not so fast** oHi toso grigora [όχι τόσο γρήγορα]
fastener (*on clothes*) to piastraki [το πιαστράκι]
fat (*adjective*) paHis [παχύς]; (*on meat*) to paHos [το πάχος]
father: my father o pateras moo [ο πατέρας μου]
father-in-law o petheros [ο πεθερός]
fathom mia orygia [μία οργιά]
fattening paHeni [παχαίνει]
faucet mia vrisi [μία βρύση]
fault ena elatoma [ένα ελάττωμα]; **it was my fault** itan sfalma moo [ήταν σφάλμα μου]; **it's not my fault** THen fteo ego [δεν φταίω εγώ]
faulty elatomatikos [ελαττωματικός]
favo(u)rite agapimenos [αγαπημένος]; **that's my favourite** afto ine to agapimeno moo [αυτό είναι το αγαπημένο μου ...]
fawn (*colour*) krem [κρεμ]
February o Fevrooarios [ο Φεβρουάριος]
fed up: I'm fed up ime vari-estimenos [είμαι βαρυεστημένος]; **I'm fed up with ...** eHo varethi me ... [έχω βαρεθεί με ...]
feeding bottle ena bibero [ένα μπιμπερό]
feel: I feel hot/cold zestenome/kriono [ζεστένωμαι/κρυώνω]; **I feel like a drink** tha ithela ena poto [θα ήθελα

ένα ποτό]; **I don't feel like it** THen eHo orexi [δεν έχω όρεξη]; **how are you feeling today?** pos esthanese simera? [πως αισθάνεσαι σήμερα;]; **I'm feeling a lot better** esthanome poli kalitera [αισθάνωμαι πολύ καλύτερα]

felt-tip (pen) enas markaTHoros [ένας μαρκαδόρος]

fence o fraktis [ο φράκτης]

ferry to feri bot [το φέρρυ μπωτ]; **what time's the last ferry?** ti ora ine to telefteo feri bot? [τι ώρα είναι το τελευταίο φέρρυ μπωτ;]

festival to festival [το φεστιβάλ]

fetch: I'll go and fetch it tha pao na to fero [θα πάω να το φέρω]; **will you come and fetch me?** tha elthis na me paris? [θα έλθεις να με πάρεις;]

fever enas piretos [ένας πυρετός]

feverish: I'm feeling feverish san na eHo pireto [σαν να έχω πυρετό]

few: only a few mono liga [μόνο λίγα]; **a few minutes** liga lepta [λίγα λεπτά]; **he's had a good few** (*to drink*) iHe arketa [είχε αρκετά]

fiancé: my fiancé o aravo-niastikos moo [ο αρραβωνιαστικός μου]

fiancée: my fiancée i aravo-niastikia moo [η αρραβωνιαστικιά μου]

fiasco: what a fiasco! ti patagoTHis apotiHia! [τι παταγόδης αποτυχία!]

field ena Horafi [ένα χωράφι]

fifty-fifty misa-misa [μισά-μισά]

fight enas ayonas [ένας αγώνας]

figs ta sika [τα σύκα]

figure i siloo-eta [η σιλουέτα]; (*number*) o arithmos [ο αριθμός]; **I have to watch my figure** prepi na prosexo tin siloo-eta moo [πρέπει να προσέξω την σιλουέτα μου]

fill yemizo [γεμίζω]; **fill her up please** yemiste tin parakalo [γεμίστε την παρακαλώ]; **will you help me fill out this form?** tha me voithisete na sibliroso aftin tin etisi? [θα με βοηθήσετε να συμπληρώσω αυτήν την αίτηση;]

fillet ena fileto [ένα φιλέττο]

filling (*tooth*) ena sfrayisma [ένα σφράγισμα]

filling station ena venzinaTHiko [ένα βενζινάδικο]

film (*phot, movie*) ena 'film' [ένα φιλμ]; **do you have this type of film?** eHete tetio 'film'? [έχετε τέτοιο φιλμ;]; **16mm film** THeka-exi Hiliostion film [δεκαέξι χιλιοστών φιλμ]; **35mm film** tri-adapede Hiliostion film [τριανταπέντε χιλιοστών φιλμ]

filter to filtro [το φίλτρο]

filter-tipped me filtro [με φίλτρο]

filthy vromeros [βρομερός]

find vrisko [βρίσκω]; **I can't find it** THen to vrisko [δεν το βρίσκω]; **if you find it** an to vris [αν το βρεις]; **I've found a ...** vrika ena ... [βρίκα ένα ...]

fine: it's fine weather oreos keros [ωραίος καιρός]; **a 3,000 drachmas fine** ena prostimo trion HiliaTHon THrahmon [ένα πρόστιμο τριών χιλιάδων δραχμών]; **how are you? — fine thanks** pos ise? — poli kala, efHaristo [πως είσαι; — πολύ καλά, ευχαριστώ]

finger ena THahtilo [ένα δάκτυλο]

fingernail to niHi [το νύχι]

finish: I haven't finished THen eHo teliosi [δεν έχω τελειώσει]; **when I've finished** otan telioso [όταν τελειώσω]; **when does it finish?** pote telioni? [πότε τελειώνει;]; **finish off your drink** teliose to poto soo [τέλειωσε το ποτό σου]

Finland i FilanTHia [η Φιλανδία]

fire: fire! pirkaya! [πυρκαϊά!]; **may we light a fire here?** boroome na anapsoome fotia eTHo? [μπορούμε να ανάψουμε φωτιά εδώ;]; **it's on fire** pire fotia [πήρε φωτιά]; **it's not firing properly** ine arithmisto [είναι αρίθμηστο]

fire alarm enas sinayermos pirkayas [ένας συναγερμός πυρκαϊάς]

fire brigade, fire department i pirosvestiki ipiresia [η πυροσβεστική υπηρεσία]

fire escape i exoTHos pirkayas [η έξοδος πυρκαϊάς]

fire extinguisher o pirosvestiras [ο πυροσβεστήρας]

firm (*company*) mia eteria [μία εταιρία]

first protos [πρώτος]; **I was first** imoon protos [ήμουν πρώτος]; **at first** kat arHin [κατ' αρχήν]; **this is the first time** afti ine i proti fora [αυτή είναι η πρώτη φορά]

first aid i protes voithi-es [οι πρώτες βοήθειες]

first aid kit ena kooti proton voithion [ένα κουτί πρώτων βοηθειών]

first class (*travel*) proti thesi [πρώτη θέση]
first name to onoma [το όνομα]
fish ena psari [ένα ψάρι]
fisherman o psaras [ο ψαράς]
fishing to psarema [το ψάρεμα]
fishing boat to psarokaiko [το ψαροκάϊκο]
fishing net ta THiHtia [τα δίχτυα]
fishing rod ena psarokalamo [ένα ψαροκάλαμο]
fishing tackle ta sinerga psareftikis [τα σύνεργα ψαρευτικής]
fishing village ena psaroHori [ένα ψαροχώρι]
fit (*healthy*) yimnasmenos [γυμνασμένος]; **I'm not very fit** THen ime poli yimnasmenos [δεν είμαι πολύ γυμνασμένος]; **he's a keep fit fanatic** ine trelos ya yimnastiki [είναι τρελλός γιά γυμναστική]; **it doesn't fit** THen Horai [δεν χωράει]
fix: can you fix it? (*arrange*) boris na to kanonisis? [μπορείς να το κανονίσεις;]; (*repair*) boris na to ftiaxis? [μπορείς να το φτιάξεις;]; **let's fix a time** as kanonisoome mia ora [ας κανονίσουμε μιά ώρα]; **it's all fixed up** ine ola kanonismena [είναι όλα κανονισμένα]; **I'm in a bit of a fix** moo tin eHi THosi [μου την έχει δώσει]
fizzy me anthrakiko [με ανθρακικό]
fizzy drink ena anapsiktiko me anthrakiko [ένα αναψυκτικό με ανθρακικό]
flab (*on body*) to paHos [το πάχος]
flag i simea [η σημαία]
flannel (*for washing*) ena sfoogari [ένα σφουγγάρι]
flash (*phot*) ena flas [ένα φλας]
flashlight enas fakos [ένας φακός]
flashy (*clothes*) fadaHteros [φανταχτερός]
flat (*adjective*) epipeTHos [επίπεδος]; **this beer is flat** i bira ine xethimasmeni [η μπύρα είναι ξεθυμασμένη]; **I've got a flat** (*tyre*) me epiase lastiHo [με έπιασε λάστιχο]; (*apartment*) ena THiamerisma [ένα διαμέρισμα]
flatterer enas komplimadzis [ένας κομπλιματζής]
flatware (*plates*) ta piatika [τα πιατικά]; (*cutlery*) ta maHero-piroona [τα μαχαιροπίρουνα]
flavo(u)r i yefsis [η γεύσις]
flea enas psilos [ένας ψύλλος]
flea powder ena endomoktono [ένα εντομοκτόνο]
flexible evliyistos [ευλύγιστος]
flies (*on trousers*) ena fermoo-ar [ένα φερμουάρ]
flight i ptisi [η πτήση]
flippers ta vatra-HopeTHila [τα βατραχοπέδιλα]
flirt (*verb*) flertaro [φλερτάρω]
float (*verb*) pleo [πλέω]
flood i plimira [η πλημμύρα]
floor (*of room*) to patoma [το πάτωμα]; (*storey*) o orofos [ο όροφος]; **on the floor** sto patoma [στο πάτωμα]; **on the second floor** (*UK*) sto theftero orofo [στο δεύτερο όροφο]; (*USA*) sto trito orofo [στο τρίτο όροφο]
floorshow i atraxion [η ατραξιόν]
flop (*failure*) mia apotiHia [μία αποτυχία]
florist o anthopolis [ο ανθοπώλης]
flour to alevri [το αλεύρι]
flower ena loolooTHi [ένα λουλούδι]
flu i gripi [η γρίππη]
fluent: he speaks fluent Greek milai aptesta elinika [μιλάει άπτεστα Ελληνικά]
fly (*verb*) peto [πετώ]; **can we fly there?** boroome na pame eki aero-porikos? [μπορούμε να πάμε εκεί αεροπορικώς;]
fly (*insect*) mia miga [μία μύγα]
fly spray ena edomoktono [ένα εντομοκτόνο]
foggy: it's foggy eHi omiHli [έχει ομίχλη]
fog lights ta fota omiHlis [τα φώτα ομίχλης]
folk dancing i THimotiki Hori [οι δημοτικοί χοροί]
folk music i THimotiki moosiki [η δημοτική μουσική]
follow akolootho [ακολουθώ]; **follow me** akoloothame [ακολούθα με]
fond: I'm quite fond of ... (*food*) moo aresi arketa ... [μου αρέσει αρκετά ...]
food to fayito [το φαγητό]; **the food's excellent** to fayito ine iperoHo [το φαγητό είναι υπέροχο]
food poisoning trofiki THilitiriasi [τροφική δηλητηρίαση]
food store ena bakaliko [ένα μπακάλικο]
fool enas anoitos [ένας ανόητος]

foolish anoitos [ανοήτως]
foot to poTHi [το πόδι]; **on foot** me ta poTHia [με τα πόδια]
football to poTHosfero [το ποδόσφαιρο]; (*ball*) mia bala poTHosferoo [μία μπάλλα ποδοσφαίρου]
for: is that for me? ine afto ya mena? [είναι αυτό γιά μένα;]; **what's this for?** ya ti ine afto? [γιά τι είναι αυτό;]; **for two days** ya THio imeres [γιά δύο ημέρες]; **I've been here for a week** ime eTHo THio evTHomaTHes [είμαι εδώ δύο εβδομάδες]; **a bus for ...** ena leoforio ya ... [ένα λεωφορείο γιά ...]
forbidden apagorevmenos [απαγορευμένος]
forehead to metopo [το μέτωπο]
foreign xenos [ξένος]
foreigner enas xenos [ένας ξένος]
foreign exchange to xeno sinalagma [το ξένο συνάλλαγμα]
forest to THasos [το δάσος]
forget xeHno [ξεχνώ]; **I forget, I've forgotten** xeHasa [ξέχασα]; **don't forget** mi xeHasis [μη ξεχάσεις]
fork ena pirooni [ένα πηρούνι]; (*in road*) i THiaklaTHosis [η διακλάδωσις]
form (*document*) i etisis [η αίτησις]
formal (*person*) tipikos [τυπικός]; (*dress*) episimos [επίσημος]
fortnight THeka-penthimero [δεκαπενθήμερο]
fortunately eftiHos [ευτυχώς]
fortune-teller enas madis [ένας μάντης]
forward: could you forward my mail? borite na moo stilete ta gramata moo? [μπορείτε να μου στείλετε τα γράμματά μου;]
forwarding address i THi-efthinsis apostolis [η διεύθυνσις αποστολής]
foundation (*cosmetic*) mia fodaten [μία φοντατέν]
fountain i piyi [η πηγή]
foyer (*of theatre etc*) to foo-aye [το φουαγιέ]
fracture ena katagma [ένα κάταγμα]
fractured skull ena katagma sto kefali [ένα κάταγμα στο κεφάλι]
fragile efthrafstos [εύθραυστος]
frame (*picture*) mia korniza [μία κορνίζα]
France i Galia [η Γαλλία]
fraud mia apati [μία απάτη]
free eleftheros [ελεύθερος]; **admission free** elefthera isoTHos [ελευθέρα είσοδος]
freezer i katapsixi [η κατάψυξη]
freezing cold pagomenos [παγωμένος]
French Galikos [Γαλλικός]
French fries i tiganites patates [οι τηγανιτές πατάτες]
frequent siHnos [συχνός]
fresh (*fruit etc*) freskos [φρέσκος]; (*chilly*) THroseros [δροσερός]
fresh orange juice enas fisikos Himos portokali [ένας φυσικός χυμός πορτοκάλι]
friction tape mia monotiki tenia [μία μονωτική ταινία]
Friday i Paraskevi [η Παρασκευή]
fridge to psiyio [το ψυγείο]
fried egg ena tiganito avgo [ένα τηγανιτό αυγό]
friend enas filos [ένας φίλος]
friendly filikos [φιλικός]
frog enas vatraHos [ένας βάτραχος]
from: I'm from London ime apo to LonTHino [είμαι από το Λονδίνο]; **from here to the sea** apoTHo ya tin thalasa [αποδώ γιά την θάλασσα]; **the next boat from ...** to epomeno plio apo ... [το επόμενο πλοίο από ...]; **as from Tuesday** apo tin Triti [από την Τρίτη]
front to brostino meros [το μπροστινό μέρος]; **in front** brosta [μπροστά]; **in front of us** brosta mas [μπροστά μας]; **at the front** sto brostino meros [στο μπροστινό μέρος]
frozen pagomenos [παγωμένος]
frozen food katepsigmeno [κατεψυγμένο]
fruit ta froota [τα φρούτα]
fruit juice enas Himos frooton [ένας χυμός φρούτων]
fruit salad mia frootosalata [μία φρουτοσαλάτα]
frustrating: it's very frustrating ine poli apogo-iteftiko [είναι πολύ απογοητευτικό]
fry tiganizo [τηγανίζω]; **nothing fried** tipota tiganito [τίποτα τηγανιτό]
frying pan ena tigani [ένα τηγάνι]
full yematos [γεμάτος]; **it's full of ...** ine yemato me ... [είναι γεμάτο με ...]; **I'm full** fooskosa [φούσκωσα]

full-board fool pansion [φουλ πανσιόν]
full-bodied (*wine*) aromatikos [αρωματικός]
fun: it's fun eHi plaka [έχει πλάκα]; **it was great fun** iHe poli plaka [είχε πολύ πλάκα]; **just for fun** etsi ya plaka [έτσι γιά πλάκα]; **have fun** kali THiaskeTHasi [καλή διασκέδαση]
funeral mia kiTHia [μία κηδεία]
funny (*strange*) paraxenos [παράξενος]; (*comical*) astios [αστείος]
furniture ta epipla [τα έπιπλα]
further parapera [παραπέρα]; **2 kilometres further** THio Hiliometra parapera [δύο χιλιόμετρα παραπέρα]; **further down the road** parakato [παρακάτω]
fuse mia asfalia [μία ασφάλεια]; **the lights have fused** kaikane ta fota [καήκανε τα φώτα]
fuse wire ena sirma asfalias [ένα σύρμα ασφάλειας]
future to melon [το μέλλον]; **in future** sto melon [στο μέλλον]

G

gale i thi-ela [η θύελλα]
gallon ena galoni [ένα γαλόνι]; *see page 121*
gallstones petra sti Holi [πέτρα στη χολή]
gamble pezo [παίζω]; **I don't gamble** THen stiHimatizo [δεν στοιχιματίζω]
game (*sport*) to peHniTHi [το παιχνίδι]; (*meat*) to kiniyi [το κυνήγι]
games room i ethoosa peHniTHion [η αίθουσα παιχνιδιών]
gammon to pasto Hiromeri [το παστό χοιρομέρι]
garage (*repair*) ena sineryio [ένα συνεργείο]; (*fuel*) ena venzinaTHiko [ένα βενζινάδικο]; (*parking*) ena garaz [ένα γκαράζ]
garbage ta skoopiTHia [τα σκουπίδια]
garden o kipos [ο κήπος]
garlic to skorTHo [το σκόρδο]
gas to gaz [το γκαζ]; (*gasoline*) i venzini [η βενζίνη]
gas cylinder mia fiali gaz [μία φιάλη γκαζ]
gasket i fladza [η φλάντζα]
gas pedal to gazi [το γκάζι]
gas permeable (lenses) i imiskliri faki epafis [οι ημίσκληροι φακοί επαφής]
gas station ena pratirio venzinis [ένα πρατήριο βενζίνης]
gas tank to deposito venzinis [το ντεπόζιτο βενζίνης]
gate i avloporta [η αυλόπορτα]; (*at airport*) i exoTHos [η έξοδος]
gauge (*oil, fuel etc*) o THiktis [ο δείκτης]
gay (*homosexual*) omofilofilos [ομοφυλόφιλος]
gear (*car*) i taHitita [η ταχύτητα]; (*equipment*) ta ergalia [τα εργαλεία]; **the gears stick** i taHitites kolane [οι ταχύτητες κολλάνε]
gearbox: I have gearbox trouble eHo provlima me to kivotio taHititon [έχω πρόβλημα με το κιβώτιο ταχυτήτων]
gear lever, gear shift o levi-es taHititon [ο λεβιές ταχυτήτων]
general delivery post restant [ποστρεστάντ]
generous: that's very generous of you ine poli yeneoTHoro ek meroos sas [είναι πολύ γενναιόδωρο εκ μέρους σας]
gentleman: that gentleman over there o kirios eki pera [ο κύριος εκεί πέρα]; **he's such a gentleman** ine poli kirios [είναι πολύ κύριος]
gents ton anTHron [των ανδρών]
genuine (*antique etc*) afthedikos [αυθεντικός]
German measles i erithra [η ερυθρά]
Germany i Yermania [η Γερμανία]
get: have you got ...? eHete ...? [έχετε ...;]; **how do I get to ...?** pos boro na pao ...? [πως μπορώ να πάω;]; **where do I get it from?** apo poo boro na to paro? [από που μπορώ να το πάρω;]; **can I get you a drink?** boro na sas paro ena poto? [μπορώ να σας πάρω ένα ποτό;]; **will you get it for me?** boris na moo to paris? [μπορείς να μου το πάρεις;]; **when do we get there?** pote ftanoome eki?

[πότε φτάνουμε εκεί;]; **I've got to go** prepi na piyeno [πρέπει να πηγαίνω]; **where do I get off?** poo tha katevo? [που θα κατέβω;]; **it's difficult to get to** ine THiskolo na pas eki [είναι δύσκολο να πας εκεί]; **when I get up** (*in morning*) otan sikotho [όταν σηκωθώ]

ghastly friktos [φρικτός]

ghost ena fantasma [ένα φάντασμα]

giddy: it makes me giddy me zalizi [με ζαλίζει]

gift ena THoro [ένα δώρο]

gigantic pelorios [πελώριος]

gin ena gin [ένα τζιν]; **a gin and tonic** ena 'gin' me 'tonic' [ένα τζιν με τόνικ]

girl ena koritsi [ένα κορίτσι]

girlfriend i filenaTHa [η φιλενάδα]

give THino [δίνω]; **will you give me ...?** moo THinis ...? [μου δίνεις ...;]; **I'll give you 100 drachma** tha soo THoso ekato THraHmes [φα σου δώσω 100 δραχμές]; **will you give it back?** tha moo to epistrepsis? [θα μου το επιστρέψεις;]; **would you give this to ...?** to THinis afto ston ...? [το δίνεις αυτό στον ...?]

glad efHaristimenos [ευχαριστημένος]

glamorous ediposiakos [εντυπωσιακός]

gland o aTHenas [ο αδένας]

glandular fever aTHenikos piretos [αδενικός πυρετός]

glass (*substance*) to yali [το γυαλί]; (*drinking*) ena potiri [ένα ποτήρι]; **a glass of water** ena potiri nero [ένα ποτήρι νερό]

glasses ta yalia [τα γυαλιά]

gloves ta gadia [τα γάντια]

glue i kola [η κόλλα]

gnat mia skipa [μία σκίπα]

go pao [πάω]; **we want to go to ...** theloome na pame sto ... [θέλουμε να πάμε στο ...]; **I'm going there tomorrow** tha pao eki avrio [θα πάω εκεί αύριο]; **when does it go** (*leave*)? pote fevyi? [πότε φεύγει;]; **where are you going?** poo pate? [που πάτε;]; **let's go** pame [πάμε]; **he's gone** (*left*) efiye [έφυγε]; **it's all gone** teliose [τελείωσε]; **I went there yesterday** piga eki Htes [πήγα εκεί χτες]; **a hotdog to go** ena 'hotdog' ya to THromo [ένα χοτ-ντογκ γιά το δρόμο]; **go away!** fiye! [φύγε!]; **it's gone off** (*food*) Halase [χάλασε]; **we're going out tonight** apopse tha pame exo [απόψε θα πάμε έξω]; **do you want to go out tonight?** thelete na pate exo apopse? [θέλετε να πάτε έξω απόψε;]; **has the price gone up?** akrivine i timi? [ακρίβηνε η τιμή;]

goal (*sport*) ena 'goal' [ένα γκολ]

goat i katsika [η κατσίκα]

goat's cheese ena katsikisio tiri [ένα κατσικίσιο τυρί]

God o theos [ο θεός]

Goddess i thea [η θεά]

gold (*noun*) o Hrisos [ο χρυσός]

golf to 'golf' [το γκολφ]

golf clubs ta bastoonia too 'golf' [τα μπαστούνια του γκολφ]

golf course to yipeTHo 'golf' [το γήπεδο γκολφ]

good kalos [καλός]; **good!** kala! [καλά!]; **that's no good** afto THen ine kalo [αυτό δεν είναι καλό]; **good heavens!** the-e moo! [θεέ μου!]

goodbye adio [αντίο]

good-looking omorfos [όμορφος]

gooey: it's gooey (*food*) kolai [κολλάει]

goose i Hina [η χήνα]

gorgeous iperoHos [υπέροχος]

gourmet enas kalofagas [ένας καλοφαγάς]

gourmet food fayito ya toos kalofagaTHes [φαγητό γιά τους καλοφαγάδες]

government i kivernisi [η κυβέρνηση]

gradually siga-siga [σιγά-σιγά]

grammar i gramatiki [η γραμματική]

gram(me) to gramario [το γραμμάριο]

granddaughter i egoni [η εγγονή]

grandfather o papoos [ο παππούς]

grandmother i ya-ya [η γιαγιά]

grandson o egonos [ο εγγονός]

grapefruit ena 'grapefruit' [ένα γκρέιπφρουτ]

grapefruit juice enas Himos 'grapefruit' [ένας χυμός γκρέιπφρουτ]

grapes ta stafilia [τα σταφύλια]

grass to Hortari [το χορτάρι]

grateful evgnomon [ευγνώμων]; **I'm very grateful to you** sas ime evgnomon [σας είμαι ευγνώμων]

gravy o zomos too kreatos [ο ζωμός του κρέατος]

gray grizos [γκρίζος]

grease (*on food*) to lipos [το λίπος]; (*for car*) to graso [το γράσσο]

greasy (*cooking*) liparos [λιπαρός]

great megalos [μεγάλος]; (*very good*) poli

kalo [πολύ καλό]; **that's great!** iperoнa! [υπέροχα!]
Great Britain i Megali Vretania [η Μεγάλη Βρεττανία]
Greece i Elaтнa [η Ελλάδα]; **in Ancient Greece** stin Arнea Elaтнa [στην Αρχαία Ελλάδα]
greedy (*for food*) aнortagos [αχόρταγος]
Greek Elinikos [Ελληνικός]; **a Greek** enas Elinas [ένας Έλληνας]; **a Greek woman** mia Eliniтнa [μία Ελληνίδα]; **the Greeks** i Elines [οι Έλληνες]; **I don't speak Greek** тнen milo Elinika [δεν μιλώ Ελληνικά]
Greek islands ta Elinika nisia [τα Ελληνικά νησιά]
green prasinos [πράσινος]
green card (*insurance*) i asfalia ya oтнiyisi sto exoteriko [η ασφάλεια γιά οδήγηση στο εξωτερικό]
greengrocer o manavis [ο μανάβης]
grey grizos [γκρίζος]
grilled psitos sti s-нara [ψητός στη σχάρα]
gristle (*on meat*) to tragano [το τραγανό]
grocer o bakalis [ο μπακάλης]
ground to eтнafos [το έδαφος]; **on the ground** sto eтнafos [στο έδαφος]; **on the ground floor** sto isoyio [στο ισόγειο]
ground beef o kimas [ο κιμάς]
group to 'group' [το γκρουπ]
group insurance i omaтнiki asfalia [η ομαδική ασφάλεια]
group leader o ar-нigos tis omaтнas [ο αρχηγός της ομάδας]
guarantee i engi-isi [η εγγύηση]; **is it guaranteed?** ine egi-imeno? [είναι εγγυημένο;]
guardian (*of child*) o kiтнemonas [ο κηδεμόνας]
guest o filoxenoomenos [ο φιλοξενούμενος]
guesthouse i pansion [η πανσιόν]
guest room to тнomatio ton filoxemoomenon [το δωμάτιο των φιλοξενουμένων]
guide (*tourist*) o xenagos [ο ξεναγός]
guidebook enas tooristikos oтнigos [ένας τουριστικός οδηγός]
guilty enoнos [ένοχος]
guitar i kithara [η κιθάρα]
gum (*in mouth*) to oolo [το ούλο]
gun to oplo [το όπλο]
gymnasium to yimnastirio [το γυμνάστηριο]
gyn(a)ecologist enas yinekologos [ένας γυναικολόγος]

H

hair ta malia [τα μαλλιά]
hairbrush mia voortsa [μία βούρτσα]
haircut ena koorema [ένα κούρεμα]; **just an ordinary haircut please** ena aplo koorema, parakalo [ένα απλό κούρεμα, παρακαλώ]
hairdresser i komotria [η κομμώτρια]
hairdryer ena pistolaki [ένα πιστολάκι]
hair foam enas afros malion [ένας αφρός μαλλιών]
hair gel enas zeles malion [ένας ζελές μαλλιών]
hair grip ena piastraki malion [ένα πιαστράκι μαλλιών]
hair lacquer mia lak [μία λακ]
half misos [μίσος]; **half an hour** misi ora [μισή ώρα]; **a half portion** misi meriтнa [μισή μερίδα]; **half a litre** miso litro [μισό λίτρο]; **half as much** to miso [το μισό]; **half as much again** to miso ap afto, akoma [το μισό απ' αυτό, ακόμα]; *see page 118*
halfway: halfway to Athens sta misa too тнromoo ya tin Athina [στα μισά του δρόμου γιά την Αθήνα]
ham to zabon [το ζαμπόν]
hamburger ena 'hamburger' [ένα χάμπουργκερ]
hammer ena sfiri [ένα σφυρί]
hand to нeri [το χέρι]; **will you give me a hand?** moo тнinis liyi voithia? [μου δίνεις λίγη βοήθεια;]
handbag i tsada [η τσάντα]
hand baggage to sak-vwy-az [το σακβουαγιάζ]
handbrake to нirofreno [το χειρόφρε-

νο]
handkerchief ena madili [ένα μαντήλι]
handle to нerooli [το χερούλι]; **will you handle it?** borite na to kanonisete? [μπορείτε να το κανονίσετε;]
hand luggage to sak-vwy-az [το σακβουαγιάζ]
hand made нiropi-itos [χειροποίητος]
handsome oreos [ωραίος]
hanger (*for clothes*) mia kremastra [μία κρεμάστρα]
hangover enas ponokefalos [ένας πονοκέφαλος]; **I've got a terrible hangover** eнo ena tromero ponokefalo [έχω ένα τρομερό πονοκέφαλο]
happen simveni [συμβαίνει]; **how did it happen?** pos sinevi? [πως συνέβη;]; **what's happening?** ti simveni? [τι συμβαίνει;]; **it won't happen again** тнen tha xanasimvi [δεν θα ξανασυμβεί]
happy eftiнismenos [ευτυχισμένος]; **we're not happy with the room** тнen imaste ikanopi-imeni me to тнomatio [δεν είμαστε ικανοποιημένοι με το δωμάτιο]
harbo(u)r to limani [το λιμάνι]
hard skliros [σκληρός]; (*difficult*) тнiskolos [δύσκολος]
hard-boiled egg ena sfikto avgo [ένα σφικτό αυγό]
hard lenses i skliri faki [οι σκληροί φακοί]
hardly: hardly ever s-нетнon pote [σχεδόν ποτέ]
hardware store ta iтнi kigalerias [τα είδη κιγκαλερίας]
harm to kako [το κακό]
hassle: it's too much hassle ine poli fasaria [είναι πολύ φασαρία]; **a hassle-free holiday** тнiakopes нoris ponokefaloos [διακοπές χωρίς πονοκεφάλους]
hat ena kapelo [ένα καπέλο]
hate: I hate ... (*garlic etc*) тнen aneнome to ... [δεν ανέχομαι το ...]
have eнo [έχω]; **do you have ...?** eнete ...? [έχετε ...;]; (*familiar form*) eнis ...? [έχεις ...;]; **can I have ...?** boro na eнo ...? [μπορώ να έχω ...;]; **can I have some water?** moo тнinete ligo nero? [μου δίνετε λίγο νερό;]; **I have ...** eнo ... [έχω ...]; **I don't have ...** тнen eнo ... [... δεν έχω]; **can we have breakfast in our room?** boroome na eнoome proyevma sto тнomatio mas? [μπορούμε να έχουμε πρόγευμα στο δωμάτιό μας;]; **have another** (*drink etc*) akomi ena [ακόμη ένα]; **I have to leave early** prepi na figo noris [πρέπει να φύγω νωρίς]; **do I have to ...?** prepi na ...? [πρέπει να ...;]; *see page 113*
hay fever o piretos нortoo [ο πυρετός χόρτου]
he aftos [αυτός]; **is he here?** ine eтнo? [είναι εδώ;]; **where does he live?** poo meni? [που μένει;]; *see page 112*
head to kefali [το κεφάλι]; **we're heading for Delphi** piyenoome pros тнelfoos [πηγαίνουμε προς Δελφούς]
headache enas ponokefalos [ένας πονοκέφαλος]
headlights i provolis [οι προβολείς]
headphones ta akoostika [τα ακουστικά]
head waiter o arнiservitoros [ο αρχισερβιτόρος]
head wind enas enadios anemos [ένας ενάντιος άνεμος]
health i iyia [η υγεία]; **your health!** stin iya soo! [στην υγειά σου!]
healthy iyi-is [υγιής]
hear: can you hear me? makoote? [μ' ακούτε;]; **I can't hear you** тнen boro na sakooso [δεν μπορώ να σ'ακούσω]; **I've heard about it** to eнo akoosi [το έχω ακούσει]
hearing aid ta akoostika [τα ακουστικά]
heart i karтнia [η καρδιά]
heart attack mia karтнiaki prosvoli [μία καρδιακή προσβολή]
heat i zesti [η ζέστη]; **not in this heat!** oнi me afti ti zesti! [όχι με αυτή τη ζέστη!]
heated rollers ta zesta psomakia [τα ζεστά ψωμάκια]
heater (*in car*) i thermansi [η θερμάνση]
heating i thermansi [η θέρμανση]
heat rash ena exanthima apo ton ilio [ένα εξάνθημα από τον ήλιο]
heat stroke i iliasi [η ηλίαση]
heatwave o kafsonas [ο καύσωνας]
heavy varis [βαρύς]
hectic taraнoтнis [ταραχώδης]
heel (*of foot*) i fterna [η φτέρνα]; (*of shoe*) to takooni [το τακούνι]; **could you put new heels on these?** borite na moo valete kenooryia takoonia safta? [μπορείτε να μου βάλετε καινούργια τακούνια

σ' αυτά;]
heelbar o tsagaris [ο τσαγκάρης]
height (*of mountain, person*) to ipsos [το ύψος]
helicopter ena elikoptero [ένα ελικόπτερο]
hell: oh hell! o THiavole! [ω διάβολε!]; **go to hell!** ai sto THiaolo! [άι στο διάολο!]
hello yasoo [γειά σου]; (*on phone*) ebros [εμπρός]
helmet (*motorcycle*) to kranos [το κράνος]
help voitho [βοηθώ]; **can you help me?** borite na me voithisete? [μπορείτε να με βοηθήσετε;]; **thanks for your help** efHaristo ya ti voithia [ευχαριστώ γιά τη βοήθεια]; **help!** voithia! [βοήθεια!]
helpful: he was very helpful itan poli exipiretikos [ήταν πολύ εξηπηρετικός]; **that's helpful** afto ine exipiretiko [αυτό είναι εξηπηρετικό]
helping (*of food*) mia meriTHa [μία μερίδα]
hepatitis i ipatitiTHa [η υπατίτιδα]
her: I don't know her THen tin gnorizo [δεν την γνωρίζω]; **will you send it to her?** tis to stelnete? [της το στέλνετε;]; **it's her** afti ine [αυτή είναι]; **with her** mazi tis [μαζί της]; **for her** yaftin [γι'αυτήν]; **that's her suitcase** ine i valitsa tis [είναι η βαλίτσα της]; *see pages 111, 112*
herbs votana [βότανα]
here eTHo [εδώ]; **here you are** (*giving something*) oriste [ορίστε]; **here he comes** natos, erHete [νάτος, έρχεται]
hers: that's hers ine THiko tis [είναι δικό της]; *see page 112*
hey! e! [έη!]
hiccups ena loxiga [ένα λόξυγγα]
hide krivo [κρύβω]
hideous apesios [απαίσιος]
high psilos [ψηλός]
highbeam i provolis [οι προβολείς]
highchair (*for baby*) ena kareklaki moroo [ένα καρεκλάκι μωρού]
highway o aftokinitoTHromos [ο αυτοκινητόδρομος]
hiking enas peripatos stin exoHi [ένας περίπατος στην εξοχή]
hill o lofos [ο λόφος]; **it's further up the hill** ine parapano sto lofo [είναι παραπάνω στο λόφο]
hillside i playa too lofoo [η πλαγιά του λόφου]
hilly lofoTHes [λοφώδες]
him: I don't know him THen ton xero [δεν τον ξέρω]; **will you send it to him?** too to stelnete? [του το στέλνετε;]; **it's him** aftos ine [αυτός είναι]; **with him** mazi too [μαζί του]; **for him** yafton [γι'αυτόν]; *see page 112*
hip o gofos [ο γοφός]
hire: can I hire a car? boro na nikiaso ena aftokinito? [μπορώ να νοικιάσω ένα αυτοκίνητο;]; **do you hire them out?** ta nikiazete? [τα νοικιάζετε;]
his: it's his drink ine to poto too [είναι το ποτό του]; **it's his** ine THiko too [είναι δικό του]; *see page 111*
history: the history of Athens i istoria tis Athinas [η ιστορία της Αθήνας]
hit: he hit me me Htipise [με χτύπησε]; **I hit my head** Htipisa to kefali moo [χτύπησα το κεφάλι μου]
hitch: is there a hitch? iparHi kanena ebOTHio? [υπάρχει κανένα εμπόδιο;]
hitch-hike kano oto-stop [κάνω ωτοστόπ]
hitch-hiker enas poo kani oto-stop [ένας που κάνει ωτοστόπ]
hit record to 'hit' [το χιτ]
hole mia tripa [μία τρύπα]
holiday i THiakopes [οι διακοπές]; **I'm on holiday** ime se THiakopes [είμαι σε διακοπές]
Holland i OlanTHia [η Ολλανδία]
home to spiti [το σπίτι]; **at home** sto spiti [στο σπίτι]; (*in my own country*) stin patriTHa moo [στην πατρίδα μου]; **I go home tomorrow** piyeno stin patriTHa moo avrio [πηγαίνω στην πατρίδα μου αύριο]; **home sweet home** spiti moo, spitaki moo [σπίτι μου, σπιτάκι μου]
home address i monimi THi-efinsi [η μόνιμη διεύθυνση]
homemade spitisios [σπιτίσιος]
homesick: I'm homesick nostalgo to spiti moo [νοσταλγώ το σπίτι μου]
honest timios [τίμιος]
honestly? logo timis? [λόγο τιμής;]
honey to meli [το μέλι]
honeymoon o minas too melitos [ο μήνας του μέλιτος]; **it's our honeymoon** ine o minas too melitos mas [είναι ο μήνας του μέλιτός μας]
honeymoon suite i swita niopadron [η σουίτα νιόπαντρων]

hoover (*tm*) i ilektriki skoopa [η ηλεκτρική σκούπα]
hope i elpiTHa [η ελπίδα]; **I hope so** etsi elpizo [έτσι ελπίζω]; **I hope not** elpizo oHi [ελπίζω όχι]
horn (*car*) to klaxon [το κλάξον]
horrible friktos [φρικτός]
hors d'oeuvre ta orektika [τα ορεκτικά]
horse to alogo [το άλογο]
horse riding i ipasia [η ιππασία]
hose (*for car radiator*) mia solina [μία σωλήνα]
hospital to nosokomio [το νοσοκομείο]
hospitality i filoxenia [η φιλοξενία]; **thank you for your hospitality** sas efHaristo ya ti filoxenia sas [σας ευχαριστώ γιά τη φιλοξενία σας]
hostel enas xenonas [ένας ξενώνας]
hot zestos [ζεστός]; (*curry etc*) kaftos [καυτός]; **I'm hot** zestenome [ζεσταίνομαι]; **something hot to eat** kati zesto ya fayito [κάτι ζεστό γιά φαγητό]; **it's so hot today** kani poli zesti simera [κάνει πολλή ζέστη σήμερα]
hotdog ena 'hot-dog' [ένα χοτ-ντογκ]
hotel to xenoTHoHio [το ξενοδοχείο]; **at my hotel** sto xenoTHoHio moo [στο ξενοδοχείο μου]
hotel clerk o xenoTHoHiakos ipalilos [ο ξενοδοχειακός υπάλληλος]
hotplate (*on cooker*) to mati [το μάτι]
hot-water bottle mia thermofora [μία θερμοφόρα]
hour i ora [η ώρα]
house to spiti [το σπίτι]
housewife i ikokira [η οικοκυρά]
how pos [πως]; **how many?** posi? [πόσοι;]; **how much?** posa? [πόσα;]; **how often?** kathe pote? [κάθε πότε;]; **how are you?** ti kanis? [τι κάνεις;]; **how do you do?** Hero poli [χαίρω πολύ]; **how about a beer?** thatheles mia bira? [θάθελες μιά μπύρα;]; **how nice!** ti orea! [τι ωραία!]; **would you show me how to?** moo thiHnete pos? [μου δείχνετε πως;]
humid igros [υγρός]
humidity i igrasia [η υγρασία]
humo(u)r: where's your sense of humo(u)r? poo ine to 'humor' soo? [που είναι το χιούμορ σου;]
hundredweight *see page 120*
hungry: I'm hungry pinao [πεινάω]; **I'm not hungry** THen pinao [δεν πεινάω]
hurry: I'm in a hurry viazome [βιάζομαι]; **hurry up!** viasoo! [βιάσου!]; **there's no hurry** THen iparHi via [δεν υπάρχει βία]
hurt: it hurts ponai [πονάει]; **my back hurts** me ponai i plati moo [με πονάει η πλάτη μου]
husband: my husband o sizigos moo [ο σύζυγός μου]
hydrofoil ena iptameno THelfini [ένα ιπτάμενο δελφίνι]

I

I ego [εγώ]; **I am English** ime Aglos [είμαι Άγγλος]; **I live in Manchester** meno sto Manchester [μένω στο Μάντσεστερ]; *see page 112*
ice o pagos [ο πάγος]; **with ice** me pago [με πάγο]; **with ice and lemon** me pago ke lemoni [με πάγο και λεμόνι]
ice cream ena pagoto [ένα παγωτό]
ice cream cone ena pagoto Honaki [ένα παγωτό χωνάκι]
iced coffee ena frape [ένα φραπέ]
idea mia iTHea [μία ιδέα]; **good idea!** kali iTHea! [καλή ιδέα!]
ideal iTHanikos [ιδανικός]
identity papers i taftotita [η ταυτότητα]
idiot o vlakas [ο βλάκας]
idyllic iTHiliakos [ειδυλλιακός]
if an [αν]; **if you could** an boroosate [αν μπορούσατε]; **if not** an oHi [αν όχι]
ignition i miza [η μίζα]
ill arostos [άρρωστος]; **I feel ill** ime arostos [είμαι άρρωστος]
illegal paranomos [παράνομος]
illegible THisanagnostos [δυσανάγνωστος]
illness i arostia [η αρρώστεια]
imitation (*leather etc*) mia apomimisi [μία

απομίμηση]
immediately amesos [αμέσως]
immigration i metanastefsi [η μετανάστευση]
import isago [εισάγω]
important spooTHeos [σπουδαίος]; **it's very important** ine poli simadiko [είναι πολύ σημαντικό]; **it's not important** THen ine spooTHeo [δεν είναι σπουδαίο]
impossible aTHinatos [αδύνατος]
impressive ediposiakos [εντυποσιακός]
improve: it's improving kaliterevi [καλυτερεύει]; **I want to improve my Greek** thelo na kaliterepso ta Elinika moo [θέλω να καλυτερέψω τα Ελληνικά μου]
improvement i veltiosi [η βελτίωση]
in: in my room sto THomatio moo [στο δωμάτιό μου]; **in the town centre** sto kedro tis polis [στο κέντρο της πόλης]; **in London** sto LonTHino [στο Λονδίνο]; **in one hour's time** se mia ora [σε μία ώρα]; **in August** ton Avgoosto [τον Αύγουστο]; **in English** sta Aglika [στα Αγγλικά]; **in Greek** sta Elinika [στα Ελληνικά]; **is he in?** ine mesa? [είναι μέσα;]
inch mia intsa [μία ίντσα]; *see page 119*
include perilamvano [περιλαμβάνω]; **is that included in the price?** perilamvanete stin timi? [περιλαμβάνεται στην τιμή;]
incompetent aHristos [άχρηστος]
inconvenient (*time*) akatalilos [ακατάλληλος]
increase mia afxisi [μία αύξηση]
incredible (*amazing*) apithanos [απίθανος]
indecent aprepis [απρεπής]
independent anexartitos [ανεξάρτητος]
India i InTHia [η Ινδία]
Indian InTHikos [Ινδικός]
indicator to flas [το φλας]
indigestion i THispepsia [η δυσπεψία]
indoor pool mia esoteriki pisina [μία εσωτερική πισίνα]
indoors mesa [μέσα]
industry i viomiHania [η βιομηχανία]
inefficient aneparkis [ανεπαρκής]
infection i molinsi [η μόλυνση]
infectious kolitikos [κολλητικός]
inflammation i anaflexi [η ανάφλεξη]
inflation o plithorismos [ο πληθωρισμός]
informal (*dress, function*) anepisimos [ανεπίσημος]
information i plirofori-es [οι πληροφορίες]
information desk i plirofori-es [οι πληροφορίες]
information office to grafio plirofori on [το γραφείο πληροφοριών]
injection mia enesi [μία ένεση]
injured travmatismenos [τραυματισμένος]; **she's been injured** ktipise [κτύπησε]
injury to travma [το τραύμα]
in-law: my in-laws ta petherika moo [τα πεθερικά μου]
innocent atho-os [αθώος]
inquisitive aTHiakritos [αδιάκριτος]
insect ena zoifio [ένα ζωύφιο]
insect bite ena tsibima edomoo [ένα τσίμπημα εντόμου]
insecticide ena edomoktono [ένα εντομοκτόνο]
insect repellent ena apothitiko edomon [ένα απωθητικό εντόμων]
inside: inside the tent mesa sti skini [μέσα στη σκηνή]; **let's sit inside** as katsoome mesa [ας κάτσουμε μέσα]
insincere oHi ilikrinis [όχι ειλικρινής]
insist: I insist epimeno [επιμένω]
insomnia i a-ipnia [η αϋπνία]
instant coffee ena nescafe (*tm*) [ένα νέσκαφε]
instead adi [αντί]; **I'll have that one instead** tha paro afto adi ya to alo [θα πάρω αυτό αντί γιά το άλλο]; **instead of ...** adi too ... [αντί του ...]
insulating tape i monotiki tenia [η μονωτική ταινία]
insulin mia insoolini [μία ινσουλίνη]
insult mia vrisia [μία βρισιά]
insurance i asfalia [η ασφάλεια]; **write your insurance company here** grapste to onoma tis asfalistikis sas eterias eTHo [γράψτε το όνομα της ασφαλιστικής σας εταιρίας εδώ]
insurance policy to asfalistirio simvoleo [το ασφαλιστήριο συμβόλαιο]
intellectual enas THiano-oomenos [ένας διανοούμενος]

intelligent exipnos [έξυπνος]

intentional: it wasn't intentional THen itan skopimo [δεν ήταν σκόπιμο]

interest: places of interest ta axiotheata [τα αξιοθέατα]

interested: I'm very interested in … enTHiaferome poli ya … [ενδιαφέρομαι πολύ γιά …]

interesting enTHiaferon [ενδιαφέρον]; **that's very interesting** ine poli enTHiaferon [είναι πολύ ενδιαφέρον]

international THi-ethnis [διεθνής]

interpret THi-erminevo [διερμηνεύω]; **would you interpret?** borite na THi-erminepsete? [μπορείτε να διερμηνέψετε;]

interpreter o THi-ermineas [ο διερμηνέας]

intersection to stavrotHromi [το σταυροδρόμι]

interval (*in play etc*) to THialima [το διάλειμμα]

into mesa [μέσα]; **I'm not into that** (*don't like*) THen moo aresi [δεν μου αρέσει]

introduce: may I introduce …? boro na sas sistiso ton …? [μπορώ να σας συστήσω τον …;]

introvert enas esostrefis [ένας εσωστρεφής]

invalid enas anapiros [ένας ανάπηρος]

invalid chair i anapiriki karekla [η αναπηρική καρέκλα]

invitation mia prosklisi [μία πρόσκληση];

thank you for the invitation efHaristo ya tin prosklisi [ευχαριστώ γιά την πρόσκληση]

invite proskalo [προσκαλώ]; **can I invite you out?** boro na sas proskaleso na vgoome exo? [μπορώ να σας προσκαλέσω να βγούμε έξω;]

involved: I don't want to get involved in it THen thelo na anamiHto mafto [δεν θέλω να αναμιχτώ μ'αυτό]

iodine to ioTHio [το ιώδιο]

Ireland i IrlanTHia [η Ιρλανδία]

Irish IrlanTHos [Ιρλανδός]

iron (*for clothes*) ena ilektriko siTHero [ένα ηλεκτρικό σίδερο]; **can you iron these for me?** borite na moo ta siTHerosete? [μπορείτε να μου τα σιδερώσετε;]

ironmonger ta iTHi kigalerias [τα είδη κιγκαλερίας]

is ine [είναι]; *see page 114*

island to nisi [το νησί]; **on the island** sto nisi [στο νησί]

isolated apomonomenos [απομονωμένος]

it afto [αυτό]; **is it …?** ine …? [είναι …;]; **where is it?** poo ine? [που είναι;]; **it's her** afti ine [αυτή είναι]; **it was …** itan … [ήταν …]; **that's it** (*that's right*) akrivos [ακριβώς]; *see page 112*

Italy i Italia [η Ιταλία]

itch: it itches me troi [με τρώει]

itinerary to THromoloyio [το δρομολόγιο]

J

jack (*for car*) o grilos [ο γρύλλος]

jacket ena sakaki [ένα σακάκι]

jam i marmelaTHa [η μαρμελάδα]; **a traffic jam** poli kinisi [πολύ κίνηση]; **I jammed on the brakes** patisa freno apotoma [πάτησα φρένο απότομα]

January o Ianoo-arios [ο Ιανουάριος]

jaundice o ikteros [ο ίκτερος]

jaw to sagoni [το σαγόνι]

jazz i 'jazz' [η τζαζ]

jazz club ena 'bar' me 'jazz' [ένα μπαρ με τζαζ]

jealous (*in love*) ziliaris [ζηλιάρης]; **he's jealous** zilevi [ζηλεύει]

jeans ta tzins [τα τζηνς]

jellyfish mia tsooHtra [μία τσούχτρα]

jet-set to 'jet-set' [το τζετ-σετ]

jetty o molos [ο μώλος]

Jew o Evreos [ο Εβραίος]

jewel(le)ry ta kosmimata [τα κοσμήματα]

Jewish Evra-ikos [Εβραϊκός]

jiffy: just a jiffy! mia stigmoola! [μία στιγμούλα!]

job i THoolia [η δουλειά]; **just the job!** ine oti prepi! [είναι ότι πρέπει!]; **it's a good job you told me!** kala poo moo topes! [καλά που μου τόπες!]

jog: I'm going for a jog pao ya ena

treximataki [πάω γιά ένα τρεξιματάκι]
jogging to 'jogging' [το τζόγγιγκ]
join: I'd like to join tha ithela na yino melos [θα ήθελα να γίνω μέλος]; **can I join you?** (*sith with, come with*) boro na sas kano parea? [μπορώ να σας κάνω παρέα;]; **do you want to join us?** thelete na mas kanete parea? [θέλετε να μας κάνετε παρέα;]
joint (*in bone*) i athrosi [η άθρωση]; (*to smoke*) ena strifto [ένα στριφτό]
joke ena astio [ένα αστείο]; **you've got to be joking!** tha asti-efese! [θα αστειεύεσε!]; **it's no joke** THen ine astio [δεν είναι αστείο]
jolly: it was jolly good itan poli oreo [ήταν πολύ ωραίο]; **jolly good!** poli kala! [πολύ καλά!]
journey to taxiTHi [το ταξίδι]; **have a good journey!** kalo taxiTHi! [καλό ταξίδι!]; **safe journey!** kalo taxiTHi! [καλό ταξίδι!]
jug i kanata [η κανάτα]; **a jug of water** mia kanata nero [μία κανάτα νερό]
July o I-oolios [ο Ιούλιος]
jump: you made me jump me tromaxes [με τρόμαξες]; **jump in!** (*to car*) elate mesa! [ελάτε μέσα!]
jumper ena poolover [ένα πουλόβερ]
jump leads ta kaloTHia batarias [τα καλώδια μπαταρίας]
junction i THiastavrosi [η διασταύρωση]
June o I-oonios [ο Ιούνιος]
junior: Mr Jones junior o kirios Jones o ios [Ο κ. Τζόουνς ο υιός]
junk ta paliopragmata [τα παλιοπράγματα]
just: just one mono ena [μόνο ένα]; **just me** mono ego [μόνο εγώ]; **just for me** mono ya mena [μόνο γιά μένα]; **just a little** mono ligo [μόνο λίγο]; **just here** akrivos eTHo [ακριβώς εδώ]; **not just now** oHi tora [όχι τώρα]; **that's just right** afto ine oti prepi [αυτό είναι ότι πρέπει]; **it's just as good** ine exisoo kalo [είναι εξ ίσου καλό]; **he was here just now** molis itan eTHo [μόλις ήταν εδώ]; **I've only just arrived** molis eftasa [μόλις έφτασα]

K

keen: I'm not keen THen polithelo [δεν πολυθέλω]
keep: can I keep it? bori na to kratiso? [μπορώ να το κρατήσω;]; **please keep it** boris na to kratisis [μπορείς να το κρατήσεις]; **keep the change** krata ta resta [κράτα τα ρέστα]; **will it keep?** (*food*) THiatirite? [διατηρείται;]; **it's keeping me awake** me kratai agripno [με κρατάει άγρυπνο]; **it keeps on breaking** sineHos Halai [συνεχώς χαλάει]; **I can't keep anything down** (*food*) sineHia ta vgazo [συνέχεια τα βγάζω]
kerb to kraspeTHo [το κράσπεδο]
ketchup ketsap [κέτσαπ]
kettle i booyota [η μπουγιότα]
key to kliTHi [το κλειδί]
kid: the kids ta peTHia [τα παιδιά]; **I'm not kidding** THen kano plaka [δεν κάνω πλάκα]
kidneys ta nefra [τα νεφρά]
kill skotono [σκοτώνω]
kilo ena kilo [ένα κιλό]; *see page 120*
kilometre, kilometer ena Hiliometro [ένα χιλιόμετρο]; *see page 119*
kind: that's very kind ine poli evyeniko [είναι πολύ ευγενικό]; **this kind of ...** afto to iTHos ... [αυτό το είδος ...]
kiosk ena periptero [ένα περίπτερο]
kiss ena fili [ένα φιλί]
kitchen i koozina [η κουζίνα]
kitchenette mia koozinoola [μία κουζινούλα]
Kleenex (*tm*) ta Hartomadila [τα χαρτομάντηλα]
knee to gonato [το γόνατο]
knickers i kilota [η κυλότα]
knife ena maHeri [ένα μαχαίρι]
knitting to pleximo [το πλέξιμο]
knitting needles i velones pleximatos [οι βελόνες πλεξίματος]
knock: there's a knocking noise from the engine akooyete enas metalikos tho-

rivos apo ti miHani [ακουγεται ένας μεταλλικός θόρυβος από τη μηχανή]; **he's had a knock on the head** ktipise sto kefali too [κτύπησε στο κεφάλι του]; **he's been knocked over** ktipithike [κτυπήθηκε]

knot (*in rope*) o kobos [ο κόμπος]

know xero [ξέρω]; **I don't know** THen xero [δεν ξέρω]; **do you know a good restaurant?** xeris kanena kalo estiatorio? [ξέρεις κανένα καλό εστιατόριο;]; **who knows?** pios xeri? [ποιός ξέρει;]; **I don't know him** THen ton gnorizo [δεν τον γνωρίζω]

L

label i etiketa [η ετικέτα]

laces (*shoes*) ta korTHonia [τα κορδόνια]

lacquer i lak [η λακ]

ladies' (room) i tooaleta ton yinekon [η τουαλέτα των γυναικών]

lady mia kiria [μία κυρία]; **ladies and gentlemen!** kiries ke kiri-i! [κυρίες και κύριοι!]

lager mia bira [μία μπύρα]; **lager and lime** mia bira me 'lime' [μία μπύρα με λάιμ]

lake i limni [η λίμνη]

lamb (*meat*) to arni [το αρνί]

lamp mia laba [μία λάμπα]

lamppost o stilos too ilektrikoo [ο στύλος του ηλεκτρικού]

lampshade ena abazoor [ένα αμπαζούρ]

land (*not sea*) i steria [η στεριά]; **when does the plane land?** pote pros-yionete to aeroplano? [πότε προσγειώνεται το αεροπλάνο;]

landscape to topio [το τοπίο]

lane (*car*) i loriTHa [η λωρίδα]; (*narrow road*) i paroTHos [η πάροδος]; **a country lane** enas stenos THromos [ένας στενός δρόμος]

language i glosa [η γλώσσα]

language course mathimata xenis glosas [μαθήματα ξένης γλώσσας]

large megalos [μεγάλος]

laryngitis i larigitiTHa [η λαρυγγίτιδα]

last telefteos [τελευταίος]; **last year** perisi [πέρισυ]; **last Wednesday** tin perasmeni Tetarti [την περασμένη Τετάρτη]; **last night** H-thes vraTHi [χθες βράδυ]; **when's the last bus?** pote eHi to telefteo leoforio? [πότε έχει το τελευταίο λεωφορείο;]; **one last drink** ena telefteo poto [ένα τελευταίο ποτό]; **when were you last in London?** pote isoon teleftea fora sto LonTHino? [πότε ήσουν τελευταία φορά στο Λονδίνο;]; **at last!** epiteloos! [επιτέλους!]; **how long does it last?** (*film etc*) poso THiarki? [πόσο διαρκεί;]

last name to eponimo [το επώνυμο]

late: sorry I'm late me sinHorite poo aryisa [με συγχωρείτε που άργησα]; **don't be late** min aryisis [μην αργήσεις]; **the bus was late** aryise to leoforio [άργησε το λεωφορείο]; **we'll be back late** tha yirisoome arga [θα γυρίσουμε αργά]; **it's getting late** ine iTHi arga [είναι ήδη αργά]; (*at night*) niHtoni [νυχτώνει]; **is it that late!** ine kiolas toso arga? [είναι κιόλας τόσο αργά;]; **it's too late now** ine poli arga tora [είναι πολύ αργά τώρα]; **I'm a late riser** sikonome arga [σηκώνομαι αργά]

lately teleftea [τελευταία]

later argotera [αργότερα]; **later on** argotera [αργότερα]; **I'll come back later** tha yiriso argotera [θα γυρίσω αργότερα]; **see you later** adio, tha ta poome [αντίο, θα τα πούμε]; **no later than Tuesday** oHi argotera apo tin Triti [όχι αργότερα από την Τρίτη]

latest: the latest news ta teleftea nea [τα τελευταία νέα]; **at the latest** to argotero [το αργότερο]

laugh yelo [γελώ]; **don't laugh** mi yelas [μη γελάς]; **it's no laughing matter** THen ine ya yelia [δεν είναι γιά γέλια]

launderette, laundromat to plidirio rooHon [το πλυντήριο ρούχων]; *not very common in Greece*

laundry (*clothes*) i boogaTHa [η μπουγάδα]; (*place*) to katharistirio [το καθαριστήριο]; **could you get the laundry done?** boris na kanis to plisimo?

[μπορείς να κάνεις το πλήσιμο;]
lavatory i tooaleta [η τουαλέτα]
law o nomos [ο νόμος]; **against the law** paranomo [παράνομο]
lawn to grasiTHi [το γρασίδι]
lawyer enas THikigoros [ένας δικηγόρος]
laxative ena kathartiko [ένα καθαρτικό]
lay-by ena meros ya stathmefsi [ένα μέρος γιά στάθμευση]
laze around: I just want to laze around thelo aplos na araxo [θέλω απλώς να αράξω]
lazy tebelis [τεμπέλης]; **don't be lazy** mi tebeliazis [μη τεμπελιάζεις]; **a nice lazy holiday** ore-es noHelikes THiakopes [ωραίες νωχελικές διακοπές]
lead (*elec*) ena kaloTHio [ένα καλώδιο]; **where does this road lead?** poo se vgazi aftos o THromos? [που σε βγάζει αυτός ο δρόμος;]
leaf to filo [το φύλλο]
leaflet ena THiafimistiko [ένα διαφημιστικό]; **do you have any leaflets on ...?** eHete tipota THiafimistika ya ...? [έχετε τίποτα διαφημιστικά γιά ...;]
leak mia THiaroi [μία διαρροή]; **the roof leaks** i steyi treHi [η στέγη τρέχει]
learn: I want to learn ... thelo na matho ... [θέλω να μάθω ...]
learner: I'm just a learner tora matheno [τώρα μαθαίνω]
lease nikiazo [νοικιάζω]
least: not in the least katholoo [καθόλου]; **at least 50** toolaHiston penida [τουλάχιστον 50]
leather THerma [δέρμα]
leave: when does the bus leave? pote fevyi to leoforio? [πότε φεύγει το λεωφορείο;]; **I leave tomorrow** fevgo avrio [φεύγω αύριο]; **he left this morning** efiye to proi [έφυγε το πρωί]; **may I leave this here?** boro nafiso afto eTHo? [μπορώ ν'αφήσω αυτό εδώ;]; **I left my bag in the bar** afisa tin tsada moo sto bar [άφησα την τσάντα μου στο μπαρ]; **she left her bag here** afise tin tsada tis eTHo [άφησε την τσάντα της εδώ]; **leave the window open please** afise aniHto to parathiro, parakalo [άφησε ανοιχτό το παράθυρο, παρακαλώ]; **there's not much left** THen emine poli [δεν έμεινε πολύ]; **I've hardly any money left** eHo elaHista lefta [έχω ελάχιστα λεφτά]; **I'll leave it up to you** to afino se sena [το αφήνω σε σένα]
lecherous vromikos [βρώμικος]
left aristera [αριστερά]; **on the left** pros taristera [προς τ'αριστερά]
left-hand drive me to timoni aristera [με το τιμόνι αριστερά]
left-handed aristeros [αριστερός]
left luggage (*office*) o Horos filaxis aposkevon [ο χώρος φύλαξις αποσκευών]
leg to poTHi [το πόδι]
legal nomimos [νόμιμος]
legal aid nomiki voithia [νομική βοήθεια]
lemon ena lemoni [ένα λεμόνι]
lemonade mia lemonaTHa [μία λεμονάδα]
lemon tea tsai me lemoni [τσάι με λεμόνι]
lend: would you lend me your ...? tha moo THanisis ...? [θα μου δανείσεις ...;]
lens (*phot*) o fakos [ο φακός]; (*contact*) o fakos epafis [ο φακός επαφής]
lens cap to kapaki too fakoo [το καπάκι του φακού]
Lent i Sarakosti [η Σαρακοστή]
lesbian mia lesvia [μία λεσβία]
less: less than an hour ligotero apo mia ora [λιγότερο από μία ώρα]; **less than that** ligotero apo ekino [λιγότερο από εκείνο]; **less hot** ligoteri zesti [λιγότερη ζέστη]
lesson to mathima [το μάθημα]; **do you give lessons?** paraTHinete mathimata? [παραδίνετε μαθήματα;]
let: would you let me use it? mafinis na to Hrisimopi-iso? [μ'αφήνεις να το χρησιμοποιήσω;]; **will you let me know?** tha moo to pis? [θα μου το πεις;]; **I'll let you know** tha soo po [θα σου πω]; **let me try** ase me na prospathiso [άσε με να προσπαθήσω]; **let me go!** ase me na figo! [άσε με να φήγω!]; **let's leave now** as figoome tora [ας φήγουμε τώρα]; **let's not go yet** as min pame akoma [ας μην πάμε ακόμα]; **will you let me off at ...?** tha mafisis sto ...? [θα μ'αφήσεις στο ...;]; **rooms to let** enikiazode THomatia [ενοικιάζονται δωμάτια]
letter to grama [το γράμμα]; **are there any letters for me?** eHo kanena grama?

[έχω κανένα γράμμα;]
letterbox ena gramatokivotio [ένα γραμματοκιβώτιο]
lettuce to marooli [το μαρούλι]
level crossing i isopeTHi THiavasi [η ισόπεδη διάβαση]
lever o levi-es [ο λεβιές]
liable (*responsible*) ipefthinos [υπεύθυνος]
liberated: a liberated woman mia apeleftheromeni yineka [μία απελευθερωμένη γυναίκα]
library i vivliothiki [η βιβλιοθήκη]
licence, license i aTHia [η άδεια]
license plate i pinakiTHes [οι πινακίδες]
lid to kapaki [το καπάκι]
lie (*noun: untruth*) ena psema [ένα ψέμα]; **can he lie down for a while?** bori na xaplosi ya ligo [μπορεί να ξαπλώσει γιά λίγο;]; **I want to go and lie down** thelo na pao na xaploso [θέλω να πάω να ξαπλώσω]
lie-in: I'm going to have a lie-in tomorrow tha mino sto krevati avrio [θα μείνω στο κρεβάτι αύριο]
life i zoi [η ζωή]; **that's life!** etsi ine i zoi! [έτσι είναι η ζωή!]
lifebelt to sosivio [το σωσίβιο]
lifeboat i navagosostiki lemvos [η ναυαγοσωστική λέμβος]
lifeguard (*on beach*) o navagosostis [ο ναυαγοσώστης]
life insurance i asfalia zois [η ασφάλεια ζωής]
life jacket to sosivio [το σωσίβιο]
lift (*in hotel*) to asanser [το ασανσέρ]; **could you give me a lift?** borite na me pate? [μπορείτε να με πάτε;]; **do you want a lift?** thelete na sas pao? [θέλετε να σας πάω;]; **thanks for the lift** efHaristo ya ti metafora [ευχαριστώ γιά τη μεταφορά]; **I got a lift** me eferan [με έφεραν]
light (*noun*) to fos [το φως]; (*adj: not heavy*) elafros [ελαφρός]; **the light was on** to fos itan anameno [το φως ήταν αναμένο]; **do you have a light?** eHis fotia? [έχεις φωτιά;]; **a light meal** ena elafro yevma [ένα ελαφρό γεύμα]; **light blue** aniHto ble [ανοιχτό μπλε]
light bulb mia laba [μία λάμπα]
lighter (*cigarette*) enas anaptiras [ένας αναπτήρας]
lighthouse o faros [ο φάρος]
light meter to fotometro [το φωτόμετρο]
lightning i astrapi [η αστραπή]
like: I'd like a ... tha ithela ena ... [θα ήθελα ένα ...]; **I'd like to ...** tha ithela na ... [θα ήθελα να ...]; **would you like a ...?** tha itheles ena ...? [θα ήθελες ένα ...;]; **would you like to come too?** tha itheles narthis kesi? [θα ήθελες νάρθεις κι εσύ;]; **I like it** moo aresi [μου αρέσει]; **I like you** moo aresis [μου αρέσεις]; **I don't like it** THen moo aresi [δεν μου αρέσει]; **he doesn't like it** THen too aresi [δεν του αρέσει]; **do you like ...?** soo aresoon ...? [σου αρέσουν ...;]; **I like swimming** moo aresi to kolibi [μου αρέσει το κολήμπι]; **OK, if you like** edaxi, an thelis [εντάξει, αν θέλεις]; **what's it like?** me ti miazi? [με τι μοιάζει;]; **do it like this** kane to etsi [κάνε το έτσι]; **one like that** ena san afto [ένα σαν αυτό]
lilo (*tm*) ena fooskoto stroma [ένα φουσκωτό στρώμα]
lime cordial, lime juice ena 'lime' [ένα λάιμ]
line (*on paper, road, telephone*) i grami [η γραμμή]; (*of people*) i oora [η ουρά]; **would you give me a line?** (*tel*) tha moo THosete grami? [θα μου δώσετε γραμμή;]
linen (*for beds*) ta sedonia [τα σεντόνια]
linguist enas glosologos [ένας γλωσσολόγος]; **I'm no linguist** THen ime kalos me tis xenes gloses [δεν είμαι καλός με τις ξένες γλώσσες]
lining i foTHra [η φόδρα]
lip to Hili [το χείλι]
lip brush ena voortsaki ya ta Hila [ένα βουρτσάκι γιά τα χείλια]
lip gloss ena 'lip gloss' [ένα λιπ γκλος]
lip pencil ena molivi ya ta Hilia [ένα μολύβι γιά τα χείλια]
lip salve ena vootiro kakao [ένα βούτηρο κακάο]
lipstick ena krayon [ένα κραγιόν]
liqueur ena liker [ένα λικέρ]
liquor to poto [το ποτό]
liquor store ena potopolio [ένα ποτοπωλείο]
list o katalogos [ο κατάλογος]
listen: I'd like to listen to ... tha ithela nakooso ... [θα ήθελα ν'ακούσω ...];

listen! akoo! [άκου!]
liter, litre ena litro [ένα λίτρο]; *see page 120*
litter ta skoopiTHia [τα σκουπίδια]
little (*adj*) mikros [μικρός]; **just a little, thanks** ligo, efHaristo [λίγο, ευχαριστώ]; **just a very little** mono poli ligo [μόνο πολύ λίγο]; **a little cream** liyi krema [λίγη κρέμα]; **a little more** ligo akomi [λίγο ακόμη]; **a little better** ligo kalitera [λίγο καλίτερα]; **that's too little** (*not enough*) ine poli ligo [είναι πολύ λίγο]
live zo [ζω]; **I live in ...** meno sto ... [μένω στο ...]; **where do you live?** poo menis? [που μένεις;]; **where does he live?** poo meni? [που μένει;]; **we live together** sizoome [συζούμε]
lively THrastirios [δραστήριος]
liver to sikoti [το σικότι]
lizard i savra [η σαύρα]
loaf mia fradzola [μία φραντζόλα]
lobby (*in hotel*) to saloni [το σαλόνι]
lobster enas astakos [ένας αστακός]
local: a local wine ena dopio krasi [ένα ντόπιο κρασί]; **a local newspaper** mia topiki efimeriTHa [μία τοπική εφημερίδα]; **a local restaurant** ena estiatorio tis perioHis [ένα εστιατόριο της περιοχής]
lock i kliTHaria [η κλειδαριά]; **it's locked** ine kliTHomeno [είναι κλειδωμένο]; **I locked myself out of my room** kliTHothika exo apo to THomatio moo [κλειδώθηκα έξω από το δωμάτιό μου]
locker (*for luggage*) mia thiriTHa filaxis [μία θυρίδα φήλαξης]
log: I slept like a log kimithika san kootsooro [κοιμηθήκα σαν κούτσουρο]
lollipop ena glifidzoori [ένα γλιφιτζούρι]
London to LonTHino [το Λονδίνο]
lonely monaHikos [μοναχικός]; **are you lonely?** niothis monaxia? [νιώθεις μοναξιά;]
long makris [μακρύς]; **how long does it take?** posi ora kani? [πόση ώρα κάνει;]; **is it a long way?** ine polis THromos? [είναι πολύς δρόμος;]; **a long time** polis keros [πολύς καιρός]; **I won't be long** THen tha aryiso [δεν θα αργήσω]; **don't be long** min aryisis [μην αργήσεις]; **that was long ago** afto itane prin apo poli kero [αυτό ήτανε πριν από πολύ καιρό]; **I'd like to stay longer** tha ithela na mino perisotero [θα ήθελα να μείνω περισσότερο]; **long time no see!** Hronia ke zamania! [χρόνια και ζαμάνια!]; **so long!** ya-Hara! [γειά-χαρά!]
long distance call ena iperastiko tilefonima [ένα ηπεραστικό τηλεφώνημα]
loo: where's the loo? poo ine i tooaleta? [που είναι η τουαλέτα;]; **I want to go to the loo** thelo na pao stin tooaleta [θέλω να πάω στην τουαλέτα]
look: that looks good fenete kalo [φαίνεται καλό]; **you look tired** fenese koorasmenos [φαίνεσαι κουρασμένος]; **I'm just looking, thanks** efHaristo, vlepo mono [ευχαριστώ, βλέπω μόνο]; **you don't look it** (*your age*) THen soo fenete [δεν σου φαίνεται]; **look at him** kita ton [κοίτα τον]; **I'm looking for ...** psaHno ya ... [ψάχνω γιά ...]; **look out!** prosexe! [πρόσεξε!]; **can I have a look?** boro na THo? [μπορώ να δω;]; **can I have a look around?** boro na rixio mia matia? [μπορώ να ρίξω μιά ματιά;]
loose (*button, handle etc*) Halaros [χαλαρός]
loose change skorpia psila [σκόρπια ψιλά]
lorry ena fortigo [ένα φορτηγό]
lorry driver o oTHigos fortigoo [ο οδηγός φορτηγού]
lose Hano [χάνω]; **I've lost my ...** eHasa tin ... moo [έχασα την ... μου]; **I'm lost** eHo Hathi [έχω χαθεί]
lost property office, lost and found to grafio apolesthedon [το γραφείο απωλεσθέντων]
lot: a lot, lots pola [πολλά]; **not a lot** oHi pola [όχι πολλά]; **a lot of money** pola lefta [πολλά λεφτά]; **a lot of women** poles yinekes [πολλές γυναίκες]; **a lot cooler** poli pio THrosera [πολύ πιό δροσερά]; **I like it a lot** moo aresi poli [μου αρέσει πολύ]; **is it a lot further?** ine poli makritera? [είναι πολύ μακρύτερα]; **I'll take the (whole) lot** tha ta paro ola [θα τα πάρω όλα]
lotion mia losion [μία λοσιόν]
loud THinatos [δυνατός]; **the music is rather loud** i moosiki ine THinata [η

μουσική είναι δυνατά]
lounge (*in hotel, airport*) to saloni [το σαλόνι]
lousy (*food, hotel etc*) as-нimos [άσχημος]
love: I love you sagapo [σ'αγαπώ]; **he's fallen in love** ina erotevmenos [είναι ερωτευμένος]; **I love Greece** latrevo tin Elatнa [λατρεύω την Ελλάδα]; **let's make love** as kanoome erota [ας κάνουμε έρωτα]
lovely oreos [ωραίος]
low нamilos [χαμηλός]
low beam ta mesea fota [τα μεσαία φώτα]
LP o megalos тнiskos [ο μεγάλος δίσκος]
luck i tiнi [η τύχη]; **hard luck!** atiнia! [ατυχία!]; **good luck!** kali tiнi! [καλή τύχη!]; **just my luck!** kita atiнia! [κοίτα ατυχία!]; **it was pure luck** itan sketi tiнi [ήταν σκέτη τύχη]
lucky: that's lucky! afto ine tiнero [αυτό είναι τυχερό]
lucky charm ena filaнto [ένα φυλαχτό]
luggage i aposkeves [οι αποσκευές]
lumbago to loombago [το λουμπάγκο]
lump ena priximo [ένα πρήξιμο]
lunch to yevma [το γεύμα]
lung o pnevmonas [ο πνεύμονας]
luxurious politelis [πολυτελής]
luxury politelias [πολυτελείας]

M

mad trelos [τρελλός]
madam kiria [κυρία]
magazine ena periotнiko [ένα περιοδικό]
magnificent megaloprepis [μεγαλοπρεπής]
maid (*in hotel*) i servitora [η σερβιτόρα]
maiden name to patronimo [το πατρώνυμο]
mail: is there any mail for me? eнo kanena grama? [έχω κανένα γράμμα;]
mailbox to gramatokivotio [το γραμματοκιβώτιο]
main (*major*) kirios [κύριος]; **where's the main post office?** poo ine to kedriko taнitнromio? [που είναι το κεντρικό ταχυδρομείο;]
main road o kedrikos thromos [ο κεντρικός δρόμος]; (*in the country*) o aftokinitoтнromos [ο αυτοκινητόδρομος]
make kano [κάνω]; **do you make them yourself?** ta kanete o iтнios? [τα κάνετε ο ίδιος;]; **it's very well made** ine poli kaloftiagmeno [είναι πολύ καλοφτιαγμένο]; **what does that make altogether?** poso kanoon ola mazi? [πόσο κάνουν όλα μαζί;]; **I make it only 500 drachmas** ola kanoon pedakosi-es тнraнmes [όλα κάνουν 500 δραχμές]
make up to 'make-up' [το μέικ απ]
make-up remover to galaktoma katharismoo [το γαλάκτωμα καθαρισμού]
male chauvinist pig enas sovinistis [ένας σωβινιστής]
man enas anтнras [ένας άνδρας]
manager o тнiaнiristis [ο διαχειριστής]; **may I see the manager?** boro na тнo ton тнiaнristi? [μπορώ να δω τον διαχειριστή;]
manicure to manikioor [το μανικιούρ]
many pola [πολλά]
map: a map of ... ena нarti tis ... [ένα χάρτη της ...]; **it's not on this map** тнen ine safto to нarti [δεν είναι σ' αυτό το χάρτη]
marble to marmaro [το μάρμαρο]
March o Martios [ο Μάρτιος]
marijuana i mariнooana [η μαριχουάνα]
mark: there's a mark on it eнi ena simaтнi [έχει ένα σημάδι]; **could you mark it on the map for me?** moo to simionete sto нarti? [μου το σημειώνετε στο χάρτη;]
market i agora [η αγορά]
marmalade i marmelaтнa [η μαρμελάδα]
married: are you married? iste padremenos/padremeni? [είστε παντρεμμένος/παντρεμμένη;]; **I'm married** ime padremenos/padremeni [είμαι παντρεμμένος/παντρεμμένη]

mascara i maskara [η μάσκαρα]
mass: I'd like to go to mass thelo na pao sti litoorya [θέλω να πάω στη λειτουργία]
mast to katarti [το κατάρτι]
masterpiece ena aristooryima [ένα αριστούργημα]
matches ta spirta [τα σπίρτα]
material (*cloth*) to ifasma [το ύφασμα]
matter: it doesn't matter THen pirazi [δεν πειράζει]; **what's the matter?** ti simveni? [τι συμβαίνει;]
mattress to stroma [το στρώμα]
maximum meyistos [μέγιστος]
May o Maios [ο Μάιος]
may: may I have another bottle? tha ithela ki alo ena bookali [θα ήθελα κι άλλο ένα μπουκάλι]; **may I?** boro? [μπορώ;]
maybe isos [ίσως]; **maybe not** isos oHi [ίσως όχι]
mayonnaise i mayioneza [η μαγιονέζα]
me: come with me elate mazi moo [έλατε μαζί μου]; **it's for me** ine ya mena [είναι γιά μένα]; **it's me** ego ime [εγώ είμαι]; **me too** ki ego episis [κι εγώ επίσης]; *see page 112*
meal: that was an excellent meal itan iperoHo fayito [ήταν υπέροχο φαγητό]; **does that include meals?** perilamvani ke fayito? [περιλαμβάνει και φαγητό;]
mean: what does this word mean? ti simeni afti i lexi? [τι σημαίνει αυτή η λέξη;]; **what does he mean?** ti enoi? [τι εννοεί;]
measles i ilara [η ιλαρά]; **German measles** i erithra [η ερυθρά]
measurements ta metra [τα μέτρα]
meat to kreas [το κρέας]
mechanic: do you have a mechanic here? ipaHi kanenas miHanikos eTHo? [υπάρχει κανένας μηχανικός εδώ;]
medicine to farmako [το φάρμακο]
medieval meseonikos [μεσαιωνικός]
Mediterranean i Mesoyios [η Μεσόγειος]
medium metrios [μέτριος]
medium-rare (*steak*) misopsimeno [μισοψημένο]
medium-sized metrio meyethos [μέτριο μέγεθος]
meet: pleased to meet you Harika [χάρηκα]; **where shall we meet?** poo tha sinadithoome? [που θα συναντηθούμε;]; **let's meet up again** as xanasinadithoome [ας ξανασυναντηθούμε]
meeting i sinadisi [η συ νάντηση]
meeting place to meros sinadisis [το μέρος συνάντησης]
melon ena peponi [ένα πεπόνι]
member ena melos [ένα μέλος]; **I'd like to become a member** tha ithela na yino melos [θα ήθελα να γίνω μέλος]
mend: can you mend this? borite na to episkevasete? [μπορείτε να το επισκευάσετε;]
men's room ton anTHron [των ανδρών]
mention: don't mention it parakalo [παρακαλώ]
menu to menoo [το μενού]
mess: it's a mess ine ano-kato [είναι άνω-κάτω]
message: are there any messages for me? iparHi kanena minima ya mena? [υπάρχει κανένα μήνυμα γιά μένα;]; **I'd like to leave a message for ...** thelo nafiso ena minima ya ... [θέλω ν' αφήσω ένα μήνυμα γιά ...]
metal to metalo [το μέταλλο]
metre, meter to metro [το μέτρο]; *see page 119*
midday: at midday to mesimeri [το μεσημέρι]
middle: in the middle sti mesi [στη μέση]; **in the middle of the road** sti mesi too THromoo [στη μέση του δρόμου]
midnight: at midnight ta mesaniHta [τα μεσάνυχτα]
might: I might want to stay another 3 days bori na thelo na mino akomi tris imeres [μπορεί να θέλω να μείνω ακόμη 3 ημέρες]; **you might have warned me!** tha borooses na me proiTHopi-isis [θα μπορούσες να με προειδοποιήσεις]
migraine i imikrania [η ημικρανία]
mild (*weather*) ethrios [αίθριος]
mile ena mili [ένα μίλι]; **that's miles away!** vriskete milia makria! [βρίσκεται μίλια μακριά!]; *see page 119*
military stratiotikos [στρατιωτικός]
milk to gala [το γάλα]
milkshake ena 'milkshake' [ένα μίλκσεηκ]
millimetre, millimeter ena Hiliosto [ένα χιλιοστό]

minced meat o kimas [ο κιμάς]
mind: I don't mind THen me pirazi [δεν με πειράζει]; (*either will do etc*) to iTHio kani [το ίδιο κάνει]; **would you mind if I ...?** tha se piraze an ...? [θα σε πείραζε αν ...;]; **never mind** THen pirazi [δεν πειράζει]; **I've changed my mind** alaxa gnomi [άλλαξα γνώμη]
mine: it's mine ine THiko moo [είναι δικό μου]; *see page 112*
mineral water ena metaliko nero [ένα μεταλλικό νερό]
minimum elaHistos [ελάχιστος]
mint (*sweet*) mia meda [μία μέντα]
minus plin [πλην]; **minus 3 degrees** tris vathmi ipo to miTHen [τρεις βαθμοί υπό το μηδέν]
minute ena lepto [ένα λεπτό]; **in a minute** se ena lepto [σε ένα λεπτό]; **just a minute** ena lepto [ένα λεπτό]
mirror o kathreftis [ο καθρέφτης]
Miss i THespiniTHa [η δεσποινίδα]
miss: I miss you moo lipis [μου λείπεις]; **there's a ... missing** lipi ena ... [λείπει ένα ...]; **we missed the bus** Hasame to leoforio [χάσαμε το λεωφορείο]
mist i kataHnia [η καταχνιά]
mistake ena lathos [ένα λάθος]; **I think there's a mistake here** nomizo iparHi ena lathos etHo [νομίζω υπάρχει ένα λάθος εδώ]
misunderstanding mia parexiyisi [μία παρεξήγηση]
mixture ena migma [ένα μίγμα]
mix-up: there's been some sort of mix-up with ... iparHi kapia sighisi me ... [υπάρχει κάποια σύγχιση με ...]
modern modernos [μοντέρνος]; **modern art** i moderna teHni [η μοντέρνα τέχνη]
moisturizer (*cosmetic*) mia iTHatiki krema [μία υδατική κρέμα]
moment: I won't be a moment mia stigmi parakalo [μία στιγμή παρακαλώ]
monastery to monastiri [το μοναστήρι]
Monday i THeftera [η Δευτέρα]
money ta lefta [τα λεφτά]; **I don't have any money** THen eHo lefta [δεν έχω λεφτά]; **do you take English/American money?** pernete Aglika/Amerikanika lefta? [παίρνετε Αγγλικά/Αμερικάνικα λεφτά;]
month o minas [ο μήνας]
monument to mnimio [το μνημείο]; (*statue*) to agalma [το άγαλμα]
moon to fegari [το φεγγάρι]
moorings o ormos [ο όρμος]
moped ena miHanaki [ένα μηχανάκι]
more perisotero [περισσότερο]; **may I have some more?** boro na eHo akomi ligo? [μπορώ να έχω ακόμη λίγο;]; **more water, please** akomi ligo nero, parakalo [ακόμη λίγο νερό, παρακαλώ;]; **no more, thanks** ftani, efHaristo [φτάνει, ευχαριστώ]; **more expensive** pio akrivo [πιό ακριβό]; **more than 50** perisotero apo penida [περισσότερο από 50]; **more than that** pio poli ap afto [πιό πολύ απ' αυτό]; **a lot more** poli perisotero [πολύ περισσότερο]; **not any more** (*no longer*) oHi pia [όχι πιά]; **I don't stay there any more** THen meno eki pia [δεν μένω εκεί πιά]
morning to proi [το πρωί]; **good morning** kalimera [καλημέρα]; **this morning** simera to proi [σήμερα το πρωί]; **in the morning** to proi [το πρωί]
mosquito ena koonoopi [ένα κουνούπι]
most: I like this one most moo aresi pio poli apo ola [μου αρέσει πιό πολύ από όλα]; **most of the time** sinithos [συνήθως]; **most hotels** ta perisotera xenoTHoHia [τα περισσότερα ξενοδοχεία]
mother: my mother i mitera moo [η μητέρα μου]
motif (*in patterns*) to motivo [το μοτίβο]
motor i miHani [η μηχανή]
motorbike mia motosikleta [μία μοτοσυκλέτα]
motorboat mia varka me miHani [μία βάρκα με μηχανή]
motorist o oTHigos aftokinitoo [ο οδηγός αυτοκινήτου]
motorway i ethniki oTHos [η εθνική οδός]
motor yacht ena 'yacht' [ένα γιότ]
mountain to voono [το βουνό]; **up in the mountains** pano sta voona [πάνω στα βουνά]; **a mountain village** ena orino Horio [ένα ορεινό χωριό]
mouse ena podiki [ένα ποντήκι]
moustache to moostaki [το μουστάκι]
mouth to stoma [το στόμα]
move: he's moved to another hotel piye se alo xenoTHoHio [πήγε σε άλλο ξενοδοχείο]; **could you move your car?**

borite na metakinisete to aftokinito sas? [μπορείτε να μετακινήσετε το αυτοκίνητό σας;]
movie ena 'film' [ένα φιλμ]; **let's go to the movies** as pame sto sinema [ας πάμε στο σινεμά]
movie camera mia kinimatografiki miнani [μία κινηματογραφική μηχανή]
movie theater enas kinimatografos [ένας κινηματογράφος]
moving: a very moving tune poli siginitiki moosiki [πολύ συγκινητική μουσική]
Mr o Kirios [ο Κύριος]
Mrs i Kiria [η Κυρία]
Ms i тнespinis [η Δεσποινίς]
much poli [πολύ]; **much better** poli kalitera [πολύ καλύτερα]; **much cooler** poli pio тнrosistiko [πολύ πιό δροσιστικό]; **not much** oнi poli [όχι πολύ]; **not so much** oнi toso poli [όχι τόσο πολύ]
muffler (*on car*) o sigastiras [ο σιγαστήρας]
mug: I've been mugged me listepsan [με λήστεψαν]
muggy varis [βαρύς]
mule ena moolari [ένα μουλάρι]
mumps i parotititна [η παρωτίτιδα]
murals i tiнografi-es [οι τοιχογραφίες]
muscle o mis [ο μυς]
museum to moosio [το μουσείο]
mushroom ena manitari [ένα μανιτάρι]
music i moosiki [η μουσική]; **guitar music** i moosiki apo kithara [η μουσική από κιθάρα]; **do you have the sheet music for ...?** eнete ti moosiki too ...? [έχετε τη μουσική του ...;]
musician enas moosikos [ένας μουσικός]
mussels ta miтнia [τα μύδια]
must: I must ... prepi na ... [πρέπει να ...]; **I mustn't drink ...** тнen prepi na pio ... [δεν πρέπει να πιώ ...]; **you mustn't forget** na min xeнasis [να μην ξεχάσεις]
mustache to moostaki [το μουστάκι]
mustard i moostartна [η μουστάρδα]
my: my room to тнomatio moo [το δωμάτιό μου]; *see page 111*
myself: I'll do it myself tha to kano o iтнios [θα το κάνω ο ίδιος]

N

nail (*finger*) to niнi [το νύχι]; (*wood*) to karfi [το καρφί]
nail clippers o niнokoptis [ο νυχοκόπτης]
nailfile mia lima niнion [μία λίμα νυχιών]
nail polish ena mano [ένα μανό]
nail polish remover ena aseton [ένα ασετόν]
nail scissors ena psaliтнaki niнion [ένα ψαλιδάκι νυχιών]
naked yimnos [γυμνός]
name to onoma [το όνομα]; **what's your name?** pos se lene? [πως σε λένε;]; **what's its name?** pos to lene? [πως το λένε;]; **my name is ...** me lene ... [με λένε ...]
nap: he's having a nap perni ena ipnako [παίρνει ένα υπνάκο]
napkin mia petseta [μία πετσέτα]
nappy mia pana [μία πάνα]
nappy-liners i panes moroo mias нrisis [οι πάνες μωρού μιάς χρήσης]
narrow stenos [στενός]
nasty apesios [απαίσιος]
national ethnikos [εθνικός]
nationality i ethnikotis [η εθνικότης]
natural fisikos [φυσικός]
naturally fisika [φυσικά]
nature i fisi [η φύση]
nausea i naftia [η ναυτία]
near: is it near here? ine koda? [είναι κοντά;]; **near the window** koda sto parathiro [κοντά στο παράθυρο]; **do you go near ...?** pas koda ...? [πας κοντά ...;]; **where is the nearest ...?** poo ine to plisi-estero ...? [που είναι το πλησιέστερο ...;]
nearby eтнo koda [εδώ κοντά]
nearly s-нeтнon [σχεδόν]

nearside wheel i rotha koda sto pezothromio [η ρόδα κοντά στο πεζοδρόμιο]
neat (*drink*) sketo [σκέτο]
necessary anageo [αναγκαίο]; **is it necessary to ...?** ine anagi na ...? [είναι ανάγκη να ...;]; **it's not necessary** then hriazete [δεν χρειάζεται]
neck o lemos [ο λαιμός]
necklace ena koli-e [ένα κολλιέ]
necktie mia gravata [μία γραβάτα]
need: I need a ... hriazome ena ... [χρειάζομαι ένα ...]; **it needs more salt** hriazete perisotero alati [χρειάζεται περισσότερο αλάτι]; **do I need to ...?** hriazome na ...? [χρειάζομαι να ...;]; **there's no need** then hriazete [δεν χρειάζεται]; **there's no need to shout!** then hriazete na fonazis! [δεν χρειάζεται να φωνάζεις!]
needle mia velona [μία βελόνα]
negative (*noun: film*) to arnitiko [το αρνητικό]
neighbo(u)r o yitonas [ο γείτονας]
neighbo(u)rhood i yitonia [η γειτονιά]
neither: neither of us kanenas mas [κανένας μας]; **neither one (of them)** kanenas toos [κανένας τους]; **neither ... nor ... oo**te ... **oo**te ... [ούτε ... ούτε ...]; **neither do I oo**te ki ego [ούτε κι εγώ]
nephew: my nephew o anipsios moo [ο ανηψιός μου]
nervous nevrikos [νευρικός]
net (*fishing, tennis*) to thihti [το δίχτυ]
nettle mia tsooknitha [μία τσουκνίδα]
neurotic nevrotikos [νευρωτικός]
neutral (*gear*) i nekra [η νεκρά]
never pote [ποτέ]
new neos [νέος]
news (*TV etc*) ta nea [τα νέα]; **is there any news?** ipahoon tipota nea? [υπάρχουν τίποτα νέα;]
newspaper mia efimeritha [μία εφημερίδα]; **do you have any English newspapers?** ehete Aglikes efimerithes? [έχετε Αγγλικές εφημερίδες;]
newsstand o efimerithopolis [ο εφημεριδοπώλης]
New Year to Neo Etos [το Νέο Έτος]; **Happy New Year** eftihismenos o kenooryios hronos [ευτυχισμένος ο καινούργιος χρόνος]
New Year's Eve i Protohronia [η Πρωτοχρονιά]
New York i Nea Iorki [η Νέα Υόρκη]
New Zealand i Nea Zilanthia [η Νέα Ζηλανδία]
New Zealander enas Neozilanthos [ένας Νεοζηλανδός]
next epomenos [επόμενος]; **next to the post office** thipla apo to tahithromio [δίπλα από το ταχυδρομείο]; **the one next to that** ekino thipla apo [εκείνο δίπλα από]; **it's at the next corner** ine sti thiplani gonia [είναι στη διπλανή γωνία]; **next week/Monday** tin ali evthomatha/theftera [την άλλη εβδομάδα/Δευτέρα]
nextdoor sto thiplano spiti [στο διπλανό σπίτι]
next of kin o stenos sigenis [ο στενός συγγενής]
nice oreos [ωραίος]; **that's very nice of you** afto ine poli oreo ek meroos soo [αυτό είναι πολύ ωραίο εκ μέρους σου]; **a nice cold drink** ena oreo throsero poto [ένα ωραίο δροσερό ποτό]
nickname to paratsookli [το παρατσούκλι]
niece: my niece i anipsia moo [η ανηψιά μου]
night i nihta [η νύχτα]; **for one night** ya mia nihta [γιά μιά νύχτα]; **for three nights** ya tris nihtes [γιά τρείς νύχτες]; **good night** kalinihta [καληνύχτα]; **at night** to vrathi [το βράδυ]
nightcap (*drink*) ena telefteo potiri [ένα τελευταίο ποτήρι]
nightclub ena 'nightclub' [ένα νάιτκλαμπ]
nightdress ena nihtiko [ένα νυχτικό]
night flight mia nihterini ptisi [μία νυχτερινή πτήση]
nightie ena nihtiko [ένα νυχτικό]
night-life i nihterini zoi [η νυχτερινή ζωή]
nightmare enas efialtis [ένας εφιάλτης]
night porter enas nihterinos thiroros [ένας νυχτερινός θυρωρός]
nits (*bugs*) i psires [οι ψείρες]
no ohi [όχι]; **I've no money** then eho lefta [δεν έχω λεφτά]; **there's no more** then iparhi alo [δεν υπάρχει άλλο]; **no more than ...** ohi perisotero apo ... [όχι περισσότερο από ...]; **oh no!** (*upset*) ohi!

[όχι!]
nobody kanenas [κανένας]
noise i fasaria [η φασαρία]
noisy thorivoтнis [θορυβώδης]; **it's too noisy** eнi poli fasaria [έχει πολύ φασαρία]
non-alcoholic нoris alko-ol [χωρίς αλκοόλ]
none kanis [κανείς]; **none of them** kanenas apaftoos [κανένας απ'αυτούς]
nonsense anoisi-es [ανοησίες]
non-smoking mi kapnizodes [μη καπνίζοντες]
non-stop (*drive etc*) katefthian [κατ' ευθείαν]
no-one kanenas [κανένας]
nor: nor do I oote kego [ούτε κ' εγώ]
normal fisioloyikos [φυσιολογικός]
north o voras [ο βορράς]; **to the north** pros ton vora [προς τον βορρά]
northeast o vorio-anatolikos [ο βορειοανατολικός]; **to the northeast** vorio-anatolika [βορειο-ανατολικά]
Northern Ireland i Vorios IrlanтHia [η Βόρειος Ιρλανδία]
northwest o vorio-тнitikos [ο βορειοδυτικός]; **to the northwest** vorio-тнitika [βορειο-δυτικά]
Norway i Norviyia [η Νορβηγία]
nose i miti [η μύτη]; **my nose is bleeding** anixe i miti moo [άνοιξε η μύτη μου]
not тнen [δεν]; **I don't smoke** тнen kapnizo [δεν καπνίζω]; **he didn't say anything** тнen ipe tipota [δεν είπε τίποτα]; **it's not important** тнen ine spootнeo [δεν είναι σπουδαίο]; **not that one** oнi afto [όχι αυτό]; **not for me** oнi ya mena [όχι γιά μένα]
note (*bank note*) ena нartonomisma [ένα χαρτονόμισμα]
notebook ena simiomatario [ένα σημειωματάριο]
nothing tipote [τίποτε]
November o Noemvrios [ο Νοέμβριος]
now tora [τώρα]; **not now** oнi tora [όχι τώρα]
nowhere poothena [πουθενά]
nudist enas yimnistis [ένας γυμνιστής]
nudist beach mia paralia yimniston [μία παραλία γυμνιστών]
nuisance: he's being a nuisance aftos yinete vasano [αυτός γίνετε βάσανο]
numb mooтнiasmenos [μουδιασμένος]
number o arithmos [ο αριθμός]; **what number?** ti noomero? [τι νούμερο;]
number plates i pinakiтнes [οι πινακίδες]
nurse mia nosokoma [μία νοσοκόμα]
nursery (*at airport etc*) i ethoosa ton pетнion [η αίθουσα των παιδιών]
nut to kariтнi [το καρύδι]; (*for bolt*) ena paximатнi [ένα παξιμάδι]
nutter: he's a nutter aftos ine palavos [αυτός είναι παλαβός]

O

oar to koopi [το κουπί]
obligatory ipoнreotika [υποχρεωτικά]
oblige: much obliged sas ime ipoнreos [σας είμαι υπόχρεος]
obnoxious (*person*) adipathitikos [αντιπαθητικός]
obvious: that's obvious ine olofanero [είναι ολοφάνερο]
occasionally kamia fora [καμιά φορά]
o'clock *see page 118*
October o Oktovrios [ο Οκτώβριος]
octopus ena нtapoтнi [ένα χταπόδι]
odd (*number*) monos [μονός]; (*strange*) paraxenos [παράξενος]
odometer o нiliometrikos тнiktis [ο χιλιομετρικός δείκτης]
of too [του]; **the name of the hotel** to onoma too xenoтнoнioo [το όνομα του ξενοδοχείου]; **have one of mine** pare ena apo ta тнika moo [πάρε ένα από τα δικά μου]
off: 20% off ikosi tis ekato ektosi [είκοσι τις εκατό έκπτωση]; **the lights were off** ta fota itan svista [τα φώτα ήταν σβυστά]; **just off the main road** ligo pio ki apo ton kedriko тнromo [λίγο πιό και από τον κεντρικό δρόμο]
offend: don't be offended mi thiyese [μη

θίγεσαι]
office to grafio [το γραφείο]
officer (*said to policeman*) astinome [αστυνόμε]
official enas anoteros ipalilos [ένας ανώτερος υπάλληλος]; **is that official?** ine afto episimo? [είναι αυτό επίσημο;]
off-season ektos epoнis [εκτός εποχής]
off-side wheel i roтна apo tin ali meria too pezoтнromioo [η ρόδα από την άλλη μεριά του πεζοδρομίου]
often siнна [συχνά]; **not often** oнi siнна [όχι συχνά]
oil (*for car*)ta laтнia [τα λάδια]; (*on salad*) to laтнi [το λάδι]; **it's losing oil** нani laтнia [χάνει λάδια]; **will you change the oil?** borite nalaxete ta laтнia? [μπορείτε ν'αλλάξετε τα λάδια;]; **the oil light's flashing** ta fotaki too laтнioo anavosvini [το φωτάκι του λαδιού αναβοσβύνει]
oil painting mia eleografia [μία ελαιογραφία]
oil pressure i pi-esi too laтнioo [η πίεση του λαδιού]
ointment mia alifi [μία αλοιφή]
OK edaxi [εντάξει]; **are you OK?** ise kala? [είσαι καλά;]; **that's OK thanks** ine edaxi, efнaristo [είναι εντάξει, ευχαριστώ]; **that's OK by me** ine edaxi katemena [είναι εντάξει κατ' εμένα]
old (*person*) yeros [γέρος]; (*thing*) palios [παλιός]; **how old are you?** poso нronon ise? [πόσο χρονών είσαι;]
old-age pensioner enas sidaxiooнos [ένας συνταξιούχος]
old-fashioned demode [ντεμοντέ]
old town (*old part of town*) i palia poli [η παλιά πόλι]
olive mia elia [μία ελιά]
olive oil to eleolатно [το ελαιόλαδο]
omelet(te) mia omeleta [μία ομελέττα]
on pano [πάνω]; **on the beach** stin paralia [στην παραλία]; **on Friday** tin Paraskevi [την Παρασκευή]; **on television** stin tileorasi [στην τηλεόραση]; **I don't have it on me** mi ta vazis mazi moo [μη τα βάζεις μαζί μου]; **this drink's on me** нithike to poto epano moo [χύθηκε το ποτό επάνω μου]; **a book on Athens** ena vivlio ya tin Athina [ένα βιβλίο γιά την Αθήνα]; **the warning light comes on** anavi to proiтнopi-ithiko fotaki [ανάβει το προειδοποιητικό φωτάκι]; **the light was on** to fos itan anameno [το φως ήταν αναμένο]; **it's just not on!** (*not acceptable*) ine aparaтнekto [είναι απαράδεκτο]
once (*one time*) mia fora [μιά φορά]; **at once** amesos [αμέσως]
one enas [ένας]; **that one** afto eki [αυτό εκεί]; **the green one** to prasino [το πράσινο]; **the one with the black skirt on** ekini me to mavro foostani [εκείνη με το μαύρο φουστάνι]; **the one in the blue shirt** ekinos me to ble bloozaki [εκείνος με το μπλε μπλουζάκι]
onion ena kremiтнi [ένα κρεμμύδι]
only: only one mono ena [μόνο ένα]; **only once** mono mia fora [μόνο μιά φορά]; **it's only 9 o'clock** ine mono enea i ora [είναι μόνο εννέα η ώρα]; **I've only just arrived** molis eftasa [μόλις έφτασα]
open (*adjective*) aniktos [ανοικτός]; **when do you open?** pote aniyete? [πότε ανοίγετε;]; **in the open** ipethria [υπαίθρια]; **it won't open** тнen aniyi [δεν ανοίγει]
opening times (*of bank etc*) ores litooryias [ώρες λειτουργείας]
open top (*car*) ena xeskepasto [ένα ξεσκέπαστο]
opera i opera [η όπερα]
operation (*med*) mia engнirisi [μία εγχείρηση]
operator (*tel*) o tilefonitis [ο τηλεφωνητής]
opportunity mia efkeria [μία ευκαιρία]
opposite: opposite the church apenadi apo tin eklisia [απέναντι από την εκκλησία]; **it's directly opposite** ine akrivos apenadi [είναι ακριβώς απέναντι]
oppressive (*heat*) katapniktikos [καταπνικτικός]
optician o optikos [ο οπτικός]
optimistic esioтнoxos [αισιόδοξος]
optional proeretikos [προαιρετικός]
or i [ή]
orange (*fruit*) ena portokali [ένα πορτοκάλι]; (*colour: adj*) portokali [πορτοκαλί]
orange juice enas нimos portokali [ένας χυμός πορτοκάλι]
oracle to madio [το μαντείο]
orchestra i orнistra [η ορχήστρα]

order: could we order now? boroome na paragiloome tora? [μπορούμε να παραγγείλουμε τώρα;]; **I've already ordered** eHO ITHI paragili [έχω ήδη παραγγείλει]; **I didn't order that** THen paragila afto [δεν παράγγειλα αυτό]; **it's out of order** (*lift etc*) THen litooryi [δεν λειτουργεί]
ordinary sinithismenos [συνηθισμένος]
organization enas organismos [ένας οργανισμός]
organize organono [οργανώνω]; **could you organize it?** borite na to organosete? [μπορείτε να το οργανώσετε;]
original (*adj*) prototipos [πρωτότυπος]; **is it an original?** (*painting etc*) ine prototipo? [είναι πρωτότυπο;]
ornament i THiakosmisis [η διακόσμησις]
ostentatious fadaHteros [φανταχτερός]
other: the other waiter to alo garsoni [το άλλο γκαρσόνι]; **the other one** to alo [το άλλο]; **do you have any others?** eHete tipote ala? [έχετε τίποτε άλλα;]; **some other time, thanks** kapia ali fora, efHaristo [κάποια άλλη φορά, ευχαριστώ]
otherwise THiaforetika [διαφορετικά]
ouch! oH! [ωχ!]
ought: he ought to be here soon eprepe ITHi na itan eTHo [έπρεπε ήδη να ήταν εδώ]
ounce *see page 120*
our: our hotel to xenoTHoHio mas [το ξενοδοχείο μας]; *see page 111*
ours THikos mas [δικός μας]; *see page 112*
out: he's out vyike exo [βγήκε έξω]; **get out!** vyes exo! [βγες έξω!]; **I'm out of money** xemina apo lefta [ξέμεινα από λεφτά]; **a few kilometres out of town** merika Hiliometra exo apo tin poli [μερικά χιλιόμετρα έξω από την πόλι]
outboard (motor) mia exolemvia [μία εξωλέμβια]
outdoors exo [έξω]
outlet (*elec*) to doo-i [το ντουί]
outside: can we sit outside? boroome na kathisoome exo? [μπορούμε να καθίσουμε έξω;]
outskirts: on the outskirts of ... sta periHora too ... [στα περίχωρα του ...]
oven o foornos [ο φούρνος]
over: over here eTHo [εδώ]; **over there** eki [εκεί]; **over 100** pano apo ekato [πάνω από εκατό]; **I'm burnt all over** eHo katakai [έχω κατακαεί]; **the holiday's over** i THiakopes teliosan [οι διακοπές τελείωσαν]
overcharge: you've overcharged me me Hreosate parapano [με χρεώσατε παραπάνω]
overcoat ena palto [ένα παλτό]
overcooked parapsimenos [παραψημένος]
overexposed para-ektethimenos [παραεκτεθειμένος]
overheat: it's overheating (*car*) iperthermenete [υπερθερμαίνεται]
overland (*travel*) THia xiras [διά ξηράς]
overlook: overlooking the sea me thea pros ti thalasa [με θέα προς τη θάλασσα]
overnight (*travel*) oloniktis [ολονυκτίς]
oversleep: I overslept parakimithika [παρακοιμήθηκα]
overtake prosperno [προσπερνώ]
overweight (*person*) poli paHis [πολύ παχύς]
owe: how much do I owe you? poso sas Hrostao? [πόσο σας χρωστάω;]
own: my own ... THiko moo ... [δικό μου ...]; **are you on your own?** ise monos soo? [είσαι μόνος σου;]; **I'm on my own** ime monos moo [είμαι μόνος μου]
owner o iTHioktitis [ο ιδιοκτήτης]
oyster ena striTHi [ένα στρείδι]

P

pack: a pack of cigarettes ena paketo tsigara [ένα πακέτο τσιγάρα]; **I'll go and pack** pao na paketaro [πάω να πακετάρω]
package ena paketo [ένα πακέτο]
package holiday/tour mia organomeni

ektHromi [μία οργανωμένη εκδρομή]
packed lunch ena etimo mesimeriano [ένα έτοιμο μεσημεριανό]
packed out: the place was packed out to meros itan fiska [το μέρος ήταν φίσκα]
packet (*parcel*) ena dema [ένα δέμα]; **a packet of cigarettes** ena paketo tsigara [ένα πακέτο τσιγάρα]
paddle (*for boat*) ena koopi [ένα κουπί]
padlock mia klitHaria [μία κλειδαριά]
page (*of book*) mia selitHa [μία σελίδα]; **could you page Mr ...?** borite na kalesete ton kirio ... [μπορείτε να καλέσετε τον κύριο ...]
pain o ponos [ο πόνος]; **I have a pain here** esthanome ena pono etHo [αισθάνομαι ένα πόνο εδώ]
painful otHiniros [οδυνηρός]
painkillers pafsipona [παυσίπονα]
paint i boya [η μπογιά]; **I'm going to do some painting** pao na zografiso ligo [πάω να ζωγραφίσω λίγο]
paintbrush ena pinelo [ένα πινέλλο]
painting i zografiki [η ζωγραφική]
pair: a pair of ... ena zevgari ... [ένα ζευγάρι ...]
pajamas i pitzames [οι πυτζάμες]
Pakistan to Pakistan [το Πακιστάν]
Pakistani Pakistanos [Πακιστανός]
pal to filaraki [το φιλαράκι]
palace to palati [το παλάτι]
pale Hlomos [χλωμός]; **pale blue** galazios [γαλάζιος]
palm tree enas finikas [ένας φοίνικας]
palpitations i palmi [οι παλμοί]
pancake mia tiganita [μία τηγανίτα]
panic: don't panic min panikovalese [μην πανικοβάλλεσαι]
panties i kilotes [οι κυλότες]
pants (*trousers*) to pantaloni [το πανταλόνι]; (*underpants*) to sovrako [το σώβρακο]
panty girdle ena korse [ένα κορσέ]
pantyhose ena kaltson [ένα καλτσόν]
paper to Harti [το χαρτί]; (*newspaper*) mia efimeritHa [μία εφημερίδα]; **a piece of paper** ena komati Harti [ένα κομμάτι χαρτί]
paper handkerchiefs ta Hartomadila [τα χαρτομάντηλα]
paraffin i parafini [η παραφίνη]
paragliding ski me alexiptoto [σκι με αλεξίπτωτο]
parallel: parallel to ... paralila me ... [παράλληλα με ...]
parasol (*over table*) mia obrela [μία ομπρέλλα]
parcel ena tHema [ένα δέμα]
pardon (me)? (*didn't understand*) signomi? [συγγνώμη;]
parents: my parents i gonis moo [οι γονείς μου]
parents-in-law ta petherika [τα πεθερικά]
park to parko [το πάρκο]; **where can I park?** poo boro na parkaro? [που μπορώ να παρκάρω;]; **there's nowhere to park** tHen ipaRHi meros ya parkarisma [δεν υπάρχει μέρος γιά παρκάρισμα]
parka ena atHiavroHo [ένα αδιάβροχο]
parking lights ta fanaria parkarismatos [τα φανάρια παρκαρίσματος]
parking lot to 'parking' [το πάρκινγκ]
parking place: there's a parking place! ipaRHi Horos ya parkarisma! [υπάρχει χώρος γιά παρκάρισμα!]
part ena meros [ένα μέρος]
partner o sineteros [ο συνέταιρος]
party (*group*) mia omatHa [μία ομάδα]; (*celebration*) ena parti [ένα πάρτυ]; **let's have a party** as kanoome ena parti [ας κάνουμε ένα πάρτυ]
pass (*mountain*) ena perasma [ένα πέρασμα]; (*overtake*) prosperno [προσπερνώ]; **he passed out** lipothimise [λιποθύμησε]; **he made a pass at me** moo kolise [μου κόλλησε]
passable (*road*) tHiavatos [διαβατός]
passenger enas epivatis [ένας επιβάτης]
passport ena tHiavatirio [ένα διαβατήριο]
past: in the past sto parelthon [στο παρελθόν]; **just past the bank** amesos meta tin trapeza [αμέσως μετά την τράπεζα]; *see page 118*
pastry i zimi [η ζύμη]; (*cake*) ena glikisma [ένα γλύκισμα]
patch: could you put a patch on this? borite na moo to balosete? [μπορείτε να μου το μπαλλώσετε;]
pâté to 'pate' [το πατέ]
path ena monopati [ένα μονοπάτι]
patient: be patient kane ipomoni [κάνε υπομονή]

patio i avli [η αυλή]
pattern (*on cloth etc*) ena s-HeTHio [ένα σχέδιο]; **a dress pattern** mia pateda [μία παντέντα]
paunch ena stomaHaki [ένα στομαχάκι]
pavement (*sidewalk*) to pezoTHromio [το πεζοδρόμιο]
pay plirono [πληρώνω]; **can I pay, please?** boro na pliroso, parakalo? [μπορώ να πληρώσω, παρακαλώ;]; **it's already paid for** ine iTHi pliromeno [είναι ήδη πληρωμένο]; **I'll pay for this** ego tha to pliroso [εγώ θα το πληρώσω]
pay phone ena tilefono me kermata [ένα τηλέφωνο με κέρματα]
peace and quiet taxi ke asfalia [τάξη και ασφάλεια]
peach ena roTHakino [ένα ροδάκινο]
peanuts fistikia arapika [φυστίκια αράπικα]
pear ena aHlaTHi [ένα αχλάδι]
pearl ena margaritari [ένα μαργαριτάρι]
peas ta bizelia [τα μπιζέλια]
peculiar paraxenos [παράξενος]
pedal ena petali [ένα πετάλι]
pedalo ena thalasio poTHilato [ένα θαλάσσιο ποδήλατο]
pedestrian enas pezos [ένας πεζός]
pedestrian crossing mia THiavasi pezon [μία διάβαση πεζών]
pedestrian precinct o pezoTHromos [ο πεζόδρομος]
pee: I need to go for a pee pao ya katoorima [πάω γιά κατούρημα]
peeping Tom enas iTHonovlepsias [ένας ηδονοβλεψίας]
peg (*for washing*) ena madalaki [ένα μανταλάκι]; (*for tent*) ena palooki [ένα παλούκι]
pen ena stilo [ένα στυλό]; **do you have a pen?** eHete ena stilo? [έχετε ένα στυλό;]
pencil ena molivi [ένα μολύβι]
penfriend enas filos THia alilografias [ένας φίλος διά αλληλογραφίας]; **shall we be penfriends?** tha alilografoome? [θα αλληλογραφούμε;]
penicillin i penikilini [η πενικιλλίνη]
penknife ena sooyias [ένας σουγιάς]
pen pal enas filos THia alilografias [ένας φίλος διά αλληλογραφίας]
pensioner enas sidaxiooHos [ένας συνταξιούχος]
people i anthropi [οι άνθρωποι]; **a lot of people** polis kosmos [πολύς κόσμος]; **the Greek people** o Elinikos laos [ο Ελληνικός λαός]
pepper (*spice*) to piperi [το πιπέρι]; **green pepper** mia piperia [μία πιπεριά]; **red pepper** mia kokini piperia [μία κόκκινη πιπεριά]
peppermint (*sweet*) mia meda [μία μέντα]
per: per night tin vraTHia [την βραδυά]; **how much per hour?** poso tin ora? [πόσο την ώρα;]
per cent tis ekato [τοις εκατό]
perfect telios [τέλειος]
perfume ena aroma [ένα άρωμα]
perhaps isos [ίσως]
period (*of time, woman's*) mia perioTHos [μία περίοδος]
perm mia permanant [μιά περμανάντ]
permit mia aTHia [μία άδεια]
person ena atomo [ένα άτομο]
pessimistic apesioTHoxos [απαισιόδοξος]
petrol i venzini [η βενζίνη]
petrol can ena THoHio venzinis [ένα δοχείο βενζίνης]
petrol station ena venzinaTHiko [ένα βενζινάδικο]
petrol tank ena deposito venzinis [ένα ντεπόζιτο βενζίνης]
pharmacy ena farmakio [ένα φαρμακείο]
phone *see* **telephone**
photogenic fotoyenis [φωτογενής]
photograph mia fotografia [μία φωτογραφία]; **would you take a photograph of us?** borite na mas vgalete mia fotografia? [μπορείτε να μας βγάλετε μία φωτογραφία;]
photographer enas fotografos [ένας φωτογράφος]
phrase: a useful phrase mia Hrisimi frasi [μία χρήσιμη φράση]
phrasebook ena vivlio THialogon [ένα βιβλίο διαλόγων]
pianist o pianistas [ο πιανίστας]
piano ena piano [ένα πιάνο]
pickpocket enas portofolas [ένας πορτοφολάς]
pick up: when can I pick them up? pote boro na ta paralavo? [πότε μπορώ να τα

παραλάβω;]; **will you come and pick me up?** tharthis na me paris? [θάρθεις να με πάρεις;]
picnic ena piknik [ένα πικνίκ]
picture mia ikona [μία εικόνα]
pie (*meat*) mia pita [μία πίττα]; (*fruit*) mia pita frooton [μία πίττα φρούτων]
piece ena komati [ένα κομμάτι]; **a piece of ...** ena komati ... [ένα κομμάτι ...]
pig ena gooronі [ένα γουρούνι]
pigeon ena peristeri [ένα περιστέρι]
piles (*med*) i emoroiTHes [οι αιμορροΐδες]
pile-up mia karabola [μία καραμπόλα]
pill ena Hapi [ένα χάπι]; **I'm on the pill** perno antisiliptika Haria [παίρνω αντισυλληπτικά χάπια]
pillarbox ena gramatokivotio [ένα γραμματοκιβώτιο]
pillow ena maxilari [ένα μαξιλάρι]
pillow case mia maxilarothiki [μία μαξιλαροθήκη]
pin mia karfitsa [μία καρφίτσα]
pineapple enas ananas [ένας ανανάς]
pineapple juice enas Himos anana [ένας χυμός ανανά]
pink roz [ροζ]
pint *see page 121*
pipe enas solinas [ένας σωλήνας]; (*smoking*) mia pipa [μία πίπα]
pipe cleaner katharistis pipas [καθαριστής πίπας]
pipe tobacco kapnos pipas [καπνός πίπας]
pity: it's a pity ine krima [είναι κρίμα]
pizza mia pizza [μία πίτσα]
place ena meros [ένα μέρος]; **is this place taken?** ine piasmeni afti i thesi? [είναι πιασμένη αυτή η θέση;]; **would you keep my place for me?** moo kratate tin thesi moo? [μου κρατάτε την θέση μου;]; **at my place** sto spiti moo [στο σπίτι μου]
place mat ena soo-plat [ένα 'σουπλάτ']
plain (*food*) sketos [σκέτος]; (*not patterned*) oHi embrime [όχι εμπριμέ]
plane to a-eroplano [το αεροπλάνο]
plant ena fito [ένα φυτό]
plaster cast o yipsos [ο γύψος]
plastic plastikos [πλαστικός]
plastic bag mia plastiki sakoola [μία πλαστική σακούλα]
plate ena piato [ένα πιάτο]
platform mia platforma [μία πλατφόρμα]; **which platform, please?** pia platforma parakalo? [ποιά πλατφόρμα, παρακαλώ;]
play (*verb*) pezo [παίζω]; (*in theatre*) ena theatriko ergo [ένα θεατρικό έργο]
playboy enas 'playboy' [ένας 'πλέϊμπόϋ']
playground ena yipeTHo [ένα γήπεδο]
pleasant efHaristos [ευχάριστος]
please parakalo [παρακαλώ]; **yes please** ne, parakalo [ναι, παρακαλώ]
plenty: plenty of ... pola apo ... [πολλά από ...]; **that's plenty, thanks** efHaristo, arki [ευχαριστώ, αρκεί]
pleurisy plevritiTHa [πλευρίτιδα]
pliers mia pensa [μία πένσα]
plonk ena krasi [ένα κρασί]
plug (*elec*) mia briza [μία μπρίζα]; (*car*) ena boozi [ένα μπουζί]; (*bathroom*) mia tapa [μία τάπα]
plughole to vooloma [το βούλωμα]
plum ena THamaskino [ένα δαμάσκηνο]
plumber enas iTHravlikos [ένας υδραυλικός]
plus sin [συν]
p.m. meta mesimvrias [μ.μ., μετα μεσημβρίας]
pneumonia pnevmonia [πνευμονία]
poached egg ena avgo pose [ένα αυγό ποσέ]
pocket mia tsepi [μία τσέπη]; **in my pocket** stin tsepi moo [στην τσέπη μου]
pocketbook (*woman's*) mia yinekia tsada [μία γυναικία τσάντα]
pocketknife enas sooyas [ένας σουγιάς]
point: could you point to it? borite na to THixete? [μπορείτε να το δείξετε;]; **four point six** tesera koma exi [τέσσερα κόμμα έξι]; **there's no point** THen iparHi logos [δεν υπάρχει λόγος]
points (*car*) i platines [οι πλατίνες]
poisonous THilitiriOTHis [δηλητηριώδης]
police i astinomia [η αστυνομία]; **call the police!** kaleste tin astinomia! [καλέστε την αστυνομία!]
policeman enas astifilakas [ένας αστυφύλακας]
police station to astinomiko tmima [το αστυνομικό τμήμα]

polish ena verniki [ένα βερνίκι]; **will you polish my shoes?** borite na yalisete ta papootsia moo? [μπορείτε να γυαλίσετε τα παπούτσια μου;]
polite evgenikos [ευγενικός]
politician enas politikos [ένας πολιτικός]
politics ta politika [τα πολιτικά]
polluted molismenos [μολυσμένος]
pond mia limnoola [μία λιμνούλα]
pony ena pony [ένα πόνυ]
pool (*swimming*) mia pisina [μία πισίνα]; (*game*) to biliartho [το μπιλλιάρδο]
pool table ena trapezi biliarthoo [ένα τραπέζι μπιλλιάρδου]
poor (*not rich*) ftohos [φτωχός]; (*quality etc*) kakos [κακός]; **poor old Nikos!** kakomire Niko! [κακόμοιρε Νίκο!]
pope o Papas [ο Πάπας]
pop music i moosiki pop [η μουσική ποπ]
pop singer enas tragoothistis pop [ένας τραγουδιστής ποπ]
popular thimofilis [δημοφιλής]
population o plithismos [ο πληθυσμός]
pork to hirino [το χοιρινό]
port (*for boats*) to limani [το λιμάνι]; (*drink*) mia mavrothafni (*Greek equivalent*) [μία μαυροδάφνη]
porter (*hotel, for baggage*) enas ah-thoforos [ένας αχθοφόρος]; (*doorman*) o thiroros [ο θυρωρός]
portrait ena portreto [ένα πορτραίτο]
Portugal i Portogalia [η Πορτογαλλία]
poser (*phoney person*) enas epithixias [ένας επιδειξίας]
posh (*restaurant*) akrivos [ακριβός]; (*people*) kiriles [κυριλές]
possibility mia pithanotita [μία πιθανότητα]
possible pithanos [πιθανός]; **is it possible to ...?** ine thinaton na ...? [είναι δυνατόν να ...;]; **as ... as possible** oso to thinaton ... [όσο το δυνατόν ...]
post (*mail*) ta gramata [τα γράμματα]; **could you post this for me?** borite na moo to tahithromisete? [μπορείτε να μου το ταχυδρομήσετε;]
postbox ena gramatokivotio [ένα γραμματοκιβώτιο]
postcard mia kart-postal [μία καρτποστάλ]
poster ena poster [ένα πόστερ]
poste restante post restant [ποστ ρεστάντ]
post office to tahithromio [το ταχυδρομείο]
pot ena thohio [ένα δοχείο]; **a pot of tea for two** thio tsa-i [δύο τσάι]; **pots and pans** katsaroles ke tigania [κατσαρόλες και τηγάνια]
potato mia patata [μία πατάτα]
potato chips ta tsips [τα τσιπς]
potato salad mia patatosalata [μία πατατοσαλάτα]
pottery ta keramika [τα κεραμικά]
pound (*money*) i lira [η λίρα]; (*weight*) i libra [η λίμπρα]; *see page 120*
pour: it's pouring down vrehi poli [βρέχει πολύ]
powder (*for face*) mia poothra [μία πούδρα]
powdered milk gala skoni [γάλα σκόνη]
power cut mia thiakopi revmatos [μία διακοπή ρεύματος]
power point enas revmatothotis [ένας ρευματοδότης]
power station enas ilektrikos stathmos [ένας ηλεκτρικός σταθμός]
practise, practice: I need to practise hriazome exaskisi [χρειάζομαι εξάσκηση]
pram ena karotsaki [ένα καροτσάκι]
prawn cocktail mia garithes cocktail [μία γαρίδες κοκτέηλ]
prawns i garithes [οι γαρίδες]
prefer: I prefer white wine protimo to aspro krasi [προτιμώ το άσπρο κρασί]
preferably: preferably not tomorrow ohi avrio an yinete [όχι αύριο αν γίνεται]
pregnant enghios [έγγυος]
prescription mia sintayi [μία συνταγή]
present: at present pros to paron [προς το παρόν]; **here's a present for you** afto ine ena thoro ya sena [αυτό είναι ένα δώρο γιά σένα]
president o pro-ethros [ο πρόεδρος]
press: could you press these? borite na sitherosete afta? [μπορείτε να σιδερώσετε αυτά;]
pretty oreos [ωραίος]; **it's pretty expensive** ine arketa akrivo [είναι αρκετά ακριβό]
price i timi [η τιμή]
prickly heat ena exanthima ilioo [ένα

εχάνθημα ηλίου]
priest o papas [ο παπάς]
prime minister o prothipoorgos [ο πρωθυπουργός]
print (*of picture*) mia ektiposi [μία εκτύπωση]
printed matter tipomeno iliko [τυπωμένο υλικό]
priority (*in driving*) i protereotita [η προτεραιότητα]
prison mia filaki [μία φυλακή]
private iTHiotikos [ιδιωτικός]; **private bath** ena iTHiotiko banio [ένα ιδιωτικό μπάνιο]
prize ena vravio [ένα βραβείο]
probably pithanos [πιθανώς]
problem ena provlima [ένα πρόβλημα]; **I have a problem** eHo ena provlima [έχω ένα πρόβλημα]; **no problem!** kanena provlima [κανένα πρόβλημα]
program(me) ena programa [ένα πρόγραμμα]
promise: I promise ipos-Home [υπόσχομαι]; **is that a promise?** moo to ipos-Hese? [μου το υπόσχεσαι;]
pronounce: how do you pronounce this? pos to proferis afto? [πώς το προφέρεις αυτό;]
properly: it's not repaired properly THen ine episkevasmeno sosta [δεν είναι επισκευασμένο σωστά]
prostitute mia porni [μιά πόρνη]
protect prostatevo [προστατεύω]
protection factor (*of suntan oil*) o vathmos prostasias [ο βαθμός προστασίας]
protein remover (*for contact lenses*) THialitis prote-inon [διαλύτης πρωτεϊνών]
Protestant enas THiamartiromenos [ένας Διαμαρτυρόμενος]
proud iperifanos [υπερήφανος]
prunes ta THamaskina [τα δαμάσκηνα]
public THimosios [δημόσιος]
public convenience mia kinoHristi tooaleta [μία κοινόχρηστη τουαλέτα]
public holiday mia THimosia argia [μία δημόσια αργία]
pudding (*dessert*) ena glikisma [ένα γλύκισμα]
pull (*verb*) travo [τραβώ]; **he pulled out without indicating** estripse Horis na vgali flas [έστριψε χωρίς να βγάλει φλας]
pullover ena pullover [ένα πουλλόβερ]
pump mia adlia [μία αντλία]
punctual taktikos [τακτικός]
puncture mia tripa sto lastiHo [μιά τρύπα στο λάστιχο]
pure agnos [αγνός]
purple mov [μωβ]
purse ena portofoli [ένα πορτοφόλι]; (*handbag*) mia tsada [μία τσάντα]
push sproHno [σπρώχνω]; **don't push in!** (*into queue*) min sproHnis! [μην σπρώχνεις!]
push-chair ena karotsaki [ένα καροτσάκι]
put: where did you put ...? poo evales ...? [πού έβαλες ...;]; **where can I put ...?** poo boro na valo ...? [πού μπορώ να βάλω ...;]; **could you put the lights on?** boris na anapsis ta fota? [μπορείς να ανάψεις τα φώτα;]; **will you put the light out?** tha svisis ta fota? [θα σβήσεις τα φώτα;]; **you've put the price up** anevasate tin timi [ανεβάσατε την τιμή]; **could you put us up for the night?** borite na mas filoxenisete ya ena vraTHi? [μπορείτε να μας φιλοξενήσετε γιά ένα βράδυ;]
pyjamas i pitzames [οι πυτζάμες]

Q

quality i piotita [η ποιότητα]; **poor quality** kaki piotita [κακή ποιότητα]; **good quality** kali piotita [καλή ποιότητα]
quarantine i karantina [η καραντίνα]
quart *see page 121*
quarter ena tetarto [ένα τέταρτο]; **a quarter of an hour** ena tetarto tis oras [ένα τέταρτο της ώρας]; *see page 118*
quay i provlita [η προβλήτα]
quayside: on the quayside stin provlita [στην προβλήτα]
question mia erotisi [μία ερώτηση]; **that's out of the question** afto oote kan

sizitite [αυτό ούτε καν συζητείται]
queue mia oora [μιά ουρά]; **there was a big queue** ipirнe megali oora [υπήρχε μεγάλη ουρά]
quick grigora [γρήγορα]; **that was quick** afto itan grigoro [αυτό ήταν γρήγορο]; **which is the quickest way?** pios ine o pio grigoros тнromos? [ποιός είναι ο πιό γρήγορος δρόμος;]
quickly grigora [γρήγορα]
quiet (*place, hotel*) isiнos [ήσυχος]; **be quiet!** siopi! [σιωπή!]
quinine to kinino [το κινίνο]
quite: quite a lot arketa [αρκετά]; **it's quite different** ine arketa тнiaforetiko [είναι αρκετά διαφορετικό]; **I'm not quite sure** тнen ime apolita sigooros [δεν είμαι απόλυτα σίγουρος]

R

rabbit enas lagos [ένας λαγός]
rabies i lisa [η λύσσα]
race (*noun: horses, cars*) mia koorsa [μία κούρσα]; **I'll race you there** paravyenoome mehri eki? [παραβγαίνουμε μέχρι εκεί;]
racket (*tennis etc*) mia raketa [μία ρακέτα]
radiator (*car*) to psiyio aftokinitoo [το ψυγείο αυτοκινήτου]; (*in room*) to kalorifer [το καλοριφέρ]
radio to raтнiofono [το ραδιόφωνο]; **on the radio** sto raтнiofono [στο ραδιόφωνο]
rag (*cleaning*) mia patsavooria [μία πατσαβούρα]
rail: by rail siтнiroтнromikos [σιδηροδρομικώς]
railroad, railway o siтнiroтнromikos [ο σιδηροδρομικός]
railroad crossing i siтнiroтнromiki тнiavasi [η σιδηροδρομική διάβαση]
rain i vroнi [η βροχή]; **in the rain** mes tin vroнi [μες την βροχή]; **it's raining** vreнi [βρέχει]
rain boots i galotses [οι γαλότσες]
raincoat mia kapardina [μία καπαρντίνα]
rape enas viasmos [ένας βιασμός]
rare spanios [σπάνιος]; (*steak*) oнi poli psimeno [όχι πολύ ψημένο]
rash (*on skin*) ena exanthima [ένα εξάνθυμα]
raspberry ena vatomooro [ένα βατόμουρο]
rat enas arooreos [ένας αρουραίος]
rate (*for changing money*) i timi sinalagmatos [η τιμή συναλλάγματος]; **what's the rate for the pound?** pia ine i timi tis aglikis liras? [ποιά είναι η τιμή της αγγλικής λίρας;]; **what are your rates?** pi-es ine i times sas? [ποιές είναι οι τιμές σας;]
rather: it's rather late ine malon arga [είναι μάλλον αργά]; **I'd rather have fish** protimo psari [προτιμώ ψάρι]
raw omos [ωμός]
razor ena xirafaki [ένα ξυραφάκι]; (*electric*) mia xiristiki miнani [μία ξυριστική μηχανή]
razor blades ta xirafakia [τα ξυραφάκια]
reach: within easy reach se kodini apostasi [σε κοντινή απόσταση]
read тнiavazo [διαβάζω]; **I can't read it** тнen boro na to тнiavaso [δεν μπορώ να το διαβάσω]
ready: when will it be ready? pote tha ine etimo? [πότε θα είναι έτοιμο;]; **I'll go and get ready** pao na etimasto [πάω να ετοιμαστώ]; **I'm not ready yet** тнen ime etimos akomi [δεν είμαι έτοιμος ακόμη]
real pragmatikos [πραγματικός]
really pragmatika [πραγματικά]; **I really must go** pragmatika prepi na piyeno [πραγματικά πρέπει να πηγαίνω]; **is it really necessary?** ine pragmati anagheo? [είναι πράγματι αναγκαίο;]
realtor o ktima-tomesitis [ο κτηματομεσίτης]
rear: at the rear sto piso meros [στο πίσω μέρος]; **rear wheels** i piso rotнes [οι πίσω ρόδες]
rearview mirror o kathreftis aftokinitoo [ο καθρέφτης αυτοκινήτου]

reasonable (*price, arrangement*) logikos [λογικός]; (*quite good*) arketa kalos [αρκετά καλός]
receipt mia apoTHixi [μία απόδειξη]
recently prosfata [πρόσφατα]
reception (*hotel*) i resepsion [η ρεσεψιόν]; (*for guests*) mia THexiosi [μία δεξίωση]
reception desk to grafio ipoTHoHis [το γραφείο υποδοχής]
receptionist i/o resepsionist [η/ο ρεσεψιονίστ]
recipe mia sidagi [μία συνταγή]; **can you give me the recipe for this?** borite na moo THosete tin sidayi yafto? [μπορείτε να μου δώσετε την συνταγή γι'αυτό;]
recognize anagnorizo [αναγνωρίζω]; **I didn't recognize it** THen to anagnorisa [δεν το αναγνώρισα]
recommend: could you recommend ...? borite na moo sistisete ...? [μπορείτε να μου συστήσετε ...;]
record (*music*) enas THiskos [ένας δίσκος]
record player ena pikap [ένα πικάπ]
red kokinos [κόκκινος]
red wine ena kokino krasi [ένα κόκκινο κρασί]
reduction (*in price*) mia ekptosi [μία έκπτωση]
refreshing THrosistikos [δροσιστικός]
refrigerator to psiyio [το ψυγείο]
refund: do I get a refund? moo epistrefode Hrimata? [μου επιστρέφονται χρήματα;]
region mia perioHi [μία περιοχή]
registered: by registered mail sistimeno [συστημένο]
registration number o arithmos kikloforias [ο αριθμός κυκλοφορίας]
relative: my relatives i sighenis moo [οι συγγενείς μου]
relaxing: it's very relaxing ine poli xekoorasto [είναι πολύ ξεκούραστο]
reliable ebistos [έμπιστος]
religion i thriskia [η θρησκεία]
remains (*of old city etc*) ta eripia [τα ερείπια]
remember: I don't remember THen thimame [δεν θυμάμαι]; **do you remember?** thimase? [θυμάσαι;]
remote (*village etc*) apomakrismenos [απομακρυσμένος]
rent (*for room etc*) to enikio [το ενοίκιο]; **I'd like to rent a bike/car** tha ithela na nikiaso ena poTHilato/aftokinito [θα ήθελα να νοικιάσω ένα ποδήλατο/αυτοκίνητο]
rental car ena enikiasmeno aftokinito [ένα ενοικιασμένο αυτοκίνητο]
repair mia episkevi [μία επισκευή]; **can you repair it?** borite na to episkevasete? [μπορείτε να το επισκευάσετε;]
repeat: could you repeat that? borite na to epanalavete? [μπορείτε να το επαναλάβετε;]
representative (*of company*) enas adiprosopos [ένας αντιπρόσωπος]
request ena etima [ένα αίτημα]
rescue sozo [σώζω]
reservation mia kratisi theseos [μία κράτηση θέσεως]; **I have a reservation** eHo mia kratisi [έχω μία κράτηση]
reserve krato [κρατώ]; **I reserved a room in the name of ...** eHo klisi ena THomatio sto onoma ... [έχω κλείσει ένα δωμάτιο στο όνομα ...]; **can I reserve a table for tonight?** boro na kliso ena trapezi ya apopse? [μπορώ να κλείσω ένα τραπέζι γιά απόψε;]
rest: I need a rest Hriazome xekoorasi [χρειάζομαι ξεκούραση]; **the rest of the group** to ipolipo groop [το υπόλοιπο γκρουπ]
restaurant ena estiatorio [ένα εστιατόριο]
rest room i tooaleta [η τουαλέτα]
retired: I'm retired ime se sidaxi [είμαι σε σύνταξη]
return: a return to Heraklion ena isitirio met epistrofis ya to Iraklio [ένα εισιτήριο μετ' επιστροφής γιά το Ηράκλειο]; **I'll return it tomorrow** tha to epistrepso avrio [θα το επιστρέψω αύριο]
returnable (*deposit*) epistrepteos [επιστρεπτέος]
reverse charge call ena tilefonima kolekt [ένα τηλεφώνημα κολλέκτ]
reverse gear i opisthen [η όπισθεν]
revolting apesios [απαίσιος]
rheumatism i revmatismi [οι ρευματισμοί]
Rhodes i RoTHos [η Ρόδος]
rib ena plevro [ένα πλευρό]; **a cracked**

rib ena rayismeno plevro [ένα ραγισμένο πλευρό]
ribbon mia korTHela [μία κορδέλλα]
rice to rizi [το ρύζι]
rich (*person*) ploosios [πλούσιος]; **it's too rich** (*food*) ine poli ploosio [είναι πολύ πλούσιο]
ride: can you give me a ride into town? borite na me petaxete stin poli? [μπορείτε να με πετάξετε στην πόλη;]; **thanks for the ride** efHaristo ya tin volta [ευχαριστώ γιά την βόλτα]
ridiculous: that's ridiculous afto ine yelio [αυτό είναι γελοίο]
right (*correct*) sostos [σωστός]; (*not left*) THexia [δεξιά]; **you're right** eHis THikio [έχεις δίκιο]; **you were right** iHes THikio [είχες δίκιο]; **that's right** sosta [σωστά]; **that can't be right** THen bori na ine sosto [δεν μπορεί να είναι σωστό]; **right!** (*ok*) edaxi [εντάξει]; **is this the right road for ...?** ine aftos o sostos THromos ya ...? [είναι αυτός ο σωστός δρόμος γιά ...;]; **on the right** sta THexia [στα δεξιά]; **turn right** stripse THexia [στρίψε δεξιά]; **not right now** oHi amesos tora [όχι αμέσως τώρα]
right-hand drive me THexio timoni [με δεξιό τιμόνι]
ring (*on finger*) ena THaktiliTHi [ένα δαχτυλίδι]; (*on cooker*) to mati [το μάτι]; **I'll ring you** tha soo tilefoniso [θα σου τηλεφωνήσω]
ring road enas THaktilios [ένας δακτύλιος]
ripe orimos [ώριμος]
rip-off: it's a rip-off ine listia [είναι ληστεία]; **rip-off prices** astronomikes times [αστρονομικές τιμές]
risky ripsokinTHinos [ριψοκίνδυνος]; **it's too risky** ine poli ripsokinTHino [είναι πολύ ριψοκίνδυνο]
river to potami [το ποτάμι]; **by the river** THipla sto potami [δίπλα στο ποτάμι]
road o THromos [ο δρόμος]; **is this the road to ...?** ine aftos o THromos ya ...? [είναι αυτός ο δρόμος γιά ...;]; **further down the road** ligo pio kato [λίγο πιό κάτω]
road accident ena aftokinitistiko THistiHima [ένα αυτοκινητιστικό δυστύχημα]
road hog o adzamis oTHigos [ο ατζαμής οδηγός]
road map enas oTHikos Hartis [ένας οδικός χάρτης]
roadside: by the roadside koda sto THromo [κοντά στο δρόμο]
roadsign mia pinakiTHa [μία πινακίδα]
roadwork(s) oTHika erga [οδικά έργα]
roast beef ena rost-bif [ένα ροστ-μπίφ]
rob: I've been robbed me listepsan [με λήστεψαν]
robe (*housecoat*) mia roba [μία ρόμπα]
rock (*stone*) enas vraHos [ένας βράχος]; **on the rocks** (*with ice*) me pagakia [με παγάκια]
rocky (*coast*) vraHoTHis [βραχώδης]
roll (*bread*) ena psomaki [ένα ψωμάκι]
Roman Catholic Romeokatholikos [Ρωμαιοκαθολικός]
romance ena iTHilio [ένα ειδύλλιο]
Rome: when in Rome ... oHi opos ixeres, ala opos vrikes! [όχι όπως ήξερες, αλλά όπως βρήκες!]
roof i taratsa [η ταράτσα]; **on the roof** stin taratsa [στην ταράτσα]
roof rack i s-Hara aftokinitoo [η σχάρα αυτοκινήτου]
room ena THomatio [ένα δωμάτιο]; **do you have a room?** eHete ena THomatio? [έχετε ένα δωμάτιο;]; **a room for two people** ena THomatio ya THio [ένα δωμάτιο γιά δύο]; **a room for three nights** ena THomatio ya tris niHtes [ένα δωμάτιο γιά τρεις νύχτες]; **a room with bathroom** ena THomatio me banio [ένα δωμάτιο με μπάνιο]; **in my room** sto THomatio moo [στο δωμάτιό μου]; **there's no room** then iparHi Horos [δεν υπάρχει χώρος]
room service to servis THomatioo [το σέρβις δωματίου]
rope ena s-Hini [ένα σχοινί]
rose ena triadafilo [ένα τριαντάφυλλο]
rosé roze [ροζέ]
rotary o kikloforiakos komvos [ο κυκλοφοριακός κόμβος]
rough (*sea*) trikimioTHis [τρικυμιώδης]; **the engine sounds a bit rough** i miHani THen akoo-yete kala [η μηχανή δεν ακούγεται καλά]; **I've been sleeping rough** kimomoona stin ipethro [κοιμόμουνα στην ήπαιθρο]
roughly (*approx*) pano-kato [πάνω-κάτω]
roulette i rooleta [η ρουλέττα]

round (*adjective*) stroghilos [στρογγυλός]; **it's my round** ine i sira moo [είναι η σειρά μου]
roundabout o kikloforiakos komvos [ο κυκλοφοριακός κόμβος]
round-trip: a round-trip ticket to ... ena isitirio met epistrofis ya ... [ένα εισιτήριο μετ' επιστροφής γιά ...]
route i poria [η πορεία]; **what's the best route?** pios ine o kaliteros THromos? [ποιός είναι ο καλύτερος δρόμος;]
rowboat, rowing boat mia varka me koopia [μία βάρκα με κουπιά]
rubber (*material*) lastiHo [λάστιχο]; (*eraser*) mia gomolastiHa [μία γομολάστιχα]
rubber band ena lastiHaki [ένα λαστιχάκι]
rubbish (*waste*) ta skoopiTHia [τα σκουπίδια]; (*poor quality items*) kaki piotita [κακή ποιότητα]; **that's rubbish!** triHes! [τρίχες!]
rucksack ena sakiTHio [ένα σακίδιο]
rude ayenis [αγενής]; **he was very rude** itan poli ayenis [ήταν πολύ αγενής]
rug ena Halaki [ένα χαλάκι]
ruins (*of ancient city etc*) i arHeotites [οι αρχαιότητες]
rum ena roomi [ένα ρούμι]
rum and coke ena roomi me koka kola [ένα ρούμι με κόκα κόλα]
run (*person*) treHo [τρέχω]; **I go running** kano 'jogging' [κάνω τζόγγιγκ]; **quick, run!** grigora, treHa! [γρήγορα, τρέχα!]; **how often do the buses run?** poso siH-na pernoon ta leoforia? [πόσο συχνά περνούν τα λεωφορεία;]; **he's been run over** ton Htipise ena aftokinito [τον χτύπησε ένα αυτοκίνητο]; **I've run out of gas/petrol** emina apo venzini [έμεινα από βενζίνη]
rupture i kili [η κήλη]
Russia i Rosia [η Ρωσσία]

S

saccharine i zaHarini [η ζαχαρίνη]
sad lipimenos [λυπημένος]
saddle mia sela [μία σέλα]
safe asfalis [ασφαλής]; **will it be safe here?** tha ine asfales eTHo? [θα είναι ασφαλές εδώ;]; **is it safe to drink?** epitrepete to poto? [επιτρέπεται το ποτό;]; **is it a safe beach for swimming?** ine asfalis i thalasa ya banio? [είναι ασφαλής η θάλασσα γιά μπάνιο;]; **could you put this in your safe?** borite na to filaxete sto Hrimatokivotio? [μπορείτε να το φυλάξετε στο χρηματοκιβώτιο;]
safety pin mia paramana [μία παραμάνα]
sail ena pani [ένα πανί]; (*verb: depart*) salparo [σαλπάρω]; **can we go sailing?** boroome na pame ya istioplo-ia [μπορούμε να πάμε γιά ιστιοπλοΐα;]
sailboard ena 'windsurf' [ένα γουίντσερφ]
sailboarding: I like sailboarding moo aresi to 'windsurf' [μου αρέσει το γουίντσερφ]
sailor enas naftis [ένας ναύτης]
salad mia salata [μία σαλάτα]
salad cream i mayoneza [η μαγιονέζα]
salad dressing to laTHi [το λάδι]
sale: is it for sale? ine ya poolima? [είναι γιά πούλημα;]; **it's not for sale** THen ine ya poolima [δεν είναι γιά πούλημα]
sales clerk o politis [ο πωλητής]
salmon enas solomos [ένας σολομός]
salt to alati [το αλάτι]
salty: it's too salty eHi poli alati [έχει πολύ αλάτι]
same iTHios [ίδιος]; **one the same as this** ena to iTHio opos afto [ένα το ίδιο όπως αυτό]; **the same again, please** to iTHio xana, parakalo [το ίδιο ξανά, παρακαλώ]; **the same to you** episis [επίσης]; **it's all the same to me** ine to iTHio pragma ya mena [είναι το ίδιο πράγμα γιά μένα]; **thanks all the same** sas efHaristo, pados [σας ευχαριστώ, πάντως]
sand i amos [η άμμος]
sandals ta sanTHalia [τα σανδάλια]; **a pair of sandals** ena zevgari sanTHalia [ένα ζευγάρι σανδάλια]

sandwich ena 'sandwich' [ένα σάντουιτς]; **a chicken sandwich** ena 'sandwich' me kotopoolo [ένα σάντουιτς με κοτόπουλο]
sandy (*beach*) amooтнеros [αμμουδερός]
sanitary napkin/towel mia servi-eta [μία σερβιέτα]
sarcastic sarkastikos [σαρκαστικός]
sardines i sarтнeles [οι σαρδέλες]
satisfactory ikanopi-itikos [ικανοποιητικός]; **this is not satisfactory** тнеn ine ikanopi-itiko [δεν είναι ικανοποιητικό]
Saturday to Savato [το Σάββατο]
sauce i saltsa [η σάλτσα]
saucepan mia katsarola [μία κατσαρόλα]
saucer ena piataki [ένα πιατάκι]
sauna i 'sauna' [η σάουνα]
sausage ena lookaniko [ένα λουκάνικο]
sauté potatoes patates sote [πατάτες σοτέ]
save (*life*) sozo [σώζω]
savo(u)ry pikadikos [πικάντικος]
say: how do you say ... in Greek? pos to lene ... sta Elinika? [πως το λένε ... στα Ελληνικά;]; **what did you say?** ti ipes? [τι είπες;]; **what did he say?** ti ipe? [τι είπε;]; **I wouldn't say no** тнеn tha elega oнi [δεν θα έλεγα όχι]
scald: he's scalded himself zematistike [ζεματίστηκε]
scarf ena kaskol [ένα κασκόλ]; (*head*) ena madili [ένα μαντίλι]
scenery to topio [το τοπίο]
scent (*perfume*) to aroma [το άρωμα]
schedule ena programa [ένα πρόγραμμα]
scheduled flight i programatismeni ptisi [η προγραμματισμένη πτήση]
school to s-нolio [το σχολείο]; (*university*) to panepistimio [το πανεπιστήμιο]; **I'm still at school** ime akomi sto s-нolio [είμαι ακόμη στο σχολείο]
science i epistimi [η επιστήμη]
scissors: a pair of scissors ena psaliтнi [ένα ψαλλίδι]
scooter mia vespa [μία βέσπα]
scorching: it's really scorching (*weather*) kani foveri zesti [κάνει φοβερή ζέστη]
score: what's the score? pio ine to skor? [ποιό είναι το σκορ;]
scotch (*whisky*) ena skots [ένα σκοτς]
Scotch tape (*tm*) ena 'selotape' [ένα σέλλοτεηπ]
Scotland i Skotia [η Σκωτία]
Scottish Skotsezikos [Σκωτσέζικος]
scrambled eggs нtipita avga [χτυπητά αυγά]
scratch mia gratzoonia [μία γρατζουνιά]; **it's only a scratch** mia gratzoonia ine mono [μία γρατζουνιά είναι μόνο]
scream xefonizo [ξεφωνίζω]
screw mia viтнa [μία βίδα]
screwdriver ena katsaviтнi [ένα κατσαβίδι]
scrubbing brush (*for hands*) mia voortsa [μία βούρτσα]
scruffy (*appearance*) paramelimenos [παραμελημένος]
scuba diving kataтнisi me bookales [κατάδυση με μπουκάλες]
sea i thalasa [η θάλασσα]; **by the sea** koda sti thalasa [κοντά στη θάλασσα]
sea air i thalasini avra [η θαλασσινή αύρα]
seafood ta thalasina [τα θαλασσινά]
seafood restaurant mia psarotaverna [μία ψαροταβέρνα]
seafront i paralia [η παραλία]; **on the seafront** stin paralia [στην παραλία]
seagull enas glaros [ένας γλάρος]
search psaн-no [ψάχνω]; **I searched everywhere** epsaxa padoo [έψαξα παντού]
search party mia omaтнa erevnis [μία ομάδα ερεύνης]
seashell mia aнivaтнa [μία αχιβάδα]
seasick: I feel seasick esthanome naftia [αισθάνομαι ναυτία]; **I get seasick** me piani i thalasa [με πιάνει η θάλασσα]
seaside: by the seaside koda stin paralia [κοντά στην παραλία]; **let's go to the seaside** pame stin paralia [πάμε στην παραλία]
season i epoнi [η εποχή]; **in the high season** stin therini perioтно [στην θερινή περίοδο]; **in the low season** stin нimerini perioтно [στην χειμερινή περίοδο]
seasoning ta baнarika [τα μπαχαρικά]
seat mia thesi [μία θέση]; **is this anyone's seat?** ine kanenos afti i thesi? [είναι κανενός αυτή η θέση;]
seat belt i zoni asfalias [η ζώνη ασ-

φαλείας]; **do you have to wear a seat belt?** ine ipoнreotiko na foras zoni asfalias? [είναι υποχρεωτικό να φοράς ζώνη ασφαλείας;]
sea urchin enas aнinos [ένας αχινός]
seaweed ta fikia [τα φύκια]
secluded apomeros [απόμερος]
second (*adjective*) тнefteros [δεύτερος]; (*time*) ena тнefterolepto [ένα δευτερόλεπτο]; **just a second!** mia stigmi! [μιά στιγμή!]; **can I have a second helping?** boro na paro ke mia тнefteri meriтна? [μπορώ να πάρω και μία δεύτερη μερίδα;]
second class (*travel*) тнefteri thesi [δεύτερη θέση]
second-hand apo тнeftero нeri [από δεύτερο χέρι]
secret mistikos [μυστικός]
security check enas elenнos asfalias [ένας έλεγχος ασφαλείας]
sedative ena iremistiko [ένα ηρεμιστικό]
see vlepo [βλέπω]; **I didn't see it** тнen to iтна [δεν το είδα]; **have you seen my husband?** iтнate ton adra moo? [είδατε τον άντρα μου;]; **I saw him this morning** ton iтна to proi [τον είδα το πρωί]; **can I see the manager?** boro na тно ton тнi-efthindi? [μπορώ να δω τον διευθυντή;]; **see you tonight!** tha ta poome to vraтнi! [θα τα πούμε το βράδυ]; **can I see?** boro na tho? [μπορώ να δω;]; **oh, I see** a, katalava [α, κατάλαβα]; **will you see to it?** tha to kanonisis? [θα το κανονίσεις;]
seldom spania [σπάνια]
self-catering apartment ena тнiamerisma me koozina [ένα διαμέρισμα με κουζίνα]
self-service self-servis [σελφ σέρβις]
sell poolo [πουλώ]; **do you sell ...?** poolate ...? [πουλάτε ...;]; **will you sell it to me?** moo to poolate? [μου το πουλάτε;]
sellotape (*tm*) ena 'sellotape' [ένα σέλλοτεηπ]
send stelno [στέλνω]; **I want to send this to England** thelo na stilo afto stin Aglia [θέλω να στείλω αυτό στην Αγγλία]; **I'll have to send this food back** prepi na stilo piso afto to fagito [πρέπει να στείλω πίσω αυτό το φαγητό]
senior: Mr Jones senior o presviteros kirios Jones [ο πρεσβύτερος κύριος Τζόουνς]
senior citizen enas sidaxiooнos [ένας συνταξιούχος]
sensational fadastikos [φανταστικός]
sense: I have no sense of direction тнen eнo kalo prosanatolismo [δεν έχω καλό προσανατολισμό]; **it doesn't make sense** тнen eнi noima [δεν έχει νόημα]
sensible (*person, solution*) loyikos [λογικός]
sensitive evesthitos [ευαίσθητος]
sentimental esthimatikos [αισθηματικός]
separate (*adjective*) нoristos [χωριστός]; **can we have separate bills?** boroome na eнoome нoristoos logariasmoos? [μπορούμε να έχουμε χωριστούς λογαριασμούς;]
separated: I'm separated ime нorismenos [είμαι χωρισμένος]
separately xeнorista [ξεχωριστά]
September o Septemvrios [ο Σεπτέμβριος]
septic siptikos [σηπτικός]
serious sovaros [σοβαρός]; **I'm serious** sovarologo [σοβαρολογώ]; **you can't be serious!** tha asti-evese vevea [θα αστειεύεσαι βέβαια]; **is it serious, doctor?** ine sovaro, yatre? [είναι σοβαρό, γιατρέ;]
seriously: seriously ill varia arostos [βαριά άρρωστος]
service: the service was excellent to servis itan exoнo [το σέρβις ήταν έξοχο]; **could we have some service, please!** borite na mas exipiretisete, parakalo? [μπορείτε να μας εξυπηρετήσετε, παρακαλώ;]; **church service** i litooryia [η λειτουργία]; **the car needs a service** to aftokinito нriazete ena servis [το αυτοκίνητο χρειάζεται ένα σέρβις]
service charge to pososto ipiresias [το ποσοστό υπηρεσίας]
service station ena venzinaтнiko [ένα βενζινάδικο]
serviette mia petseta [μία πετσέτα]
set: it's time we were setting off ine keros na piyenoome [είναι καιρός να πηγαίνουμε]
settle up: can we settle up now? boroome na logariastoome tora? [μπορούμε

να λογαριαστούμε τώρα;]
several arketi [αρκετοί]
sew: could you sew this back on? borite na to rapsete? [μπορείτε να το ράψετε;]
sex (*activity*) to sex [το σεξ]
sexist (*noun*) enas sovinistis [σωβινιστής]
sexy sexy [σέξυ]
shade: in the shade sti skia [στη σκιά]
shadow i skia [η σκιά]
shake: let's shake hands THinoome ta Heria [δίνουμε τα χέρια]
shallow riHos [ρυχός]
shame: what a shame! ti krima! [τι κρίμα!]
shampoo ena sambooan [ένα σαμπουάν]; **can I have a shampoo and set?** boro na eHo ena loosimo me mizampli? [μπορώ να έχω ένα λούσιμο με μιζαπλί;]
shandy mia bira me lemonaTHa [μία μπύρα με λεμονάδα]
share (*room, table*) mirazome [μοιράζομαι]; **let's share the cost** as mirastoome ta exoTHa [ας μοιραστούμε τα έξοδα]
shark enas karHarias [ένας καρχαρίας]
sharp (*knife etc*) kofteros [κοφτερός]; (*taste, pain*) THinatos [δυνατός]
shattered: I'm shattered (*very tired*) ime ptoma [είμαι πτώμα]
shave: I need a shave thelo xirisma [θέλω ξύρισμα]; **can you give me a shave?** borite na me xirisete? [μπορείτε να με ξυρίσετε;]
shaver mia xiristiki miHani [μία ξυριστική μηχανή]
shaving brush ena pinelo ya xirisma [ένα πινέλο γιά ξύρισμα]
shaving foam enas afros xirismatos [ένας αφρός ξυρίσματος]
shaving point mia priza xiristikis miHanis [μία πρίζα ξυριστικής μηχανής]
shaving soap ena sapooni xirismatos [ένα σαπούνι ξυρίσματος]
shawl ena sali [ένα σάλι]
she afti [αυτή]; **is she staying here?** meni eTHo? [μένει εδώ;]; **is she a friend of yours?** ine fili soo? [είναι φίλη σου;]; **she's not English** THen ine AgliTHa [δεν είναι Αγγλίδα]; *see page 112*
sheep ena provato [ένα πρόβατο]
sheet ena sedoni [ένα σεντόνι]
shelf ena rafi [ένα ράφι]
shell (*seashell*) ena kelifos [ένα κέλυφος]
shellfish (*plural*) ta ostrako-iTHi [τα οστρακοειδή]
sherry ena 'sherry' [ένα σέρρυ]
shingles (*med*) erpis zostir [έρπης ζωστήρ]
ship ena plio [ένα πλοίο]; **by ship** me plio [με πλοίο]
shirt ena pookamiso [ένα πουκάμισο]
shit! skata! [σκατά!]
shock (*surprise*) ena sok [ένα σοκ]; **I got an electric shock from the ...** ilektristika me ... [ηλεκτρίστηκα με ...]
shock-absorber ena amortiser [ένα αμορτισέρ]
shocking exofrenikos [εξωφρενικός]
shoe ena papootsi [ένα παπούτσι]; **a pair of shoes** ena zevgari papootsia [ένα ζευγάρι παπούτσια]
shoelaces ta korTHonia papootsion [τα κορδόνια παπουτσιών]
shoe polish ena verniki papootsion [ένα βερνίκι παπουτσιών]
shop ena magazi [ένα μαγαζί]
shopping: I'm going shopping pao ya psonia [πάω γιά ψώνια]
shop window mia vitrina [μία βιτρίνα]
shore (*of sea, lake*) mia akti [μία ακτή]
short (*person*) kodos [κοντός]; (*time*) ligos [λίγος]; **it's only a short distance** ine mikri i apostasi [είναι μικρή η απόσταση]
short-change: you've short-changed me moo THosate ligotera resta [μου δώσατε λιγότερα ρέστα]
short circuit ena vraHikikloma [ένα βραχυκύκλωμα]
shortcut enas sidomos THromos [ένας σύντομος δρόμος]
shorts to 'shorts' [το σορτς]; (*underwear*) to sovrako [το σώβρακο]
should: what should I do? ti prepi na kano? [τι πρέπει να κάνω;]; **he shouldn't be long** THen prepi na aryisi [δεν πρέπει να αργήσει]; **you should have told me** eprepe na moo to iHes pi [έπρεπε να μου το είχες πει]
shoulder o omos [ο ώμος]
shoulder blade i omoplati [η ωμοπλάτη]
shout fonazo [φωνάζω]

show: could you show me? borite na moo тнixete? [μπορείτε να μου δείξετε;]; **does it show?** fenete? [φαίνεται;]; **we'd like to go to a show** tha thelame na pame se ena theama [θα θέλαμε να πάμε σε ένα θέαμα]
shower (*in bathroom*) ena doos [ένα ντους]; **with shower** me doos [με ντους]
shower cap ena skoofi banioo [ένα σκουφί μπάνιου]
show-off: don't be a show-off min ise epiтнixias [μην είσαι επιδειξίας]
shrimps i gariтнes [η γαρίδες]
shrine (*at roadside*) ena ikonostasi [ένα εικονοστάσι]
shrink: it's shrunk mazepse [μάζεψε]
shut klino [κλείνω]; **when do you shut?** pote klinete? [πότε κλείνετε;]; **when do they shut?** pote klinoone? [πότε κλείνουνε;]; **it was shut** itan klisto [ήταν κλειστό]; **I've shut myself out** klistika apexo [κλείστηκα απ' έξω]; **shut up!** skase! [σκάσε!]
shutter (*phot*) to тнiafragma [το διάφραγμα]; (*on window*) ena parathirofilo [ένα παραθυρόφυλλο]
shutter release to koobi [το κουμπί]
shy dropalos [ντροπαλός]
sick arostos [άρρωστος]; **I think I'm going to be sick** (*vomit*) eнo tasi pros emeto [έχω τάση προς εμετό]
side mia plevra [μία πλευρά]; (*in game*) mia omaтна [μία ομάδα]; **at the side of the road** stin akri too тнromoo [στην άκρη του δρόμου]; **the other side of town** i ali akri tis polis [η άλλη άκρη της πόλης]
side lights ta нamila fota [τα χαμιλά φώτα]
side salad mia salata ya garnitoora [μία σαλάτα γιά γαρνιτούρα]
side street ena тнromaki [ένα δρομάκι]
sidewalk to pezoтнromio [το πεζοδρόμιο]
sidewalk cafe ena kafenio [ένα καφενείο]
siesta o mesimerianos ipnos [ο μεσημεριανός ύπνος]
sight: the sights of ... ta axiotheata too ... [τα αξιοθέατα του ...]
sightseeing: sightseeing tour mia ekтнromi sta axiotheata [μία εκδρομή στα αξιοθέατα]; **we're going sightseeing** pame na тнoome ta axiotheata [πάμε να δούμε τα αξιοθέατα]
sign (*roadsign*) ena sima [ένα σήμα]; **where do I sign?** poo ipografo? [που υπογράφω;]
signal: he didn't give a signal тнen ekane sima [δεν έκανε σήμα]
signature mia ipografi [μία υπογραφή]
signpost ena orosimo [ένα ορόσημο]
silence i siopi [η σιωπή]
silencer enas sigastiras [ένας σιγαστήρας]
silk to metaxi [το μετάξι]
silly anoitos [ανόητος]; **that's silly!** afto ine anoito [αυτό είναι ανόητο]
silver (*adjective*) asimenios [ασημένιος]
silver foil ena aloominoнarto [ένα αλουμινόχαρτο]
similar omios [όμοιος]
simple aplos [απλός]
since: since yesterday apo н-thes [από χθες]; **since we got here** apo tote poo irthame eтнo [από τότε που ήρθαμε εδώ]
sincere ilikrinis [ειλικρινής]
sing tragooтнo [τραγουδώ]
singer enas tragooтнistis [ένας τραγουδιστής]
single: a single room ena mono тнomatio [ένα μονό δωμάτιο]; **a single to ...** ena aplo ya ton ... [ένα απλό γιά τον ...]; **I'm single** ime eleftheros [είμαι ελεύθερος]
sink (*kitchen*) enas neroнitis [ένας νεροχύτης]; **it sank** vooliaxe [βούλιαξε]
sir kiri-e [κύριε]; **excuse me, sir** me sinнorite, kiri-e [με συγχωρείτε, κύριε]
sirloin ena fileto [ένα φιλλέτο]
sister: my sister i aтнelfi moo [η αδελφή μου]
sister-in-law: my sister-in-law (*brother's wife*) i nifi moo [η νύφη μου]; (*wife's sister*) i kooniaтна moo [η κουνιάδα μου]
sit: may I sit here? boro na kathiso eтнo? [μπορώ να καθίσω εδώ;]; **is anyone sitting here?** kathete kanis eтнo? [κάθεται κανείς εδώ;]
sitting: the second sitting for lunch to тнeftero servirisma fayitoo [το δεύτερο σερβίρισμα φαγητού]

situation mia katastasi [μία κατάσταση]
size to meyethos [το μέγεθος]
sketch ena skitso [ένα σκίτσο]
skid: I skidded glistrisa [γλίστρισα]
skin to THerma [το δέρμα]
skin-diving to ipovriHio kolibi [το υποβρύχιο κολύμπι]; **I'm going skin-diving** pao ya ipovriHio kolibi [πάω γιά υποβρύχιο κολύμπι]
skinny kokaliaris [κοκκαλιάρης]
skirt mia foosta [μία φούστα]
skull ena kranio [ένα κρανίο]
sky o ooranos [ο ουρανός]
sleep: I can't sleep THen boro na kimitho [δεν μπορώ να κοιμηθώ]; **did you sleep well?** kimithikes kala? [κοιμήθηκες καλά;]; **I need a good sleep** Hriazome ena kalo ipno [χρειάζομαι ένα καλό ύπνο]
sleeper (*rail*) mia kooketa [μία κουκέτα]
sleeping bag ena 'sleeping bag' [ένα σλήπιν-μπαγκ]
sleeping car mia klinamaxa [μία κλινάμαξα]
sleeping pill ena ipnotiko Hapi [ένα υπνωτικό χάπι]
sleepy nistagmenos [νυσταγμένος]; **I'm feeling sleepy** nistazo [νυστάζω]
sleeve ena maniki [ένα μανίκι]
slice (*of bread, meat*) mia feta [μία φέτα]
slide (*phot*) ena 'slide' [ένα σλάιντ]
slim (*adjective*) leptos [λεπτός]; **I'm slimming** aTHinatizo [αδυνατίζω]
slip (*under dress*) ena misofori [ένα μισοφόρι]; **I slipped** (*on pavement*) glistrisa [γλύστρισα]
slipped disc enas vgalmenos spoNTHilos [ένας βγαλμένος σπόνδυλος]
slippery: it's slippery glistrai [γλυστράει]
slow argos [αργός]; **slow down** pio arga [πιό αργά]
slowly siga-siga [σιγά-σιγά]; **could you say it slowly?** borite na to pite arga? [μπορείτε να το πείτε αργά;]
small mikros [μικρός]
small change ta psila [τα ψιλά]
smallpox i evloya [η ευλογιά]
smart (*clothes*) sik [σικ]
smashing katapliktikos [καταπληκτικός]
smell: there's a funny smell iparHi mia paraxeni miroTHia [υπάρχει μία παράξενη μυρωδιά]; **what a lovely smell!** ti orea miroTHia! [τι ωραία μυρωδιά!]; **it smells** vromai [βρωμάει]
smile (*verb*) Hamoyelo [χαμογελώ]
smoke o kapnos [ο καπνός]; **do you smoke?** kapnizete? [καπνίζετε;]; **do you mind if I smoke?** sas pirazi an kapniso? [σας πειράζει αν καπνίσω;]; **I don't smoke** THen kapnizo [δεν καπνίζω]
smooth (*surface*) lios [λείος]; (*sea*) isiHos [ήσυχος]
smoothy: he's a real smoothy to pezi oreos [το παίζει ωραίος]
snack: I'd just like a snack ena meze tha ithela mono [ένα μεζέ θα ήθελα μόνο]
snackbar ena 'snackbar' [ένα σνακ-μπαρ]
snake ena fiTHi [ένα φίδι]
sneakers ta athlitika papootsia [τα αθλητικά παπούτσια]
snob enas psilomitis [ένας ψηλομήτης]
snorkel enas anapnefstiras [ένας αναπνευστήρας]
snow to Hioni [το χιόνι]
so: it's so hot kani poli zesti [κάνει πολύ ζέστη]; **it was so beautiful!** itan poli omorfa! [ήταν πολύ όμορφα!]; **not so fast** oHi toso grigora [όχι τόσο γρήγορα]; **thank you so much** sas efHaristo therma [σας ευχαριστώ θερμά]; **it wasn't — it was so!** THen itan etsi — etsi itan! [δεν ήταν έτσι — έτσι ήταν!]; **so am I** ke ego to iTHio [και εγώ το ίδιο]; **so do I** ke ego episis [και εγώ επίσης]; **how was it? — so-so** pos itan? — etsi ketsi [πως ήταν; — έτσι κι έτσι]
soaked: I'm soaked ime papi [είμαι παπί]
soaking solution (*for contact lenses*) sidiritiko THialima [συντιριτικό διάλειμα]
soap ena sapooni [ένα σαπούνι]
soap-powder ena aporipadiko [ένα απορρυπαντικό]
sober xemethistos [ξεμέθυστος]
soccer to poTHosfero [το ποδόσφαιρο]
sock mia kaltsa [μία κάλτσα]
socket (*elec*) mia priza [μία πρίζα]
soda (water) mia soTHa [μία σόδα]
sofa enas kanapes [ένας καναπές]
soft apalos [απαλός]
soft drink ena anapsiktiko [ένα αναψυκτικό]
soft lenses i malaki faki [οι μαλακοί φακοί]

soldier enas stratiotis [ένας στρατιώτης]
sole (*of shoe*) mia sola [μία σόλα]; **could you put new soles on these?** borite na moo valete kenooryi-es soles safta? [μπορείτε να μου βάλετε καινούργιες σόλες σ'αυτά;]
solid stereos [στερεός]
some: may I have some water? moo THinete ligo nero? [μου δίνετε λίγο νερό;]; **do you have some matches?** eHete spirta? [έχετε σπίρτα;]; **that's some drink!** afto ine poto! [αυτό είναι ποτό!]; **some of them** merika apo afta [μερικά από αυτά]; **can I have some?** boro na eHo ligo? [μπορώ να έχω λίγο;]
somebody, someone kapios [κάποιος]
something kati [κάτι]; **something to drink** kati na pi-ite [κάτι να πιείτε]
sometime: sometime this afternoon kapia ora to apoyevma [κάποια ώρα το απόγευμα]
sometimes kamia fora [καμμιά φορά]
somewhere kapoo [κάπου]
son: my son o yi-os moo [ο γιός μου]
song ena tragooTHi [ένα τραγούδι]
son-in-law: my son-in-law o gabros moo [ο γαμπρός μου]
soon sidoma [σύντομα]; **I'll be back soon** tha yiriso sidoma [θα γυρίσω σύντομα]; **as soon as you can** oso pio grigora boris [όσο πιό γρήγορα μπορείς]
sore: it's sore ine erethismeno [είναι ερεθισμένο]
sore throat: I have a sore throat ponai o lemos moo [πονάει ο λαιμός μου]
sorry: (I'm) sorry lipame [λυπάμαι]; **sorry?** (*pardon*) signomi? [συγγνώμη;]
sort: what sort of ...? ti iTHos ...? [τι είδος ...;]; **a different sort of ...** ena alo iTHos ... [ένα άλλο είδος ...]; **will you sort it out?** tha to kanonisis? [θα το κανονίσεις;]
soup mia soopa [μία σούπα]
sour (*taste, apple*) xinos [ξυνός]
south o notos [ο νότος]; **to the south** notia [νότια]
South Africa i Notios Afriki [η Νότιος Αφρική]
South African Notio-Afrikanos [Νοτιο-Αφρικάνος]
southeast notio-anatolikos [νοτιοανατολικός]; **to the southeast** notio-anatolika [νοτιο-ανατολικά]
southwest notio-THitikos [νοτιο-δυτικός]; **to the southwest** notio-THitika [νοτιο-δυτικά]
souvenir ena enthimio [ένα ενθύμιο]
spa mia lootropoli [μία λουτρόπολη]
space heater mia soba [μία σόμπα]
spade ena ftiari [ένα φτυάρι]
Spain i Ispania [η Ισπανία]
spanner ena kliTHi [ένα κλειδί]; (*adjustable*) enas kavooras [ένας κάβουρας]
spare part ena adalaktiko [ένα ανταλλακτικό]
spare tyre mia rezerva [μία ρεζέρβα]
spark(ing) plug ena boozi [ένα μπουζί]
speak: do you speak English? milate Aglika? [μιλάτε Αγγλικά;]; **I don't speak ...** THen milo ... [δεν μιλώ ...]; **can I speak to ...?** boro na miliso ston ... [μπορώ να μιλήσω στον ...;]; **speaking** (*tel*) o iTHios [ο ίδιος]
special 'special' [σπέσιαλ]; **nothing special** tipota to iTHietero [τίποτα το ιδιαίτερο]
specialist enas iTHikos [ένας ειδικός]
special(i)ty (*in restaurant*) i spesialite [η σπεσιαλιτέ]; **the special(i)ty of the house** i specialite too meroos [η σπεσιαλιτέ του μέρους]
spectacles ta yalia [τα γυαλιά]
speed i taHitita [η ταχύτητα]; **he was speeding** etreHe ipervolika [έτρεχε υπερβολικά]
speedboat ena kris-kraft [ένα κρις-κραφτ]
speed limit to orio taHititas [το όριο ταχύτητας]
speedometer to koder [το κοντέρ]
spell: how do you spell it? pos to grafete? [πως το γράφετε;]
spend (*money*) xoTHevo [ξοδεύω]; **I've spent all my money** xoTHepsa ola ta lefta moo [ξόδεψα όλα τα λεφτά μου]
spice ena baHariko [ένα μπαχαρικό]
spicy: it's very spicy eHi pola baHarika [έχει πολλά μπαχαρικά]
spider mia araHni [μία αράχνη]
spin-dryer ena stegno-tirio [ένα στεγνωτήριο]
splendid exoHos [έξοχος]
splint (*for broken limb*) enas narthikas [ένας νάρθηκας]
splinter (*in finger etc*) mia agiTHa [μία

αγγίδα]
splitting: I've got a splitting headache eHo fovero ponokefalo [έχω φοβερό πονοκέφαλο]
spoke (*in wheel*) mia aktina [μία ακτίνα]
sponge ena sfoogari [ένα σφουγγάρι]
spoon ena kootali [ένα κουτάλι]
sport to spor [το σπορ]
sport(s) jacket ena spor sakaki [ένα σπορ σακάκι]
spot: will they do it on the spot? tha to kanoon amesos? [θα το κάνουν αμέσως;]; (*on skin*) ena spiraki [ένα σπυράκι]
sprain: I've sprained my ... straboolixa to ... [στραμπούληξα το ...]
spray (*for hair*) mia lak [μία λακ]
spring (*season*) i anixi [η άνοιξη]; (*of car, seat etc*) ena elatirio [ένα ελατήριο]
square (*in town*) mia platia [μία πλατεία]; **ten square meters** THeka tetragonika metra [δέκα τετραγωνικά μέτρα]
squash (*sport*) to 'squash' [το σκουώς]
stain (*on clothes*) enas lekes [ένας λεκές]
stairs i skales [οι σκάλες]
stale bayatikos [μπαγιάτικος]
stall: the engine keeps stalling i miHani sineHos stamata [η μηχανή συνεχώς σταματά]
stalls ta stasiTHia [τα στασίδια]
stamp ena gramatosimo [ένα γραμματόσημο]; **a stamp for England, please** ena gramatosimo ya tin Aglia, parakalo [ένα γραμματόσημο γιά την Αγγλία, παρακαλώ]
stand: I can't stand ... (*olives etc*) miso ... [μισώ ...]
standard 'standard' [στάνταρτ]
standby (*fly*) 'stand by' [σταν μπάι]
star ena asteri [ένα αστέρι]
start to xekinima [το ξεκίνημα]; (*verb*) xekino [ξεκινώ]; **when does the film start?** pote arHizi to film? [πότε αρχίζει το φιλμ;]; **the car won't start** to aftokinito THen xekina [το αυτοκίνητο δεν ξεκινά]
starter (*car*) i miza [η μίζα]; (*food*) to proto piato [το πρώτο πιάτο]
starving: I'm starving petheno tis pinas [πεθαίνω της πείνας]
state (*in country*) mia politia [μία πολιτεία]; **the States** (*USA*) i Inomenes Polities [οι Ηνωμένες Πολιτείες]
station o stathmos [ο σταθμός]
statue ena agalma [ένα άγαλμα]
stay: we enjoyed our stay efHaristithikame apo tin THiamoni mas [ευχαριστηθήκαμε από την διαμονή μας]; **where are you staying?** poo menete? [που μένετε;]; **I'm staying at ...** meno sto ... [μένω στο ...]; **I'd like to stay another week** tha ithela na mino ali mia evTHomaTHa [θα ήθελα να μείνω άλλη μία εβδομάδα]; **I'm staying in tonight** tha mino mesa apopse [θα μείνω μέσα απόψε]
steak mia brizola [μία μπριζόλα]
steal: my bag has been stolen klepsane tin tsada moo [κλέψανε την τσάντα μου]
steep (*hill*) apotomos [απότομος]
steering (*car*) to timoni [το τιμόνι]
steering wheel to timoni [το τιμόνι]
step (*of stair*) ena skali [ένα σκαλί]
stereo ena stereofoniko singrotima [ένα στερεοφωνικό συγκρότημα]
sterling i lira sterlina [η λίρα στερλίνα]
steward (*on plane*) o aerosinoTHos [ο αεροσυνοδός]
stewardess i aerosinoTHos [η αεροσυνοδός]
sticking plaster ena lefkoplast [ένα λευκοπλάστ]
sticky: it's sticky kolai [κολλάει]
sticky tape ena 'selotape' [ένα σελλοτέηπ]
still: I'm still waiting akoma perimeno [ακόμα περιμένω]; **will you still be open?** tha iste akomi anikti? [θα είστε ακόμη ανοικτοί;]; **it's still not right** ke pali THen ine sosto [και πάλι δεν είναι σωστό]; **that's still better** afto ine akomi kalitero [αυτό είναι ακόμη καλύτερο]
sting: a bee sting ena tsibima melisas [ένα τσίμπιμα μέλισσας]; **I've been stung** me tsibise [με τσίμπησε]
stink mia vroma [μία βρώμα]
stockings i nailon kaltses [οι νάιλον κάλτσες]
stolen: my wallet's been stolen moo klepsane to portofoli [μου κλέψανε το πορτοφόλι]
stomach to stomaHi [το στομάχι]; **do you have something for an upset stomach?** eHete tipota ya stomaHiki THiataraHi? [έχετε τίποτα γιά στομαχική διαταραχή;]

stomach-ache enas ponos sto stomaHi [ένας πόνος στο στομάχι]
stone (*rock*) mia petra [μία πέτρα]; *see page 120*
stop (*bus stop*) mia stasi [μία στάση]; **which is the stop for ...?** pia ine i stasi ya ...? [ποιά είναι η στάση γιά ...;]; **please, stop here** (*to taxidriver*) parakalo, stamatiste eTHo [παρακαλώ, σταματήστε εδώ]; **do you stop near ...?** stamatate koda ...? [σταματάτε κοντά ...;]; **stop doing that!** stamata na to kanis afto! [σταμάτα να το κάνεις αυτό!]
stopover ena stamatima [ένα σταμάτημα]
store ena katastima [ένα κατάστημα]
storey ena patoma [ένα πάτωμα]
storm mia thi-ela [μία θύελλα]
story mia istoria [μία ιστορία]
stove i koozina [η κουζίνα]
straight (*road etc*) isios [ίσιος]; **it's straight ahead** ine olo efthia [είναι όλο ευθεία]; **straight away** amesos [αμέσως]; **a straight whisky** ena sketo 'whisky' [ένα σκέτο ουίσκυ]
straighten: can you straighten things out? boris na xekatharisis ta pragmata? [μπορείς να ξεκαθαρίσεις τα πράγματα;]
strange (*odd*) paraxenos [παράξενος]; (*unknown*) agnostos [άγνωστος]
stranger enas xenos [ένας ξένος]; **I'm a stranger here** ime xenos eTHo [είμαι ξένος εδώ]
strap (*for suitcase etc*) ena loori [ένα λουρί]
strawberry mia fraoola [μία φράουλα]
streak: could you put streaks in? (*in hair*) borite na moo kanete mesh? [μπορείτε να μου κάνετε μες;]
stream ena rema [ένα ρέμα]
street enas THromos [ένας δρόμος]; **on the street** ston THromo [στον δρόμο]
street cafe ena kafenio [ένα καφενείο]
streetcar ena 'tram' [ένα τραμ]
streetmap enas oTHikos Hartis [ένας οδικός χάρτης]
strep throat enas ponolemos [ένας πονόλαιμος]
strike: they're on strike apergoon [απεργούν]
string ena s-Hini [ένα σχοινί]
striped (*shirt etc*) riye [ριγέ]
striptease to 'striptease' [το στριπτήζ]
stroke: he's had a stroke epathe simforesi [έπαθε συμφόρεση]
stroll: let's go for a stroll pame mia voltitsa [πάμε μιά βολτίτσα]
stroller (*for babies*) ena karotsaki [ένα καροτσάκι]
strong THinatos [δυνατός]
stroppy (*waiter, official*) ayenis [αγενής]
stuck: the key's stuck kolise to kliTHi [κόλλησε το κλειδί]
student enas fititis [ένας φοιτητής]; (*female*) mia fititria [μία φοιτήτρια]
stupid vlakas [βλάκας]; **that's stupid** ine vlakia [είναι βλακία]
sty(e) (*in eye*) ena kritharaki [ένα κριθαράκι]
subtitles i ipotitli [οι υπότιτλοι]
suburb ena proastio [ένα προάστειο]
subway o ipoyios [ο υπόγειος]
suddenly xafnika [ξαφνικά]
sue: I intend to sue tha se miniso [θα σε μηνύσω]
suede kastori [καστόρι]
sugar i zaHari [η ζάχαρη]
suggest: what do you suggest? ti protinis? [τι προτείνεις;]
suit (*man's*) ena koostoomi [ένα κουστούμι]; (*woman's*) ena tayer [ένα ταγιέρ]; **it doesn't suit me** THen moo pai [δεν μου πάει]; **it suits you** soo pai [σου πάει]; **that suits me fine** (*plan, suggestion*) afto me volevi iTHi-etera [αυτό με βολεύει ιδιαίτερα]
suitable (*time, place*) katalilos [κατάλληλος]
suitcase mia valitsa [μία βαλίτσα]
sulk: he's sulking kani mootra [κάνει μούτρα]
sultry (*weather*) apopniktikos [αποπνικτικός]
summer to kalokeri [το καλοκαίρι]; **in the summer** to kalokeri [το καλοκαίρι]
sun o ilios [ο ήλιος]; **in the sun** ston ilio [στον ήλιο]; **out of the sun** stin skia [στην σκιά]; **I've had too much sun** me ktipise poli o ilios [με κτύπησε πολύ ο ήλιος]
sunbathing i iliotherapia [η ηλιοθεραπεία]
sunburn to egavma ilioo [το έγκαυμα ήλιου]
sunburnt kamenos apo ton ilio [καμένος

από τον ήλιο]
Sunday i Kiriaki [η Κυριακή]
sunglasses ta yalia ilioo [τα γιαλιά ήλιου]
sun lounger (*recliner*) mia 'shez long' [μία σεζ-λόγκ]
sunny: if it's sunny ean eHi liakaTHa [έαν έχει λιακάδα]
sunrise i anatoli too ilioo [η ανατολή του ήλιου]
sun roof (*in car*) mia tzamenia skepi [μία τζαμένια σκεπή]
sunset i THisi too ilioo [η δύση του ήλιου]
sunshade (*over table*) mia obrela ilioo [μία ομπρέλλα ήλιου]
sunshine i liakaTHa [η λιακάδα]
sunstroke i iliasi [η ηλίαση]
suntan to mavrisma apo ton ilio [το μαύρισμα από τον ήλιο]
suntan lotion/oil ena laTHi mavrismatos [ένα λάδι μαυρίσματος]
suntanned iliokamenos [ηλιοκαμένος]
sun worshipper enas latris too ilioo [ένας λάτρης του ήλιου]
super katapliktikos [καταπληκτικός]; **super!** katapliktika! [καταπληκτικά!]
superb iperoHos [υπέροχος]
supermarket ena 'supermarket' [ένα σούπερμαρκετ]
supper to THipno [το δείπνο]
supplement (*extra charge*) ena prostheto [ένα πρόσθετο]
suppose: I suppose so ipotheto [υποθέτω]
suppository ena ipotheto [ένα υπόθετο]
surprise mia ekplixi [μία έκπληξη]
surprising: that's not surprising afto THen me ekplisi [αυτό δεν με εκπλήσει]
sure: I'm sure ime sigooros [είμαι σίγουρος]; **are you sure?** ise sigooros? [είσαι σίγουρος;]; **he's sure** ine sigooros [είναι σίγουρος]; **sure!** veveos! [βεβαίως!]
surf to spasimo ton kimaton [το σπάσιμο των κυμάτων]
surfing: to go surfing pao ya 'surfing' [πάω γιά σέρφινγκ]
surname to epitheto [το επίθετο]
suspension (*on car*) i anartisi [η ανάρτηση]
swallow (*verb*) katapino [καταπίνω]
swearword mia vrisia [μιά βρισιά]
sweat (*verb*) iTHrono [ιδρώνω]; **covered in sweat** mooskema ston iTHrota [μούσκεμα στον ιδρώτα]
sweater ena poolover [ένα πουλόβερ]
Sweden i SooiTHia [η Σουηδία]
sweet (*taste*) glikos [γλυκός]; (*dessert*) ena gliko [ένα γλυκό]
sweets i karameles [οι καραμέλες]
swelling ena priximo [ένα πρήξιμο]
sweltering: it's sweltering kani ipervoliki zesti [κάνει υπερβολική ζέστη]
swerve: I had to swerve eprepe na stripso apotoma [έπρεπε να στρίψω απότομα]
swim: I'm going for a swim pao ya kolibi [πάω γιά κολύμπι]; **do you want to go for a swim?** thelis na pame ya kolibi? [θέλεις να πάμε γιά κολύμπι;]; **I can't swim** THen xero banio [δεν ξέρω μπάνιο]
swimming to kolibi [το κολύμπι]; **I like swimming** moo aresi to kolibi [μου αρέσει το κολύμπι]
swimming costume ena mayo [ένα μαγιό]
swimming pool mia pisina [μία πισίνα]
swimming trunks ena mayo [ένα μαγιό]
switch o THiakoptis [ο διακόπτης]; **could you switch it on?** borite na to anapsete? [μπορείτε να το ανάψετε;]; **could you switch it off?** borite na to svisete? [μπορείτε να το σβήσετε;]
Switzerland i Elvetia [η Ελβετία]
swollen prismenos [πρησμένος]
swollen glands i prismeni aTHenes [οι πρησμένοι αδένες]
sympathy i sibathia [η συμπάθεια]
synagogue mia sinagoyi [μία συναγωγή]
synthetic sinthetikos [συνθετικός]

T

table ena trapezi [ένα τραπέζι]; **a table for two** ena trapezi ya THio [ένα τραπέζι γιά δύο]; **at our usual table** sto sinithismeno mas trapezi [στο συνηθισμένο μας τραπέζι]

tablecloth ena trapezomadilo [ένα τραπεζομάντηλο]

table tennis to ping pong [το πινγκ-πονγκ]

table wine ena epitrapezio krasi [ένα επιτραπέζιο κρασί]

tactful me takt [με τάκτ]

tailback mia oora [μία ουρά]

tailor enas raftis [ένας ράφτης]

take perno [πέρνω]; **will you take this to room 12?** boris na paris afto sto THOmatio THOTHEka? [μπορείς να πάρεις αυτό στο δωμάτιο δώδεκα;]; **will you take me to the airport ...?** borite na me pate sto a-eroTHROmio? [μπορείτε να με πάτε στο αεροδρόμιο;]; **do you take credit cards?** THEHeste pistotikes kartes? [δέχεστε πιστοτικές κάρτες;]; **OK, I'll take it** edaxi tha to paro [εντάξη θα το πάρω]; **how long does it take?** posi ora tha pari? [πόση ώρα θα πάρει;]; **it'll take 2 hours** tha pari THio ores [θα πάρει δύο ώρες]; **is this seat taken?** ine piasmeni i thesi? [είναι πιασμένη η θέση;]; **I can't take too much sun** THEn boro na mino poli ston ilio [δεν μπορώ να μείνω πολύ στόν ήλιο]; **to take away** (*food*) ya to THROmo [γιά το δρόμο]; **will you take this back, it's broken** pernete afto piso, ine spasmeno [πέρνετε αυτό πίσω, είναι σπασμένο]; **could you take it in at the side?** (*dress*) borite na to stenepsete sta pla-yia [μπορείτε να το στενέψετε στα πλάγια]; **when does the plane take off?** pote fevgi to a-eroplano? [πότε φεύγει το αεροπλάνο;]; **can you take a little off the top?** borite na parete ligo ta pano? [μπορείτε να πάρετε λίγο τα πάνω;]

talcum powder mia pooTHRa talk [μία πούδρα ταλκ]

talk milo [μιλώ]

tall psilos [ψηλός]

tampax (*tm*) ena tampax [ένα ταμπάξ]

tampons ta tampon [τα ταμπόν]

tan to mavrizma [το μαύρισμα]; **I want to get a good tan** thelo na mavriso kala [θέλω να μαυρίσω καλά]

tank (*of car*) to depozito [το ντεπόζιτο]

tap i vrisi [η βρύση]

tape (*for cassette*) mia kasseta [μία κασσέτα]; (*sticky*) mia tenia [μία ταινία]

tape measure ena metro [ένα μέτρο]

tape recorder ena magnitofono [ένα μαγνιτόφωνο]

taste (*noun*) i yefsi [η γεύση]; **can I taste it?** boro na to THOkimaso? [μπορώ να το δοκιμάσω;]; **it has a peculiar taste** eHi paraxeni yefsi [έχει παράξενη γεύση]; **it tastes very nice** eHi poli orea yefsi [έχει πολύ ωραία γεύση]; **it tastes revolting** eHi apesia yefsi [έχει απαίσια γεύση]

taxi ena taxi [ένα ταξί]; **will you get me a taxi?** tha moo kalesete ena taxi? [θα μου καλέσετε ένα ταξί;]

taxi-driver o taxidzis [ο ταξιτζής]

taxi rank enas stathmos taxi [ένας σταθμός ταξί]

tea (*drink*) ena tsa-i [ένα τσάι]; **tea for two please** tsa-i ya THio parakalo [τσάι γιά δύο παρακαλώ]; **could I have a cup of tea?** boro na eHo ena flidzani tsa-i? [μπορώ να έχω ένα φλυτζάνι τσάι;]

teabag ena fakelaki tsa-i [ένα φακελάκι τσάι]

teach: could you teach me? boris na me mathis? [μπορείς να με μάθεις;]; **could you teach me Greek?** boris na me THITHaxis Elinika? [μπορείς να με διδάξεις Ελληνικά;]

teacher enas THaskalos [ένας δάσκαλος]

team mia omaTHa [μία ομάδα]

teapot mia tsayiera [μία τσαγιέρα]

tea towel mia petseta koozinas [μία πετσέτα κουζίνας]

teenager enas neos [ένας νέος]

teetotal: he's teetotal THEn pini katholoo

[δεν πίνει καθόλου]

telegram ena tilegrafima [ένα τηλεγράφημα]; **I want to send a telegram** thelo na stilo ena tilegrafima [θέλω να στείλω ένα τηλεγράφημα]

telephone ena tilefono [ένα τηλέφωνο]; **can I make a telephone call?** boro na tilefoniso? [μπορώ να τηλεφωνήσω;]; **could you talk to him for me on the telephone?** borite na too milisete sto tilefono ya mena? [μπορείτε να του μιλήσετε στο τηλέφωνο γιά μένα;]

telephone box enas tilefonikos thalamos [ένας τηλεφωνικός θάλαμος]

telephone directory enas tilefonikos katalogos [ένας τηλεφωνικός κατάλογος]

telephone number enas arithmos tilefonoo [ένας αριθμός τηλεφώνου]; **what's your telephone number?** ti arithmo tilefonoo eHis? [τι αριθμό τηλεφώνου έχεις;]

telephoto lens enas tilefakos [ένας τηλεφακός]

television mia tileorasi [μία τηλεόραση]; **I'd like to watch television** thelo na THo tileorasi [θέλω να δω τηλεόραση]; **is the match on television?** tha metaTHosi i tileorasi to mats? [θα μεταδόσει η τηλεόραση το μάτς;]

tell: could you tell him ...? borite na too pite ...? [μπορείτε να του πείτε...;]; **I can't tell the difference** THen vrisko THiafora [δεν βρίσκω διαφορά]

temperature (*weather etc*) i thermokrasia [η θερμοκρασία]; **he has a temperature** eHi pireto [έχει πυρετό]

temple (*church*) enas naos [ένας ναός]

temporary prosorinos [προσωρινός]

tenant (*of apartment*) enas enikiastis [ένας ενοικιαστής]

tennis to tennis [το τέννις]

tennis ball mia bala too tennis [μία μπάλλα του τέννις]

tennis court ena yipetHo tennis [ένα γήπεδο τέννις]; **can we use the tennis court?** boroome na Hrisimopi-isoome to yipetHo too tennis? [μπορούμε να χρησιμοποιήσουμε το γήπεδο του τέννις;]

tennis racket mia raketa tennis [μία ρακέτα τέννις]

tent mia teda [μία τέντα]

term (*school*) mia s-Holiki perioTHos [μία σχολική περίοδος]

terminus to terma [το τέρμα]

terrace mia taratsa [μία ταράτσα]; **on the terrace** stin taratsa [στην ταράτσα]

terrible foveros [φοβερός]

terrific exeretikos [εξαιρετικός]

testicle enas orHis [ένας όρχις]

than apo [από]; **smaller than** mikroteros apo [μικρότερος από]

thanks, thank you efHaristo [ευχαριστώ]; **thank you very much** efHaristo para poli [ευχαριστώ πάρα πολύ]; **thank you for everything** efHaristo ya ola [ευχαριστώ γιά όλα]; **no thanks** oHi efHaristo [όχι ευχαριστώ]

that: that woman ekini i yineka [εκείνη η γυναίκα]; **that man** ekinos o adras [εκείνος ο άντρας]; **that one** ekino [εκείνο]; **I hope that ...** elpizo oti ... [ελπίζω ότι ...]; **that's perfect** afto ine telio [αυτό είναι τέλειο]; **that's strange** afto ine paraxeno [αυτό είναι παράξενο]; **that's it** (*that's right*) akrivos [ακριβώς]; **is it that expensive?** ine toso akrivo? [είναι τόσο ακριβό;]

the (*singular*) o, i, to [ο, η, το]; (*plural*) i, i, ta [οι, οι, τα]; *see page 109*

theater, theatre ena theatro [ένα θέατρο]

their toos [τους]; **their house** to spiti toos [το σπίτι τους]; *see page 111*

theirs THika toos [δικά τους]; *see page 112*

them (*objects*) ekina [εκείνα]; (*persons*) ekini [εκείνοι]; **for them** ya ekinoos [γιά εκείνους]; *see page 112*

then tote [τότε]

there eki [εκεί]; **over there** eki pera [εκεί πέρα]; **up there** eki pano [εκεί πάνω]; **is there ...?** iparHi ...? [υπάρχει ...;]; **are there ...?** iparHoon ...? [υπάρχουν ...;]; **there you are** (*giving something*) oriste [ορίστε]

thermal spring mia thermi piyi [μία θερμή πηγή]

thermometer ena thermometro [ένα θερμόμετρο]

thermos flask enas thermos [ένας θερμός]

thermostat (*in car*) enas thermostatis [ένας θερμοστάτης]

these afti, aftes, afta [αυτοί, αυτές, αυτά]; **can I have these?** boro na eHo afta? [μπορώ να έχω αυτά;]
they afti, aftes, afta [αυτοί, αυτές, αυτά]; **are they ready?** ine etimi? [είναι έτοιμοι;]; **are they coming?** erHode? [έρχοντε;]; *see page 112*
thick paHis [παχύς]; (*stupid*) Hazos [χαζός]
thief enas kleftis [ένας κλέφτης[
thigh to booti [το μπούτι]
thin (*material*) leptos [λεπτός]; (*person*) aTHinatos [αδύνατος]
thing ena pragma [ένα πράγμα]; **have you seen my things?** iTHate ta pragmata moo? [είδατε τα πράγματά μου;]; **first thing in the morning** proto pragma to pro-i [πρώτο πράγμα το πρωί]
think skeptome [σκέπτομαι]; **what do you think?** ti nomizis [τι νομίζεις;]; **I think so** etsi nomizo [έτσι νομίζω]; **I don't think so** THen nomizo [δεν νομίζω]; **I'll think about it** tha to skepto [θα το σκεπτώ]
third-class (*travel*) triti thesi [τρίτη θέση]
third party (*insurance*) tritoos [τρίτους]
thirsty: I'm thirsty THipso [διψώ]
this: this hotel afto to xsenoTHoHio [αυτό το ξενοδοχείο]; **this street** aftos o THromos [αυτός ο δρόμος]; **this one** afto eTHo [αυτό εδώ]; **this is my wife** apo eTHo i yineka moo [από εδώ η γυναίκα μου]; **this is my favo(u)rite cafe** afto i-ne to agapimeno moo kafenio [αυτό είναι το αγαπημένο μου καφενείο]; **is this yours?** ine THiko soo afto? [είναι δικό σου αυτό;]
those *see* **these**; **not these, those** oHi afta, ekina [όχι αυτά, εκείνα]
thread mia klosti [μία κλωστή]
throat o lemos [ο λαιμός]
throat lozenges pastilies lemoo [παστίλιες λαιμού]
throttle (*motorbike, boat*) to gaz [το γκαζ]
through THia mesoo [διά μέσου]; **does it go through Paris?** perna-i apo to Parisi? [περνάει από το Παρίσι;]; **Monday through Friday** apo THeftera meHri Paraskevi [από Δευτέρα μέχρι Παρασκευή]; **straight through the city centre** mesa apo to kedro tis poleos [μέσα από το κέντρο της πόλεως]
through train mia taHia [μία ταχεία]
throw riHno [ρίχνω]; **don't throw it away** mi to petaxis [μη το πετάξεις]; **I'm going to throw up** tha kano emeto [θα κάνω εμετό]
thumb o adiHiras [ο αντίχειρας]
thumbtack mia pineza [μία πινέζα]
thunder i vrodi [η βροντή]
thunderstorm i thi-ela [η θύελλα]
Thursday i Pempti [η Πέμπτη]
ticket ena isitirio [ένα εισιτήριο]
ticket office mia thiriTHa [μία θυρίδα]
tie (*necktie*) mia gravata [μία γραβάτα]
tight (*clothes*) stenos [στενός]; **the waist is too tight** ine poli steno sti mesi [είναι πολύ στενό στη μέση]
tights to kaltson [το καλτσόν]
time: what's the time? ti ora ine? [τι ώρα είναι;]; **at what time do you close?** ti ora klinete? [τι ώρα κλείνετε;]; **there's not much time** THen iparHi polis Hronos [δεν υπάρχει πολύς χρόνος]; **for the time being** ya tin ora [γιά την ώρα]; **from time to time** poo ke poo [που και που]; **right on time** pano stin ora [πάνω στην ώρα]; **this time** afti ti fora [αυτή τη φορά]; **last time** tin perasmeni fora [την περασμένη φορά]; **next time** tin epomeni fora [την επόμενη φορά]; **four times** teseris fores [τέσσερεις φορές]; **have a good time!** kali THiaskeTHasi [καλή διασκέδαση]; *see page 118*
timetable to programa [το πρόγραμμα]
tin (*can*) mia konserva [μία κονσέρβα]
tinfoil ena asimoHarto [ένα ασημόχαρτο]
tin-opener ena aniHtiri [ένα ανοιχτήρι]
tint (*verb: hair*) vafo [βάφω]
tiny mikroskopikos [μικροσκοπικός]
tip ena filoTHorima [ένα φιλοδώρημα]; **does that include the tip?** perilamvanete to filoTHorima? [περιλαμβάνεται το φιλοδώρημα;]
tire ena lastiHo [ένα λάστιχο]
tired koorasmenos [κουρασμένος]; **I'm tired** ime koorasmenos [είμαι κουρασμένος]
tiring koorastikos [κουραστικός]
tissues ta Hartomadila [τα χαρτομάντηλα]
to: to Crete/England ya tin Kriti/Aglia

[γιά την Κρήτη/Αγγλία]; **to the airport** ya to a-eroTHromio [γιά το αεροδρόμιο]; **here's to you!** (*toast*) stin i-ya soo! [στην υγειά σου]; *see page 118*
toast (*bread*) ena tost [ένα τοστ]
tobacco o kapnos [ο καπνός]
tobacconist, tobacco store *doesn't exist as such in Greece, but try a 'kiosk'* ena periptero [ένα περίπτερο]
today simera [σήμερα]; **today week** se mia evTHomaTHa apo simera [σε μία εβδομάδα από σήμερα]
toe to THaHtilo too poTHioo [το δάχτυλο του ποδιού]
toffee mia karamela [μία καραμέλα]
together mazi [μαζί]; **we're together** imaste mazi [είμαστε μαζί]; **can we pay together?** boroome na plirosoome mazi? [μπορούμε να πληρώσουμε μαζί;]
toilet i tooaleta [η τουαλέτα]; **where's the toilet?** poo ine i tooaleta? [που είναι η τουαλέτα;]; **I have to go to the toilet** prepi na pao sti tooaleta [πρέπει να πάω στη τουαλέτα]; **she's in the toilet** ine stin tooaleta [είναι στην τουαλέτα]
toilet paper Harti iyias [χαρτί υγείας]
toilet water mia kolonia [μία κολόνια]
toll (*on road*) ta THioTHia [τα διόδια]
tomato mia domata [μία ντομάτα]
tomato juice ena domatozoomo [ένα ντοματόζουμο]
tomato ketchup mia 'ketchup' [μία κέτσαπ]
tomorrow avrio [αύριο]; **tomorrow morning** avrio to pro-i [αύριο το πρωί]; **tomorrow afternoon** avrio to apoyevma [αύριο το απόγευμα]; **tomorrow evening** avrio to vraTHi [αύριο το βράδυ]; **the day after tomorrow** methavrio [μεθαύριο]; **see you tomorrow** tha se THo avrio [θα σε δω αύριο]
ton enas tonos [ένας τόννος]; *see page 120*
toner (*cosmetic*) to tonotiko [το τονωτικό]
tongue i glosa [η γλώσσα]
tonic (*water*) ena tonik [ένα τόνικ]
tonight apopse [απόψε]; **not tonight** oHi apopse [όχι απόψε]
tonsillitis amigTHalitiTHa [αμυγδαλίτιδα]
tonsils i amigTHales [οι αμυγδαλές]
too poli [πολύ]; (*also*) episis [επίσης]; **too much** para poli [πάρα πολύ]; **me too** kego episis [κ' εγώ επίσης]; **I'm not feeling too good** THen esthanome kala [δεν αισθάνομαι καλά]
tooth ena THodi [ένα δόντι]
toothache enas ponoTHodos [ένας πονόδοντος]
toothbrush mia oTHodovoortsa [μία οδοντόβουρτσα]
toothpaste mia oTHodokrema [μία οδοντόκρεμα]
top: on top of ... pano apo ... [πάνω από ...]; **on top of the car** ston oorano too aftokinitoo [στον ουρανό του αυτοκινήτου]; **on the top floor** sto pano patoma [στο πάνω πάτωμα]; **at the top** stin korifi [στην κορυφή]; **at the top of the hill** stin korifi too lofoo [στην κορυφή του λόφου]; **top quality** proti piotis [πρώτη ποιότης]; **bikini top** to sooti-en too bikini [το σουτιέν του μπικίνι]
topless yimnostithi [γυμνόστηθη]; **topless beach** mia plaz yimnostithon [μία πλαζ γυμνοστήθων]
torch enas fakos [ένας φακός]
total to sinolo [το σύνολο]
touch (*verb*) aghizo [αγγίζω]; **let's keep in touch** as kratisoome epafi [ας κρατήσουμε επαφή]
tough (*meat*) skliros [σκληρός]; **tough luck!** atiHia! [ατυχία]
tour mia peri-iyisis [μία περιήγησις]; **is there a tour of ...?** iparHi peri-iyisis ya ...? [υπάρχει περιήγησις γιά ...;]
tour guide enas sinoTHos [ένας συνοδός]
tourist enas tooristas [ένας τουρίστας]
tourist office i plirofori-es [οι πληροφορίες]
tourist police i tooristiki astinomia [η τουριστική αστυνομία]
touristy: somewhere not so touristy kapoo mi tooristika [κάπου μη τουριστικά]
tour operator ena taxiTHiotiko grafio [ένα ταξιδιωτικό γραφείο]
tow: can you give me a tow? boris na me rimoolkisis? [μπορείς να με ριμουλκίσεις]
toward(s) pros [προς]; **toward(s) Athens** pros Athina [προς Αθήνα]
towel mia petseta [μία πετσέτα]
town mia poli [μία πόλη]; (*smaller*) mia

komopolis [μία κωμόπολις]; **in town** sti poli [στη πόλη]; **which bus goes into town?** pio leoforio pai sto kedro? [ποιό λεωφορείο πάει στο κέντρο;]; **we're staying just out of town** menoome ligo exo apo to kedro [μένουμε λίγο έξω από το κέντρο]

town hall to THimarHio [το δημαρχείο]

tow rope ena s-Hini rimoolkiseos [ένα σχοινί ρυμουλκίσεως]

toy ena peH-niTHi [ένα παιχνίδι]

track suit mia athlitiki forma [μία αθλητική φόρμα]

traditional paraTHosiakos [παραδοσιακός]; **a traditional Greek meal** ena patroparaTHoto Eliniko fayito [ένα πατροπαράδοτο Ελληνικό φαγητό]

traffic i kikloforia [η κυκλοφορία]

traffic circle mia platia [μία πλατεία]

traffic cop enas troHonomos [ένας τροχονόμος]

traffic jam mia kikloforiaki simforisi [μία κυκλοφοριακή συμφόρεση]

traffic light(s) ta fanaria troHeas [τα φανάρια τροχαίας]

trailer (*for carrying tent etc*) mia rimoolka [μία ρυμούλκα]; (*caravan*) ena troHospito [ένα τροχόσπιτο]

train ena treno [ένα τρένο]; **when's the next train to ...?** pote ine to epomeno treno ya ...? [πότε είναι το επόμενο τραίνο γιά ...;]; **by train** me treno [με τραίνο]

trainers (*shoes*) athlitika papootsia [αθλητικά παπούτσια]

train station o siTHiro-THromikos stathmos [ο σιδηροδρομικός σταθμός]

tram ena tram [ένα τραμ]

tramp (*person*) enas alitis [ένας αλήτης]

tranquillizers ta iremistika [τα ηρεμιστικά]

transatlantic iperatladikos [υπερατλαντικός]

transformer enas metas-Himatistis [ένας μετασχηματιστής]

transistor (*radio*) ena raTHiofono [ένα ραδιόφωνο]

transit desk to grafio THierHomenon [το γραφείο διερχομένων]

translate metafrazo [μεταφράζω]; **could you translate that?** borite na metafrasete afto? [μπορείτε να μεταφράσετε αυτό;]

translation mia metafrasis [μία μετάφρασις]

transmission (*of car*) i metaTHosis kiniseos [η μετάδοσις κινήσεως]

travel: we're travel(l)ing around taxiTHevoome triyiro [ταξιδεύουμε τριγύρω]

travel agent enas taxiTHiotikos praktoras [ένας ταξιδιωτικός πράκτορας]

travel(l)er enas taxiTHiotis [ένας ταξιδιώτης]

traveller's cheque, traveler's check mia taxiTHiotiki epitayi [μία ταξιδιωτική επιταγή]

tray enas THiskos [ένας δίσκος]

tree ena THenTHro [ένα δένδρο]

tremendous tromeros [τρομερός]

trendy modernos [μοντέρνος]

tricky (*difficult*) THiskolos [δύσκολος]

trim: just a trim please ligo koditera, parakalo [λίγο κοντύτερα, παρακαλώ]

trip ena taxiTHi [ένα ταξίδι]; **I'd like to go on a trip to ...** tha ithela na pao ena taxiTHi stin ... [θα ήθελα να πάω ένα ταξίδι στήν ...]; **have a good trip** kalo taxiTHi [καλό ταξίδι]

tripod ena tripoTHo [ένα τρίποδο]

tropical tropikos [τροπικός]

trouble enoHlisi [ενόχληση]; **I'm having trouble with ...** eHo provlimata me ... [έχω προβλήματα με ...]; **sorry to trouble you** signomi poo sas enoHlo [συγνώμη που σας ενοχλώ]

trousers ena padaloni [ένα πανταλόνι]

trout mia pestrofa [μία πέστροφα]

truck ena fortigo [ένα φορτηγό]

truck driver o oTHigos fortigoo [ο οδηγός φορτηγού]

true alithinos [αληθινός]; **that's not true** then ine alithia [δεν είναι αλήθεια]

trunk (*of car*) to port bagaz [πορτ-μπαγκάζ]

trunks (*swimming*) ena mayo [ένα μαγιό]

truth i alithia [η αλήθεια]; **it's the truth** ine i alithia [είναι η αλήθεια]

try (*verb*) THokimazo [δοκιμάζω]; **please try** parakalo THokimaste [παρακαλώ δοκιμάστε]; **will you try for me?** THokimazete ya mena? [δοκιμάζετε γιά μένα]; **I've never tried it** (*food*) THen to eHo THokimasi pote [δεν το έχω δοκιμάσει ποτέ]; **can I have a try?** boro na

THokimaso? [μπορώ να δοκιμάσω;]; **may I try it on?** boro na to THokimaso pano moo? [μπορώ να το δοκιμάσω πάνω μου;]
T-shirt ena bloozaki [ένα μπλουζάκι]
tube (*of tyre*) mia sabrela [μία σαμπρέλα]
Tuesday i Triti [η Τρίτη]
tuition: I'd like tuition tha ithela mathimata [θα ήθελα μαθήματα]
tulip mia toolipa [μία τουλίπα]
tuna fish o tonos [ο τόνος]
tune mia meloTHia [μία μελωδία]
tunnel mia siraga [μία σήραγγα]
Turkey i Toorkia [η Τουρκία]
turn: it's my turn now ine i sira moo tora [είναι η σειρά μου τώρα]; **turn left** stripse aristera [στρίψε αριστερά]; **where do we turn off?** poo strivoome? [που στρίβουμε;]; **can you turn the air-conditioning on?** boris na anixis to 'air condition'? [μπορείς να ανοίξεις το έαρ κοντίσιον;]; **can you turn the air-conditioning off?** boris na klisis to 'air condition'? [μπορείς να κλείσεις το έαρ κοντίσιον;]; **he didn't turn up** THen emfanistike [δεν εμφανίστηκε]
turning (*in road*) mia strofi [μία στροφή]
TV i tileorasi [η τηλεόραση]
tweezers ena tsibiTHaki [ένα τσιμπιδάκι]
twice THio fores [δύο φορές]; **twice as much** ta THipla [τα διπλά]
twin beds THio krevatia [δύο κρεβάτια]
twins i THiTHimi [οι δίδυμοι]
twist: I've twisted my ankle stramboolixa ton astragalo moo [στραμπούληξα τον αστράγαλό μου]
type ena iTHos [ένα είδος]; **a different type of ...** ena alo iTHos apo ... [ένα άλλο είδος από ...]
typewriter mia grafomiHani [μία γραφομηχανή]
typhoid tifo-iTHis [τυφοειδής]
typical Haraktiristikos [χαρακτηριστικός]
tyre ena lastiHo [ένα λάστιχο]

U

ugly as-Himos [άσχημος]
ulcer elkos [έλκος]
Ulster Ulster ['Ωλστερ]
umbrella mia ombrela [μία ομπρέλλα]
uncle: my uncle o thios moo [ο θείος μου]
uncomfortable avolos [άβολος]
unconscious anesthitos [αναίσθητος]
under apo kato [από κάτω]
underdone (*food*) misopsimenos [μισοψημένος]
underground (*railway*) enas ipoyios [ένας υπόγειος]
underpants ena sovrako [ένα σώβρακο]
undershirt mia fanela [μία φανέλα]
understand: I don't understand THen katalaveno [δεν καταλαβαίνω]; **I understand** katalaveno [καταλαβαίνω]; **do you understand?** katalavenis? [καταλαβαίνεις;]
underwear ta esorooHa [τα εσώρουχα]
undo (*clothes*) lino [λύνω]
uneatable: it's uneatable THen troyete [δεν τρώγεται]
unemployed anergos [άνεργος]
unfair: that's unfair afto ine aTHiko [αυτό είναι άδικο]
unfortunately THistiHos [δυστυχώς]
unfriendly mi filikos [μη φιλικός]
unhappy THistiHismenos [δυστυχισμένος]
unhealthy anthiyinos [ανθυγιεινός]
United States Inomenes Politi-es [Ηνωμένες Πολιτείες]; **in the United States** stis Inomenes Politi-es [στις Ηνωμένες Πολιτείες]
university ena panepistimio [ένα πανεπιστήμιο]
unlimited mileage (*on hire car*) aperiorista Hiliometra [απεριόρηστα χιλλιόμετρα]
unlock xekliTHono [ξεκλειδώνω]; **the door was unlocked** i porta itan xekliTHoti [η πόρτα ήταν ξεκλείδωτη]
unpack xepaketaro [ξεπακετάρω]
unpleasant THisarestos [δυσάρεστος]
untie xeTHeno [ξεδένω]
until meHri [μέχρι]; **until we meet**

again meнri na xana-iтнothoome pali [μέχρι να ξαναειδοθούμε πάλι]; **not until Wednesday** oнi eos tin Tetarti [όχι έως την Τετάρτη]
unusual asinithistos [ασυνήθηστος]
up pano [πάνω]; **further up the road** ligo pio pano [λίγο πιό πάνω]; **up there** eki pano [εκεί πάνω]; **he's not up yet** тнen sikothike akomi [δεν σηκώθηκε ακόμη]; **what's up?** ti yinete? [τι γίνεται;]
upmarket (*restaurant, bar*) akrivos [ακριβός]
upset stomach stomaнoponos [στομαχόπονος]
upside down ta pano kato [τα πάνω-κάτω]
upstairs pano [πάνω]
urgent epigon [επείγων]; **it's very urgent** ine poli epigon [είναι πολύ επείγων]
urinary tract infection molinsis oorikoo sistimatos [μόλυνσις ουρικού συστήματος]
us mas [μας]; **with us** me mas [με μας]; **for us** ya mas [γιά μας]; *see page 112*
use: may I use ...? boro na нrisimopi-iso ...? [μπορώ να χρησιμοποιήσω ...;]
used: I used to swim a lot koliboosa poli [κολυμπούσα πολύ]; **when I get used to the heat** otan sinithiso tin zesti [όταν συνηθείσω την ζέστη]
useful нrisimos [χρήσιμος]
usual sinithismenos [συνηθεισμένος]; **as usual** opos sinithos [όπως συνήθως]
usually sinithos [συνήθως]
U-turn epi topoo strofi [επί τόπου στροφή]

V

vacancy: do you have any vacancies? (*hotel*) eнete kena тнomatia? [έχετε κενά δωμάτια;]
vacation i тнiakopes [οι διακοπές]; **we're here on vacation** imaste se тнiakopes [είμαστε σε διακοπές]
vaccination enas emvoliasmos [ένας εμβολιασμός]
vacuum cleaner mia ilektriki skoopa [μία ηλεκτρική σκούπα]
vacuum flask ena thermos [ένα θερμός]
vagina o kolpos [ο κόλπος]
valid engiros [έγκυρος]; **how long is it valid for?** ya poso is-нi-i? [γιά πόσο ισχύει;]
valley mia kilaтнa [μία κοιλάδα]
valuable politimos [πολύτιμος]; **can I leave my valuables here?** boro na afiso ta timalfi moo eтнo? [μπορώ να αφήσω τα τιμαλφή μου εδώ;]
value i axia [η αξία]
van ena troнospito [ένα τροχόσπιτο]
vanilla i vanilia [η βανίλια]; **a vanilla ice cream** ena pagoto vanilia [ένα παγωτό βανίλια]
varicose veins flevitis [φλεβίτις]
variety show ena variete [ένα βαριετέ]
vary: it varies metavalete [μεταβάλλεται]
vase ena vazo [ένα βάζο]
vaudeville ena variete [ένα βαριετέ]
VD to afroтнisio nosima [το αφροδίσιο νόσημα]
veal mos-нari [μοσχάρι]
vegetables ta laнanika [τα λαχανικά]
vegetarian enas нortofagos [ένας χορτοφάγος]; **I'm a vegetarian** ime нortofagos [είμαι χορτοφάγος]
velvet veloorнo [βελούδο]
vending machine enas aftomatos politis [ένας αυτόματος πωλητής]
ventilator enas anemistirias [ένας ανεμιστήρας]
very poli [πολύ]; **just a very little Greek** poli liga Elinika [πολύ λίγα Ελληνικά]; **just a very little for me** poli ligo ya mena [πολύ λίγο γιά μένα]; **I like it very much** moo aresi para poli [μου αρέσει πάρα πολύ]
vest (*undershirt*) ena fanelaki [ένα φανελλάκι]; (*waistcoat*) ena yileko [ένα γιλέκο]
via тнia mesoo [διά μέσου]; **via Athens** meso Athinas [μέσω Αθήνας]
video ena video [ένα βίντεο]

view mia thea [μία θέα]; **what a superb view!** ti katapliktiki thea! [τι καταπληκτική θέα!]
viewfinder to skopeftro [το σκόπευτρο]
villa mia 'villa' [μία βίλλα]
village ena Horio [ένα χωριό]
vine ena klima [ένα κλήμα]
vinegar to xiTHi [το ξύδι]
vine-growing area mia perioHi ambelooryias [μία περιοχή αμπελουργίας]
vineyard ena ambeli [ένα αμπέλι]
vintage o triyos [ο τρύγος]; **vintage wine** ena krasi orismenis Hronias [ένα κρασί ορισμένης χρονιάς]
visa mia viza [μία βίζα]
visibility i oratotita [η ορατότητα]
visit (*verb*) episkeptome [επισκέπτομαι]; **I'd like to visit ...** tha ithela na episkefto ... [θα ήθελα να επισκεπτώ ...]; **come and visit us** ela na mas episkeftis [έλα να μας επισκεπτείς]
vital: it's vital that ... ine vasiko oti ... [είναι βασικό ότι ...]
vitamins i vitamines [οι βιταμίνες]
vodka mia votka [μία βότκα]
voice i foni [η φωνή]
voltage i tasis [η τάσις]
vomit (*verb*) kano emeto [κάνω εμετό]

W

wafer (*ice cream*) mia gofreta [μία γκοφρέτα]
waist i mesi [η μέση]
waistcoat ena yileko [ένα γιλέκο]
wait perimeno [περιμένω]; **wait for me** perimene me [περίμενέ με]; **don't wait for me** mi me perimenis [μη με περιμένεις]; **it was worth waiting for** axize ton kopo na perimenis [άξιζει τον κόπο να περιμένεις]; **I'll wait till my wife comes** tha perimeno meHri narthi i yineka moo [θα περιμένω να μέχρι ν'άρθει η γυναίκα μου]; **I'll wait a little longer** tha perimeno akomi ligo [θα περιμένω ακόμη λίγο]; **can you do it while I wait?** na perimeno na to kanete? [να περιμένω να το κάνετε;]
waiter enas servitoros [ένας σερβιτόρος]; **waiter!** garson! [γκαρσόν!]
waiting room (*at station*) i ethoosa anamonis [η αίθουσα αναμονής]
waitress mia servitora [μία σερβιτόρα]; **waitress!** garson! [γκαρσόν!]
wake: will you wake me up at 6.30? borite na me xipnisete stis exi ke misi? [μπορίτε να με ξυπνήσετε στις 6 και μισή;]
Wales i Ooalia [η Ουαλλία]
walk: let's walk there as perpatisoome eki [ας περπατήσουμε εκεί]; **is it possible to walk there?** ine THinaton na perpatisoome eki? [είναι δυνατόν να περπατήσουμε εκεί;]; **I'll walk back** tha perpatiso piso [θα περπατήσω πίσω]; **is it a long walk?** ine poli perpatima? [είναι πολύ περπάτημα;]; **it's only a short walk** eHi ligo perpatima [έχει λίγο περπάτημα]; **I'm going out for a walk** pao ena peripato [πάω ένα περίπατο]; **let's take a walk around town** as kanoome mia volta stin poli [ας κάνουμε μία βόλτα στην πόλη]
walking: I want to do some walking thelo na perpatiso [θέλω να περπατήσω]
walking boots i botes ya perpatima [οι μπότες γία περπάτημα]
walking stick ena bastooni [ένα μπαστούνι]
walkman (*tm*) ena 'walkman' [ένα γουώλκμαν]
wall o tiHos [ο τοίχος]
wallet ena portofoli [ένα πορτοφόλι]
wander: I like just wandering around moo aresi na Hazevo triyiro [μου αρέσει να χαζεύω τριγύρω]
want: I want a ... thelo ena ... [θέλω ένα ...]; **I don't want any ...** THen thelo ... [δεν θελω ...]; **I want to go home** thelo na pao spiti moo [θέλω να πάω σπίτι μου]; **I don't want to** THen thelo [δεν θέλω]; **he wants to ...** theli na ... [θέλει να ...]; **what do you want?** ti thelis? [τι θέλεις;]
war o polemos [ο πόλεμος]

ward (*in hospital*) enas thalamos [ένας θάλαμος]
warm zestos [ζεστός]; **it's so warm today** kani arketi zesti simera [κάνει αρκετή ζέστη σήμερα]; **I'm so warm** zestenome arketa [ζεσταίνομαι αρκετά]
warning mia proiтнopi-isi [μία προειδοποίηση]
was: it was ... itan ... [ήταν ...]; *see page 115*
wash pleno [πλένω]; **I need a wash** prepi na plitho [πρέπει να πλυθώ]; **can you wash the car?** borite na moo plinete to aftokinito? [μπορείτε να μου πλύνετε το αυτοκίνητο;]; **can you wash these?** borite na plinete afta? [μπορείτε να πλύνετε αυτά;]; **it'll wash off** (*stain etc*) tha katharisi [θά καθαρίσει]
washcloth (*face cloth*) ena petsetaki prosopoo [ένα πετσετάκι προσώπου]
washer (*for bolt etc*) mia roтнela [μία ροδέλλα]
washhand basin enas niptiras [ένας νιπτήρας]
washing (*clothes*) i boogaтна [η μπουγάδα]; **where can I hang my washing?** poo boro na aploso tin boogaтна moo? [που μπορώ να απλώσω την μπουγάδα μου;]; **can you do my washing for me?** boris na kanis tin boogaтна moo? [μπορείς να κάνεις την μπουγάδα μου;]
washing machine ena plidirio [ένα πλυντήριο]
washing powder mia skoni plidirioo [μία σκόνη πλυντηρίου]
washing-up: I'll do the washing-up tha plino ta piata [θα πλύνω τα πιάτα]
washing-up liquid ena sapooni piaton [ένα σαπούνι πιάτων]
wasp mia sfiga [μία σφήγγα]
wasteful: that's wasteful afto ine spatali [αυτό είναι σπατάλη]
wastepaper basket ena kalathi aнriston [ένα καλάθι αχρήστων]
watch (*wrist-*) ena rolo-i [ένα ρολόι]; **will you watch my things for me?** borite na proseнete ta pragmata moo? [μπορείτε να προσέχετε τα πράγματά μου;]; **I'll just watch** tha prakolootho mono [θα πρακολουθώ μόνο]; **watch out!** proseнe! [πρόσεχε!]
watch strap ena looraki roloyioo [ένα λουράκι ρολογιού]
water to nero [το νερό]; **may I have some water?** boro naнo ligo nero? [μπορώ νάχω λίγο νερό;]
watercolour (*painting*) mia akooarela [μία ακουαρέλλα]
waterproof aтнiavroнos [αδιάβροχος]
waterski: I'd like to learn to waterski tha ithela na matho thalasio ski [θα ήθελα να μάθω θαλάσσιο σκι]
waterskiing thalasio ski [θαλάσσιο σκι]
water sports ta thalasia spor [τα θαλάσσια σπορ]
water wings i kooloores [οι κουλούρες]
wave (*sea*) ena kima [ένα κύμα]
way: which way is it? pros pia katefthinsi ine? [προς ποιά κατεύθυνση είναι;]; **it's this way** ine apo eтнo [είναι από εδώ]; **it's that way** ine apo eki [είναι από εκεί]; **could you tell me the way to ...?** borite na moo pite to тнromo ya ...? [μπορείτε να μου πείτε το δρόμο γιά ...;]; **is it on the way to Athens?** ine ston тнromo ya tin Athina? [είναι στον δρόμο γιά την Αθήνα;]; **you're blocking the way** (*with parked car etc*) klinete tin тнiavasi [κλείνετε την διάβαση]; **is it a long way to ...?** ine poli makria ya ...? [είναι πολύ μακριά γιά ...;]; **would you show me the way to do it?** borite na moo тнixete pos yinete? [μπορείτε να μου δείξετε πως γίνεται;]; **do it this way** kaneto etsi [κάνετο έτσι]; **no way!** me tipota! [με τίποτα!]
we emis [εμείς]; *see page 112*
weak (*person*) aтнinatos [αδύνατος]
wealthy ploosios [πλούσιος]
weather o keros [ο καιρός]; **what foul weather!** ti apesios keros! [τι απαίσιος καιρός!]; **what beautiful weather!** ti iperoнos keros! [τι υπέροχος καιρός!]
weather forecast to meteorolo-yiko тнeltio [το μετεωρολογικό δελτίο]
wedding enas gamos [ένας γάμος]
wedding anniversary mia epetios gamoo [μία επέτειος γάμου]
wedding ring i vera [η βέρα]
Wednesday i Tetarti [η Τετάρτη]
week mia evтнomaтна [μία εβδομάδα]; **a week (from) today** se mia evтнomaтна apo simera [σε μία εβδομάδα από σή-

μερα]; **a week (from) tomorrow** se mia ενтнοmaтнa apo avrio [σε μία εβδομάδα από αύριο]; **Monday week** тнeftera epta [Δευτέρα επτά]
weekend: at/on the weekend to Savatokiriako [το Σαββατοκύριακο]
weight to varos [το βάρος]; **I want to lose weight** thelo na нaso varos [θέλω να χάσω βάρος]
weight limit to orio varoos [το όριο βάρους]
weird paraxenos [παράξενος]
welcome: welcome to ... kalos ilthate ston ... [καλώς ήλθατε στον ...]; **you're welcome** parakalo [παρακαλώ]
well: I don't feel well тнen esthanome kala [δεν αισθάνομαι καλά]; **I haven't been very well** тнen esthanomoon kala [δεν αισθανόμουν καλά]; **she's not well** ekini тнen ine kala [εκείνη δεν είναι καλά]; **how are you? — very well, thanks** ti kanis? — poli kala, efнaristo [τι κάνεις; — πολύ καλά, ευχαριστώ]; **you speak English very well** milate poli kala Aglika [μιλάτε πολύ καλά Αγγλικά]; **me as well** ke ego episis [και εγώ επίσεις]; **well done!** bravo [μπράβο]; **well well!** ya тнes! [γιά δες!]
well-done (*steak*) kalopsimenos [καλοψημένος]
wellingtons i galotses [οι γαλότσες]
Welsh Ooalos [Ουαλλός]
were *see page 115*
west тнitikos [δυτικός]; **to the west** тнitika [δυτικά]
West Indian apo tis тнitikes Inтнi-es [από τις Δυτικές Ινδίες]
West Indies i тнitikes Inтнi-es [οι Δυτικές Ινδίες]
wet igros [υγρός]; **it's all wet** ine olo vregmeno [είναι όλο βρεγμένο]; **it's been wet all week** evreнe oli tin ενтнοmaтнa [έβρεχε όλη την εβδομάδα]
wet suit mia stoli katatнiseos [μία στολή καταδύσεως]
what? ti? [τι;]; **what's that?** ti ine ekino? [τι είναι εκείνο;]; **what are you drinking?** (*can I get you one*) ti pinis? [τι πίνεις;]; **I don't know what to do** тнen xero ti na kano [δεν ξέρω τι να κάνω]; **what a view!** ti thea! [τι θέα!]
wheel mia roтнa [μία ρόδα]
wheelchair mia anapiriki karekla [μία αναπηρική καρέκλα]
when? pote? [πότε;]; **when we get back** otan yirisoome [όταν γυρίσουμε]
where? poo? [που;]; **where is ...?** poo ine ...? [που είναι ...;]; **I don't know where he is** тнen xero poo ine [δεν ξέρω που είναι]; **that's where I left it** етнo to afisa [εδώ το άφησα]
which: which bus? pio leoforio? [ποιό λεωφορείο;]; **which one?** pio apola? [ποιό απ'όλα;]; **which is yours?** pio ine to тнiko soo? [ποιό είναι το δικό σου;]; **I forget which it was** xeнno pio itan [ξεχνώ ποιό ήταν]; **the one which ...** afto poo ... [αυτό που ...]
while: while I'm here oso ime етнo [όσο είμαι εδώ]
whipped cream sadiyi [σαντιγύ]
whisky ena 'whisky' [ένα ουίσκυ]
whisper (*verb*) psithirizo [ψιθυρίζω]
white aspros [άσπρος]
white wine ena aspro krasi [ένα άσπρο κρασί]
Whitsun i Pedikosti [η Πεντηκοστή]
who? pios? [ποιός;]; **who was that?** pios itan aftos? [ποιός ήταν αυτός;]; **the man who ...** o anthropos poo ... [ο άνθρωπος που ...]
whole: the whole week oli tin ενтнοmaтнa [όλη την εβδομάδα]; **two whole days** тнio oloklires meres [δύο ολόκληρες μέρες]; **the whole lot** ola [όλα]
whooping cough kokitis [κοκκύτης]
whose: whose is this? pianoo ine afto? [ποιανού είναι αυτό;]
why? yati? [γιατί;]; **why not?** yati oнi? [γιατί όχι;]; **that's why it's not working** yafto тнen тнoolevi [γι'αυτό δεν δουλεύει]
wide platis [πλατύς]
wide-angle lens enas evrigonios fakos [ένας ευρυγώνιος φακός]
widow mia нira [μία χήρα]
widower enas нiros [ένας χήρος]
wife: my wife i sizigos moo [η συζυγός μου]
wig mia perooka [μία περούκα]
will: will you ask him? tha ton rotisis? [θα τον ρωτήσεις;]; *see page 117*
win kerтнizo [κερδίζω]; **who won?** pios

kerтнise [ποιός κέρδισε;]
wind o anemos [ο άνεμος]
windmill enas anemomilos [ένας ανεμόμυλος]
window to parathiro [το παράθυρο]; (*of shop*) i vitrina [η βιτρίνα]; **near the window** koda sto parathiro [κοντά στο παράθυρο]; **in the window** (*of shop*) stin vitrina [στην βιτρίνα]
window seat mia thesi sto parathiro [μία θέση στο παράθυρο]
windscreen, windshield to parpriz [το παρμπρίζ]
windscreen wipers, windshield wipers i ialokatharistires [οι υαλοκαθαριστήρες]
windsurf: I'd like to windsurf tha ithela na kano 'windsurf' [θα ήθελα να κάνω γουίντσερφ]
windsurfing to 'windsurfing' [το γουίντσερφινγκ]
windy: it's so windy eнi poli a-era [έχει πολύ αέρα]
wine ena krasi [ένα κρασί]; **can we have some more wine?** boroome na eнoome ligo krasi akoma? [μπορούμε να έχουμε λίγο κρασί ακόμα;]
wine glass ena potiri krasioo [ένα ποτήρι κρασιού]
wine list enas katalogos krasion [ένας κατάλογος κρασιών]
wine-tasting mia тнokimi krasioo [μία δοκιμή κρασιού]
wing (*of bird, plane*) to ftero [το φτερό]
wing mirror o kathreftis fteroo [ο καθρέφτης φτερού]
winter o нimonas [ο χειμώνας]; **in the winter** ton нimona [τον χειμώνα]
winter holiday i нimerines тнiakopes [οι χειμερινές διακοπές]
wire ena sirma [ένα σύρμα]; (*elec*) ena ilektriko kalотнio [ένα ηλεκτρικό καλώδιο]
wireless enas asirmatos [ένας ασύρματος]
wiring (*in house*) i ilektriki egatastasi [η ηλεκτρική εγκατάσταση]
wish: wishing you were here se pethimisa [σε πεθύμησα]; **best wishes** poles efнes [πολλές ευχές]
with me [με]; **I'm staying with ...** meno me ... [μένω με ...]
without нoris [χωρίς]
witness enas martiras [ένας μάρτυρας]; **will you be a witness for me?** tha ise martiras moo? [θα είσαι μάρτυράς μου;]
witty (*person*) exipnos [έξυπνος]
wobble: it wobbles (*wheel etc*) pezi [παίζει]
woman mia yineka [μία γυναίκα]
women i yinekes [οι γυναίκες]
wonderful thavmasios [θαυμάσιος]
won't: it won't start тнen tha xekinisi [δεν θα ξεκινήσει]; *see page 117*
wood (*material*) to xilo [το ξύλο]
woods (*forest*) ena тнasos [ένα δάσος]
wool to mali [το μαλλί]
word mia lexi [μία λέξη]; **what does that word mean?** ti simeni afti i lexi? [τι σημαίνει αυτή η λέξη;]; **you have my word** eнis ton logo moo [έχεις τον λόγο μου]
work (*verb*) ergazome [εργάζομαι]; **how does it work?** pos тнoolevi? [πως δουλεύει;]; **it's not working** тнen тнoolevi [δεν δουλεύει]; **I work in an office** ergazome se ena grafio [εργάζομαι σε ένα γραφείο]; **do you have any work for me?** eнete kamia тнoolia ya mena? [έχετε καμιά δουλειά γιά μένα;]; **when do you finish work?** pote telionis apo tin тнoolia? [πότε τελειώνεις από την δουλειά;]
world o kosmos [ο κόσμος]
worn-out (*person*) exadlimenos [εξαντλημένος]; (*clothes, shoes*) fagomenos [φαγωμένος]
worry: I'm worried about her stenoнori-eme yafti [στενοχωριέμαι γι' αυτή]; **don't worry** min anisiнis [μήν ανησυχείς]
worry beads ena kombolo-i [ένα κομπολόι]
worse: it's worse ine нirotera [είναι χειρότερα]; **it's getting worse** нiroterevi [χειροτερεύει]
worst o нiroteros [ο χειρότερος]
worth: it's not worth 500 drachmas тнen axizi 500 тнraнmes [δεν αξίζει 500 δραχμές]; **it's worth more than that** axizi perisotero [αξείζει περισσότερο]; **is it worth a visit?** axizi mia episkepsi? [αξίζει μία επίσκεψη;]
would: would you give this to ...? borite na тнosete afto ston ...? [μπορείτε να

δώσετε αυτό στον ...;]; **what would you do?** ti tha **e**kanes? [τι θα έκανες;]
wrap: could you wrap it up? bor**i**te na to til**i**xete? [μπορείτε να το τυλίξετε;]
wrapping to t**i**ligma [το τύλιγμα]
wrapping paper **e**na нarti peritil**i**gmatos [ένα χαρτί περιτυλίγματος]
wrench (*tool*) **e**na kliтнi [ένα κλειδί]
wrist o karp**o**s [ο καρπός]
write gr**a**fo [γράφω]; **could you write it down?** bor**i**te na moo to gr**a**psete? [μπορείτε να μου το γράψετε;]; **how do you write it?** pos to gr**a**fete? [πως το γράφετε;]; **I'll write to you** tha soo gr**a**pso [θα σου γράψω]; **I wrote to you last month** soo **e**grapsa ton perasm**e**no m**i**na [σου έγραψα τον περασμένο μήνα]
write-off (*car*): **it's a write-off** **i**ne tel**i**os katestram**e**no [είναι τελειως κατεστραμένο]
writer **e**nas singraf**e**as [ένας συγγραφέας]
writing paper **e**na нarti alilograf**i**as [ένα χαρτί αλληλογραφείας]
wrong: you're wrong k**a**nis l**a**thos [κάνεις λάθος]; **the bill's wrong** o logariasm**o**s **i**ne l**a**thos [ο λογαριασμός είναι λάθος]; **sorry, wrong number** sign**o**mi, l**a**thos n**oo**mero [συγνώμη, λάθος νούμερο]; **I'm on the wrong train** **i**me se l**a**thos tr**e**no [είμαι σε λάθος τραίνο]; **I went to the wrong room** p**i**ga se l**a**thos тнom**a**tio [πήγα σε λάθος δωμάτιο]; **that's the wrong key** aft**o** **i**ne l**a**thos kliтнi [αυτό είναι λαθος κλειδί]; **there's something wrong with ...** ip**a**rнi k**a**pio l**a**thos me ... [υπάρχει κάποιο λάθος με ...]; **what's wrong?** ti simv**e**ni? [τι συμβαίνει;]; **what's wrong with it?** ti simv**e**ni m'aft**o**? [τι συμβαίνει μ'αυτό;]

X Y

X-ray mia aktinograf**i**a [μία ακτινογραφία]

yacht **e**na 'yacht' [ένα γιότ]
yacht club **e**nas isitoplo-ikos **o**milos [ένας ιστιοπλοϊκός όμιλος]
yard: in the yard (*garden*) stin avl**i** [στην αυλή]; *see page 119*
year o нr**o**nos [ο χρόνος]
yellow k**i**trinos [κίτρινος]
yellow pages o нris**o**s oтнig**o**s [ο χρυσός οδηγός]
yes ne [ναι]
yesterday н-thes [χθες]; **yesterday morning** н-thes to pro**i** [χθες το πρωί]; **yesterday afternoon** н-thes to ap**o**yevma [χθες το απόγευμα]; **the day before yesterday** proн-th**e**s [προχθές]
yet: has it arrived yet? **e**нi ftasi? [έχει φτάσει;]; **not yet** **o**нi ak**o**mi [όχι ακόμη]
yobbo **e**nas alitar**a**s [ένας αληταράς]
yog(h)urt **e**na ya**oo**rti [ένα γιαούρτι]
you es**i** [εσύ]; (*polite form*) es**i**s [εσείς]; **this is for you** aft**o** **i**ne ya s**e**na [αυτό είναι γιά σένα]; **with you** maz**i** soo [μαζί σου]; *see pages 112, 117*
young n**e**os [νέος]
young people i n**e**i [οι νέοι]
your: your camera i fotografik**i** miнan**i** soo [η φωτογραφική μηχανή σου;]; *see page 111*
yours тнik**o**s soo [δικός σου]; *see page 111*
youth hostel **e**nas xen**o**nas n**e**on [ένας ξενώνας νέων]
youth hostelling: we're youth hostelling m**e**noome se xen**o**nes [μένουμε σε ξενώνες]
Yugoslavia i Yoogoslav**i**a [η Γιουγκοσλαβία]

Z

zero miTHen [μηδέν]
zip, zipper ena fermooar [ένα φερμουάρ]; **could you put a new zip on?** borite na valete ena kenoor-yio fermooar? [μπορείτε να βάλετε ένα καινούργιο φερμουάρ;]
zoo enas zo-oloyikos kipos [ένας ζωολογικός κήπος]
zoom lens enas fakos zoom [ένας φακός ζουμ]

Greek–English

A

A. (ΑΝΑΤΟΛΙΚΟΣ ανατολικός) east

ΑΓΓΙΝΑΡΕΣ ΓΕΜΙΣΤΕΣ αγγινάρες γεμιστές *[aginares yemistes]* stuffed artichokes

ΑΓΓΛΙΑ Αγγλία England

ΑΓΓΟΥΡΙΑ ΚΑΙ ΝΤΟΜΑΤΕΣ ΣΑΛΑΤΑ αγγούρια και ντομάτες σαλάτα *[agooria ke domates salata]* cucumber and tomato salad

ΑΓΙΑ Αγία Saint (*female*)

ΑΓΙΟΣ Άγιος Saint

ΑΓΝΟ ΠΑΡΘΕΝΟ ΜΑΛΛΙ αγνό παρθένο μαλλί pure new wool

ΑΔΙΕΞΟΔΟ αδιέξοδο cul-de-sac, dead end

Α.Ε. public limited company

Α.Ε.Β.Ε. public limited company for industrial investment

ΑΕΡΑΝΤΛΙΑ αεραντλία air pump

ΑΕΡΟΔΡΟΜΙΟ αεροδρόμιο airport

ΑΕΡΟΛΙΜΗΝ αερολιμήν airport

ΑΕΡΟΠΟΡΙΚΩΣ αεροπορικώς by airmail

ΑΘΗΝΑ Αθήνα Athens

ΑΘΛΗΤΙΚΑ αθλητικά sports shop/store

ΑΘΛΗΤΙΚΟ ΚΕΝΤΡΟ αθλητικό κέντρο sports centre/center

ΑΙΘΟΥΣΑ ΑΝΑΜΟΝΗΣ αίθουσα αναμονής waiting room

ΑΙΘΟΥΣΑ ΤΡΑΝΖΙΤ αίθουσα τράνζιτ transit lounge

ΑΚΑΤΑΛΛΗΛΟ ακατάλληλο adults only

Α ΚΑΤΗΓΟΡΙΑΣ Α κατηγορίας first class

ΑΚΡΙΒΕΣ ΑΝΤΙΤΙΜΟ ΜΟΝΟΝ ακριβές αντίτιμο μόνον exact fare only

ΑΚΡΟΠΟΛΙΣ Ακρόπολις Acropolis

ΑΚΡΥΛΙΚΟ ακρυλικό acrylic

ΑΚΤΗ ακτή beach

ΑΚΥΡΟ άκυρο cancelled

ΑΛΛΑΓΗ ΛΑΔΙΩΝ ΣΕ 3′αλλαγή λαδιών σε 3′ oil change in 3 minutes

ΑΛΛΑΝΤΙΚΑ αλλαντικά *[aladika]* sausages, meats

ΑΛΣΟΣ άλσος small wooded park

ΑΜΑΞΟΣΤΟΙΧΙΑ αμαξοστοιχία train

ΑΜΠΟΥΛΕΣ αμπούλες ampules

ΑΝΑΒΡΑΖΟΝΤΑ ΔΙΣΚΙΑ αναβράζοντα δισκία effervescent tablets

ΑΝΑΚΟΙΝΩΣΗ ανακοίνωση announcement

ΑΝΑΛΗΨΗ ανάληψη withdrawals

ΑΝΑΜΕΙΝΑΤΕ ΣΤΟ ΑΚΟΥΣΤΙΚΟ αναμείνατε στο ακουστικό *[anaminate sto akoostiko]* hold the line please

ΑΝΑΝΑΣ ανανάς *[ananas]* pineapple

ΑΝΑΧΩΡΕΙ ΚΑΘΗΜΕΡΙΝΑ ΓΙΑ ... αναχωρεί καθημερινά γιά ... departs daily to ...

ΑΝΑΧΩΡΗΣΕΙΣ αναχωρήσεις departures

ΑΝΑΧΩΡΗΣΕΙΣ ΕΠΙΒΑΤΩΝ αναχωρήσεις επιβατών passenger departures

ΑΝΑΨΥΚΤΗΡΙΟ αναψυκτήριο refreshment bar

ΑΝΔΡΙΚΑ ΕΙΔΗ ΚΑΙ ΑΞΕΣΟΥΑΡ ανδρικά είδη και αξεσουάρ men's fashions and accessories

ΑΝΔΡΙΚΑ ΕΝΔΥΜΑΤΑ ανδρικά ενδύματα menswear

ΑΝΔΡΙΚΑ ΕΣΩΡΟΥΧΑ ανδρικά εσώρουχα men's underwear

ΑΝΔΡΙΚΑ ΥΠΟΔΗΜΑΤΑ ανδρικά υποδήματα men's footwear

Α	Β	Γ	Δ	Ε	Ζ	Η	Θ	Ι	Κ	Λ	Μ	Ν	Ξ	Ο	Π	Ρ	Σ	Τ	Υ	Φ	Χ	Ψ	Ω
α	β	γ	δ	ε	ζ	η	θ	ι	κ	λ	μ	ν	ξ	ο	π	ρ	σ	τ	υ	φ	χ	ψ	ω
a	v	g/y	TH	e	z	i	th	i	k	l	m	n	x	o	p	r	s	t	i	f	H	ps	o

ΑΝΔΡΙΚΑ ΥΠΟΚΑΜΙΣΑ ανδρικά υποκάμισα shirts

ΑΝΔΡΩΝ ανδρών gents, men's rest room

ΑΝΕΛΚΥΣΤΗΡ ανελκυστήρ lift, elevator

ΑΝΘΟΠΩΛΕΙΟ ανθοπωλείο florist

ΑΝΟΔΟΣ άνοδος up

ΑΝΟΗΤΕ! ανόητε! [ano-ite] stupid!

ΑΝΟΙΚΤΟΝ ανοικτόν open

ΑΝΤΑΛΛΑΚΤΙΚΑ ΑΥΤΟΚΙΝΗ-ΤΩΝ ανταλλακτικά αυτοκινήτων auto spares

ΑΝΤΕΝΔΕΙΞΕΙΣ αντενδείξεις contra-indications

ΑΝΤΙΚΕΣ αντίκες antiques

ΑΝΤΙΟ αντίο [adio] goodbye

ΑΝΤΙΠΡΟΣΩΠΕΙΑ ΑΥΤΟΚΙΝΗ-ΤΩΝ αντιπροσωπεία αυτοκινήτων car/auto dealer

ΑΝΤΙΠΥΡΕΤΙΚΟ αντιπυρετικό anti-fever

ΑΝΤΙΣΥΛΛΗΠΤΙΚΟ ΧΑΠΙ αντισυλληπτικό χάπι contraceptive pill

ΑΝΤΙΤΙΜΟ (ΔΙΑΔΡΟΜΗΣ) αντίτιμο (διαδρομής) fare

ΑΝΤΙΦΛΕΓΜΟΝΩΔΕΣ αντι-φλεγμονώδες anti-inflammation

ΑΝΤΛΙΑ ΒΕΝΖΙΝΗΣ αντλία βενζίνης petrol pump, gas pump

ΑΝΤΛΙΑ ΝΤΙΖΕΛ αντλία ντίζελ diesel pump

ΑΝΩ άνω up

ΑΞΕΣΟΥΑΡ ΑΥΤΟΚΙΝΗΤΩΝ αξεσουάρ αυτοκινήτων auto accessories

ΑΠΑΓΟΡΕΥΕΤΑΙ Η ΕΙΣΟΔΟΣ απαγορεύεται η είσοδος no entry, no admission

ΑΠΑΓΟΡΕΥΕΤΑΙ Η ΘΗΡΑ απαγορεύεται η θηρά no hunting

ΑΠΑΓΟΡΕΥΕΤΑΙ Η ΚΑΤΑ-ΠΟΣΙΣ απαγορεύεται η κατά-ποσις do not swallow

ΑΠΑΓΟΡΕΥΕΤΑΙ Η ΚΑΤΑ-ΣΚΗΝΩΣΗ απαγορεύεται η κατα-σκήνωση no camping

ΑΠΑΓΟΡΕΥΕΤΑΙ Η ΚΟΛΥΜ-ΒΗΣΗ απαγορεύεται η κολύμβηση no swimming

ΑΠΑΓΟΡΕΥΕΤΑΙ Η ΛΗΨΙΣ ΔΙΑ ΤΟΥ ΣΤΟΜΑΤΟΣ απα-γορεύεται η λήψις διά του στόματος not to be taken orally

ΑΠΑΓΟΡΕΥΕΤΑΙ Η ΣΤΑΘΜΕΥ-ΣΗ απαγορεύεται η στάθμευ-ση no parking

ΑΠΑΓΟΡΕΥΕΤΑΙ Η ΣΤΑΣΗ απα-γορεύεται η στάση no waiting, no stopping

ΑΠΑΓΟΡΕΥΕΤΑΙ Η ΧΟΡΗΓΗΣΗ ΑΝΕΥ ΣΥΝΤΑΓΗΣ ΙΑΤΡΟΥ απαγορεύεται η χορήγηση άνευ συνταγής ιατρού available on pre-scription only

ΑΠΑΓΟΡΕΥΕΤΑΙ ΤΟ ΚΑΠΝΙ-ΣΜΑ απαγορεύεται το κάπνισμα no smoking

ΑΠΑΓΟΡΕΥΕΤΑΙ ΤΟ ΠΡΟΣΠΕ-ΡΑΣΜΑ απαγορεύεται το προσπέ-ρασμα no overtaking, no passing

ΑΠΑΓΟΡΕΥΜΕΝΗ ΠΕΡΙΟΧΗ απαγορευμένη περιοχή restricted area

ΑΠΑΓΟΡΕΥΟΝΤΑΙ ΟΙ ΚΑΤΑ-ΔΥΣΕΙΣ απαγορεύονται οι κατα-δύσεις no diving

ΑΠΛΗ ΒΕΝΖΙΝΗ απλή βενζίνη two-star petrol, regular (gas)

ΑΠΛΗ ΔΙΑΔΡΟΜΗ απλή διαδρομή single fare, oneway fare

ΑΠΟ...ΠΡΟΣ... από ... προς ... from ... to ...

ΑΠΟΓΕΥΜΑΤΙΝΗ ΠΑΡΑΣΤΑΣΗ απογευματινή παράσταση matinee

ΑΠΟΛΥΜΑΝΤΙΚΟ απολυμαντικό disinfectant

ΑΠΟΣΚΕΥΕΣ αποσκευές baggage

Α ΠΡΟΒΟΛΗΣ Α προβολής major cinema/movie theater

ΑΠΩΛΕΣΘΕΝΤΑ ΑΝΤΙ-ΚΕΙΜΕΝΑ απωλεσθέντα αντι-κείμενα lost property, lost and found

ΑΡΑΚΑΣ ΛΑΔΕΡΟΣ αρακάς λαδερός [arakas latheros] peas cooked with tomato and oil

ΑΡΓΑ αργά slow

ΑΡΙΘΜΟΣ ΑΤΟΜΩΝ αριθμός ατόμων maximum load

ΑΡΙΘΜΟΣ ΘΕΣΕΩΣ αριθμός θέσεως seat number

ΑΡΝΙ ΓΕΜΙΣΤΟ ΣΤΟ ΦΟΥΡ-ΝΟ αρνί γεμιστό στο φούρνο [arni yemisto sto foorno] oven-cooked stuffed lamb

ΑΡΝΙ ΕΞΟΧΙΚΟ αρνί εξοχικό *[arni exoнiko]* lamb cooked in greased foil/wax paper with cheese and spices
ΑΡΝΙ ΜΕ ΑΡΑΚΑ αρνί με αρακά *[arni me araka]* lamb with peas
ΑΡΝΙ ΜΕ ΚΡΙΘΑΡΑΚΙ αρνί με κριθαράκι *[arni me kritharaki]* lamb with a kind of pasta
ΑΡΝΙ ΜΕ ΜΠΑΜΙΕΣ αρνί με μπάμιες *[arni me bami-es]* lamb with okra
ΑΡΝΙ ΜΕ ΦΑΣΟΛΑΚΙΑ ΦΡΕΣΚΑ αρνί με φασολάκια φρέσκα *[arni me fasolakia freska]* lamb with runner beans
ΑΡΝΙ ΜΠΟΥΤΙ ΣΤΟ ΦΟΥΡΝΟ αρνί μπούτι στο φούρνο *[arni booti sto foorno]* oven-cooked leg of lamb
ΑΡΝΙ ΜΠΟΥΤΙ ΣΤΟ ΧΑΡΤΙ αρνί μπούτι στο χαρτί *[arni booti sto нarti]* leg of lamb wrapped in greased foil/wax paper
ΑΡΝΙ ΤΗΣ ΣΟΥΒΛΑΣ αρνί της σούβλας *[arni tis soovlas]* spit-roasted lamb
ΑΡΝΙ ΦΡΙΚΑΣΕ αρνί φρικασέ *[arni frikase]* lamb fricassee
ΑΡΤΟΠΟΙΕΙΟ αρτοποιείο bakery
ΑΡΧΑΙΟ ΘΕΑΤΡΟ αρχαίο θέατρο ancient theatre/theater
ΑΡΧΑΙΟΛΟΓΙΚΟΣ ΧΩΡΟΣ αρχαιολογικός χώρος arch(a)eological site
ΑΡΧΑΙΟΣ ΝΑΟΣ αρχαίος ναός ancient temple
ΑΣΗΜΙΚΑ ασημικά silver
ΑΣΠΙΡΙΝΗ ασπιρίνη aspirin
ΑΣΠΡΟ ΞΗΡΟ ΚΡΑΣΙ άσπρο ξηρό κρασί *[aspro xiro krasi]* dry white wine
ΑΣΤΑΚΟΣ ΜΕ ΛΑΔΟΛΕΜΟΝΟ αστακός με λαδολέμονο *[astakos me laтнolemono]* lobster with lemon and oil dressing
ΑΣΤΑΚΟΣ ΜΕ ΜΑΓΙΟΝΕΖΑ αστακός με μαγιονέζα *[astakos me mayoneza]* lobster with mayonnaise
ΑΣΤΥΝΟΜΙΑ αστυνομία police
ΑΣΤΥΝΟΜΙΑ ΠΟΛΕΩΣ Αστυνομία πόλεως municipal police
ΑΣΤΥΝΟΜΙΚΟ ΤΜΗΜΑ αστυνομικό τμήμα police station
ΑΣΦ/ΑΙ- ΑΣΦΑΛΕΙΑΙ ασφ/αι-ασφάλειαι insurance
ΑΤΟΜΑ άτομα maximum load
ΑΥΓΑ ΒΡΑΣΤΑ ΣΦΙΧΤΑ αυγά βραστά σφιχτά *[avga viasta sfiнta]* hard-boiled eggs
ΑΥΓΑ ΓΕΜΙΣΤΑ αυγά γεμιστά *[avga yemista]* stuffed eggs
ΑΥΓΑ ΠΟΣΕ αυγά ποσέ *[avga pose]* poached eggs
ΑΥΓΑ ΤΗΓΑΝΗΤΑ αυγά τηγανητά *[avga tiganita]* fried eggs
ΑΥΓΟΛΕΜΟΝΟ ΣΟΥΠΑ αυγολέμονο σούπα *[avgolemono soopa]* egg and lemon soup
ΑΥΡΙΟ αύριο *[avrio]* tomorrow
ΑΥΤ/ΤΟ-ΑΥΤΟΚΙΝΗΤΟ αυτ/το-αυτοκίνητο car, automobile
ΑΦΕΤΗΡΙΑ αφετηρία terminus
ΑΦΙΞΕΙΣ αφίξεις arrivals
ΑΦΟΙ.- ΑΔΕΛΦΟΙ αφοι.- αδελφοί bros, brothers
ΑΧΛΑΔΙΑ αχλάδια *[aнlaтнia]* pears

B

Β. (ΒΟΡΕΙΟΣ βόρειος) north
ΒΑΓΟΝΙ βαγόνι railway coach, car
ΒΑΜΒΑΚΕΡΟ βαμβακερό cotton
ΒΑΦΑΙ ΑΥΤΟΚΙΝΗΤΩΝ βαφαί αυτοκινήτων automobile paint shop
ΒΕΝΖΙΝΑΔΙΚΟ βενζινάδικο petrol station, gas station
ΒΕΝΖΙΝΗ βενζίνη petrol, gas

Α	Β	Γ	Δ	Ε	Ζ	Η	Θ	Ι	Κ	Λ	Μ	Ν	Ξ	Ο	Π	Ρ	Σ	Τ	Υ	Φ	Χ	Ψ	Ω
α	β	γ	δ	ε	ζ	η	θ	ι	κ	λ	μ	ν	ξ	ο	π	ρ	σ	τ	υ	φ	χ	ψ	ω
a	v	g/y	тн	e	z	i	th	i	k	l	m	n	x	o	p	r	s	t	i	f	н	ps	o

BEPIKOKA βερίκοκα *[verikoka]* apricots
ΒΙΒΛΙΟΘΗΚΗ βιβλιοθήκη library
ΒΙΒΛΙΟΠΩΛΕΙΟ βιβλιοπωλείο bookshop, bookstore
Β ΚΑΤΗΓΟΡΙΑΣ Β κατηγορίας second class
ΒΛΑΚΑ! βλάκα! *[vlaka]* idiot!
ΒΟΔΙΝΟ ΒΡΑΣΤΟ βοδινό βραστό *[voTHino vrasto]* boiled stew
ΒΟΔΙΝΟ ΡΟΣΜΠΙΦ βοδινό ροσμπίφ *[voTHino ros-bif]* roast beef
ΒΟΥΛΚΑΝΙΖΑΤΕΡ βουλκανιζατέρ tyre/tire repairs
Β ΠΡΟΒΟΛΗΣ Β προβολής local cinema/movie theater
ΒΡΑΔΙΝΗ ΠΑΡΑΣΤΑΣΗ βραδινή παράσταση evening performance
ΒΥΣΣΙΝΑΔΑ βυσσινάδα *[visinaTHa]* black cherry juice
ΒΥΣΣΙΝΟ βύσσινο *[visino]* sour cherries
ΒΥΖΑΝΤΙΝΟΣ Βυζαντινός Byzantine

Γ

ΓΑΪΔΟΥΡΙ! γαϊδούρι! *[ga-iTHoori]* silly idiot!
ΓΑΛΑΚΤΟΜΠΟΥΡΕΚΟ γαλακτομπούρεκο *[galaktobooreko]* cream pie with syrup
ΓΑΛΑΚΤΟΠΩΛΕΙΟ γαλακτοπωλείο dairy, shop selling milk products
ΓΑΛΛΙΚΟΣ ΚΑΦΕΣ γαλλικός καφές *[galikos kafes]* French coffee
ΓΑΛΟΠΟΥΛΑ ΨΗΤΗ ΣΤΟ ΦΟΥΡΝΟ γαλοπούλα ψητή στο φούρνο *[galopoola psiti sto foorno]* oven-roasted turkey
ΓΑΛΟΠΟΥΛΑ ΓΕΜΙΣΤΗ γαλοπούλα γεμιστή *[galopoola yemisti]* stuffed turkey
ΓΑΛΟΠΟΥΛΑ ΚΟΚΚΙΝΙΣΤΗ γαλοπούλα κοκκινιστή *[galopoola kokinisti]* turkey in tomato sauce
ΓΑΡΙΔΕΣ ΒΡΑΣΤΕΣ γαρίδες βραστές *[gariTHes vrastes]* boiled shrimps
ΓΑΡΙΔΕΣ ΜΕ ΣΑΛΤΣΑ γαρίδες με σάλτσα *[gariTHes me saltsa]* shrimp cocktail
ΓΑΡΙΔΕΣ ΠΙΛΑΦΙ γαρίδες πιλάφι *[gariTHes pilafi]* shrimp pilaf
ΓΑΡΝΙΤΟΥΡΑ γαρνιτούρα *[garnitoora]* vegetables, garnishings
ΓΑΥΡΟΙ ΜΠΟΥΡΓΕΤΟ γαύροι μπουργέτο *[gavri booryeto]* type of fish
ΓΕΙΑ ΣΟΥ γειά σου *[yasoo]* hello
Γ.Ε.Ν. ΓΕΝΙΚΟ ΕΠΙΤΕΛΕΙΟ ΝΑΥΤΙΚΟΥ Hellenic Navy Headquarters
ΓΕΦΥΡΑ γέφυρα bridge
ΓΕΥΜΑ γεύμα lunch
ΓΗΠΕΔΟ γήπεδο football pitch
ΓΙΑ ΕΞΩΤΕΡΙΚΗ/ΕΣΩΤΕΡΙΚΗ ΧΡΗΣΗ γιά εξωτερική/εσωτερική χρήση for external/internal use only
ΓΙΑΟΥΡΤΙ γιαούρτι yogurt
ΓΙΟΡΤΗ ΚΡΑΣΙΟΥ γιορτή κρασιού wine festival
ΓΙΟΥΒΑΡΛΑΚΙΑ ΑΥΓΟΛΕΜΟΝΟ γιουβαρλάκια αυγολέμονο *[yoovarlakia avgolemono]* meatballs with rice in egg and lemon sauce
ΓΙΟΥΒΑΡΛΑΚΙΑ ΜΕ ΣΑΛΤΣΑ ΝΤΟΜΑΤΑ γιουβαρλάκια με σάλτσα ντομάτα *[yoovarlakia me saltsa domata]* meatballs with rice cooked with tomatoes
ΓΙΟΥΒΕΤΣΙ γιουβέτσι *[yoovetsi]* oven-cooked lamb with a kind of pasta
ΓΚΑΛΕΡΙ γκαλερί art gallery
ΓΚΑΡΝΤΑΡΟΜΠΑ γκαρνταρόμπα cloakroom, checkroom
ΓΚΑΡΑΖ γκαράζ garage (for parking)
Γ ΚΑΤΗΓΟΡΙΑΣ Γ κατηγορίας third class
ΓΚΟΥΛΑΣ ΟΥΓΓΑΡΕΖΙΚΟΣ γκούλας ουγγαρέζικος *[goolash oogarezikos]* Hungarian goulash
ΓΛΥΚΑΔΙΑ ΜΟΣΧΑΡΙΟΥ γλυκάδια μοσχαριού *[glikaTHia mos-Harioo]* small pieces of calves' intestines
ΓΛΥΚΟ ΒΕΡΙΚΟΚΟ γλυκό βερίκοκο *[gliko verikoko]* dried apricot in syrup
ΓΛΥΚΟ ΒΥΣΣΙΝΟ γλυκό βύσσινο

[gliko visino] dried cherries in syrup
ΓΛΥΚΟ ΚΥΔΩΝΙ γλυκό κυδώνι *[gliko kiTHoni]* dried quince in syrup
ΓΛΥΚΟ ΚΑΡΥΔΑΚΙ γλυκό καρυδάκι *[gliko kariTHaki]* dried green walnut in syrup
ΓΛΥΚΟ ΚΕΡΑΣΙ γλυκό κεράσι *[gliko kerasi]* dried cherries in syrup
ΓΛΥΚΟ ΜΑΣΤΙΧΑ γλυκό μαστίχα *[gliko mastiHa]* vanilla-flavo(u)red fudge
ΓΛΥΚΟ ΜΕΛΙΤΖΑΝΑΚΙ γλυκό μελιτζανάκι *[gliko melidzanaki]* dried small aubergine/eggplant in syrup
ΓΛΥΚΟ ΝΕΡΑΝΤΖΑΚΙ γλυκό νεραντζάκι *[gliko neradzaki]* dried bitter orange in syrup
ΓΛΥΚΟ ΠΟΡΤΟΚΑΛΙ γλυκό πορτοκάλι *[gliko portokali]* dried orange in syrup
ΓΛΥΚΟ ΣΥΚΟ ΦΡΕΣΚΟ γλυκό σύκο φρέσκο *[gliko siko fresko]* fresh fig in syrup
ΓΛΥΚΟ ΤΟΥ ΚΟΥΤΑΛΙΟΥ γλυκό του κουταλιού *[gliko too kootalioo]* sweet dish of cherry, grape etc
ΓΛΥΚΟ ΦΡΑΟΥΛΑ γλυκό φράουλα *[gliko fraoola]* dried strawberry in syrup
ΓΛΩΣΣΕΣ ΤΗΓΑΝΗΤΕΣ γλώσσες τηγανητές *[gloses tiganites]* fried sole
ΓΟΥΝΑΡΙΚΑ γουναρικά furrier
ΓΟΥΡΟΥΝΟΠΟΥΛΟ ΣΤΟ ΦΟΥΡΝΟ ΜΕ ΠΑΤΑΤΕΣ γουρουνόπουλο στο φούρνο με πατάτες *[gooroonopoolo sto foorno me patates]* oven-cooked pork with potatoes
ΓΡΑΜΜΑΤΟΣΗΜΑ γραμματόσημα stamps
ΓΡΑΜΜΑΤΟΚΙΒΩΤΙΟ γραμματοκιβώτιο letter box
ΓΡΑΜΜΕΣ ΕΞΩΤΕΡΙΚΟΥ γραμμες εξωτερικου international flights
ΓΡΑΜΜΕΣ ΕΣΩΤΕΡΙΚΟΥ γραμμές εσωτερικού domestic flights
ΓΡΑΜΜΕΣ ΤΡΑΙΝΟΥ γραμμές τραίνου railway/railroad crosses road
ΓΡΑΝΙΤΑ ΒΕΡΙΚΟΚΟ γρανίτα βερίκοκο *[granita verikoko]* apricot sorbet
ΓΡΑΝΙΤΑ ΛΕΜΟΝΙ γρανίτα λεμόνι *[granita lemoni]* lemon sorbet
ΓΡΑΝΙΤΑ ΜΠΑΝΑΝΑ γρανίτα μπανάνα *[granita banana]* banana sorbet
ΓΡΑΝΙΤΑ ΠΟΡΤΟΚΑΛΙ γρανίτα πορτοκάλι *[granita portokali]* orange sorbet
ΓΡΑΝΙΤΑ ΡΟΔΑΚΙΝΟ γρανίτα ροδακινο *[granita roTHakino]* peach sorbet
ΓΡΑΝΙΤΑ ΦΡΑΟΥΛΕΣ γρανίτα φράουλες *[granita fraooles]* strawberry sorbet
ΓΡΑΦΕΙΟ ΤΑΞΙΔΙΩΝ γραφείο ταξιδίων travel agency
ΓΡΑΦΕΙΟ ΤΕΛΕΤΩΝ γραφείο τελετών undertaker
ΓΥΜΝΑΣΙΟ γυμνάσιο high school
ΓΥΜΝΑΣΤΗΡΙΟ γυμναστήριο gymnasium
ΓΥΝΑΙΚΕΙΑ ΦΟΡΕΜΑΤΑ γυναικεία φορέματα ladies' dresses
ΓΥΝΑΙΚΕΙΕΣ ΚΑΛΤΣΕΣ – ΚΑΛΣΟΝ γυναικείες κάλτσες – καλσόν ladies' stockings
ΓΥΝΑΙΚΩΝ γυναικών ladies, ladies' rest room
ΓΥΡΟΣ γύρος *[yiros]* donner kebab

Α	Β	Γ	Δ	Ε	Ζ	Η	Θ	Ι	Κ	Λ	Μ	Ν	Ξ	Ο	Π	Ρ	Σ	Τ	Υ	Φ	Χ	Ψ	Ω
α	β	γ	δ	ε	ζ	η	θ	ι	κ	λ	μ	ν	ξ	ο	π	ρ	σ	τ	υ	φ	χ	ψ	ω
a	v	g/y	TH	e	z	i	th	i	k	l	m	n	x	o	p	r	s	t	i	f	H	ps	o

Δ

Δ. (ΔΥΤΙΚΟΣ δυτικός) west
ΔΑΜΑΣΚΗΝΑ δαμάσκηνα [THamaski-na] plums
ΔΑΣΟΣ δάσος forest
ΔΑΣΙΚΗ ΑΣΤΥΝΟΜΙΑ δασική αστυνομία forest warden
Δ.Ε.Η. public electricity company
ΔΕΙΠΝΟ δείπνο dinner, evening meal
ΔΕΚΑΠΕΝΤΑΥΓΟΥΣΤΟ δεκαπε-νταύγουστο religious festival held on August 15th
ΔΕΚΑΡΙΚΟ δεκάρικο 10 drachma coin
ΔΕΜΑΤΑ δέματα parcels, packages
ΔΕΝ ΛΕΙΤΟΥΡΓΕΙ δεν λειτουρ-γεί out of order
ΔΕΝ ΞΕΡΩ δεν ξέρω [THen xero] I don't know
ΔΕΝ ΠΕΙΡΑΖΕΙ δεν πειράζει [THen pirazi] it doesn't matter
ΔΕΝ ΣΙΔΕΡΩΝΕΤΑΙ δεν σιδερώ-νεται do not iron
ΔΕΡΜΑ δέρμα leather
ΔΕΡΜΑΤΑ δέρματα leather goods
ΔΕΥΤΕΡΗ ΘΕΣΗ δεύτερη θέση second class
ΔΗΛΗΤΗΡΙΟ δηλητήριο poison
ΔΗΜΑΡΧΕΙΟ δημαρχείο city hall, town hall
ΔΗΜΟΣ δήμος administrative district
ΔΗΜΟΣΙΑ ΛΟΥΤΡΑ δημόσια λου-τρά public baths
ΔΗΜΟΣΙΟ ΤΑΜΕΙΟ δημόσιο ταμείο office where fines, taxes etc are paid
ΔΗΜΟΤΙΚΟ ΣΧΟΛΕΙΟ δημοτικό σχολείο primary school
ΔΙΑΒΑΣΗ ΠΕΖΩΝ διάβαση πεζών pedestrian crossing, crosswalk
ΔΙΑΒΑΤΗΡΙΑ διαβατήρια pass-ports
ΔΙΑΔΡΟΜΗ ΜΕΤ' ΕΠΙ-ΣΤΡΟΦΗΣ διαδρομή μετ' επι-στροφής return fare, roundtrip fare
ΔΙΑΛΕΙΜΜΑ διάλειμμα interval
ΔΙΑΛΥΜΑ διάλυμα solution
ΔΙΑΝΥΚΤΕΡΕΥΕΙ διανυκτε-ρεύει open 24 hours

ΔΙΑΤΗΡΕΙΤΑΙ ΣΕ ΔΡΟΣΕΡΟ/ ΞΗΡΟ/ΣΚΟΤΕΙΝΟ διατηρείται σε δροσερό/ξηρό/σκοτεινό keep in cool/dry/dark place
ΔΙΑΤΗΡΕΙΤΑΙ ΣΕ ΨΥΓΕΙΟ διατηρείται σε ψυγείο keep refriger-ated
ΔΙΕΘΝΗΣ ΕΚΘΕΣΙΣ ΘΕΣΣΑΛΟ-ΝΙΚΗΣ διεθνής έκθεσις Θεσσα-λονίκης Salonica International Trade Fair
ΔΙΕΥΘΥΝΣΗ ΚΑΤΟΙΚΙΑΣ διεύ-θυνση κατοικίας home address
ΔΙΚΑΣΤΗΡΙΟ δικαστήριο law court
ΔΙΚΗΓΟΡΙΚΟ ΓΡΑΦΕΙΟ δικηγο-ρικό γραφείο lawyer's office
ΔΙΚΛΙΝΟ ΔΩΜΑΤΙΟ δίκλινο δω-μάτιο double room
ΔΙΟΔΙΑ διόδια toll
ΔΙΠΛΕΣ ΜΕ ΑΛΕΥΡΙ δίπλες με αλεύρι [THiples me alevri] pancakes with honey and cinnamon
ΔΙΠΛΗ ΤΑΡΙΦΑ διπλή ταρίφα double tariff
ΔΙΣ. ΔΕΣΠΟΙΝΙΣ δις. δεσποι-νίς Miss
ΔΙΣΚΟΙ – ΚΑΣΣΕΤΕΣ δίσκοι – κασ-σέτες records – cassettes
Δ ΚΑΤΗΓΟΡΙΑΣ Δ κατηγορίας fourth class
ΔΟΛΛΑΡΙΟ δολλάριο dollar
ΔΟΣΟΛΟΓΙΑ ΕΝΗΛΙΚΩΝ δοσο-λογία ενηλίκων adult dosage
ΔΟΣΟΛΟΓΙΑ ΠΑΙΔΩΝ δοσολο-γία παίδων children's dosage
ΔΡΑΧΜΗ δραχμή drachma
ΔΡΟΜΟΛΟΓΙΑ δρομολόγια time-table, schedule
ΔΡΧ., δρχ. drachma
ΔΥΟ ΠΑΡΑΣΤΑΣΕΙΣ δύο παρα-στάσεις two performances
ΔΩΡΑ δώρα gifts
ΔΩΡΕΑΝ δωρεάν free
ΔΩΡΟ ΠΑΣΧΑ δώρο Πάσχα Easter present
ΔΩΡΟ ΧΡΙΣΤΟΥΓΕΝΝΩΝ δώρο Χριστουγέννων Christmas present

Ε

ΕΘΝΙΚΗ ΟΔΟΣ εθνική οδός motorway, highway

ΕΘΝΙΚΗ ΠΙΝΑΚΟΘΗΚΗ εθνική πινακοθήκη National Art Gallery

ΕΙΔΗ ΑΥΤΟΚΙΝΗΤΟΥ είδη αυτοκινήτου auto accessories

ΕΙΔΗ ΔΩΡΩΝ είδη δώρων gifts

ΕΙΔΗ ΕΞΟΧΗΣ είδη εξοχής holiday articles

ΕΙΔΗ ΘΑΛΑΣΣΑΣ είδη θάλασσας beach articles

ΕΙΔΗ ΚΑΘΑΡΙΣΜΟΥ είδη καθαρισμού household cleaning articles

ΕΙΔΗ ΚΟΥΖΙΝΑΣ είδη κουζίνας kitchen equipment

ΕΙΔΗ ΛΕΥΚΑ είδη λευκά bed linen

ΕΙΔΗ ΛΟΥΤΡΟΥ είδη λουτρού bathroom equipment

ΕΙΔΗ ΜΠΕΜΠΕ είδη μπεμπέ babywear

ΕΙΔΗ ΟΙΚΙΑΚΗΣ ΧΡΗΣΕΩΣ είδη οικιακής χρήσεως household equipment

ΕΙΔΗ ΡΟΥΧΙΣΜΟΥ είδη ρουχισμού clothes

ΕΙΔΗ ΣΠΟΡ είδη σπορ sports equipment, sportswear

ΕΙΔΗ ΥΓΙΕΙΝΗΣ είδη υγιεινής bathroom furniture and fittings

ΕΙΔΗ ΧΑΡΤΟΠΩΛΕΙΟΥ είδη χαρτοπωλείου stationery

ΕΙΚΟΣΑΡΙΚΟ εικοσάρικο 20 drachma coin

ΕΙΣΑΓΩΓΗΣ εισαγωγής imported

ΕΙΣΙΤΗΡΙΑ εισιτήρια tickets

ΕΙΣΟΔΟΣ είσοδος entrance, way in

ΕΙΣΟΔΟΣ ΕΛΕΥΘΕΡΑ είσοδος ελευθέρα admission free

ΕΙΣΟΔΟΣ ΠΡΑΤΗΡΙΟΥ είσοδος πρατηρίου entrance to petrol station/gas station

ΕΙΣΠΡΑΚΤΩΡ εισπράκτωρ ticket collector

Ε ΚΑΤΗΓΟΡΙΑΣ Ε κατηγορίας fifth class

ΕΚΔΟΣΗ ΕΙΣΙΤΗΡΙΩΝ έκδοση εισιτηρίων ticket office

ΕΚΔΡΟΜΕΣ εκδρομές tours

ΕΚΚΛΗΣΙΑ εκκλησία church

ΕΚΘΕΣΗ έκθεση show room, exhibition

Ε.Κ.Ο. Greek state petrol/gas company

ΕΚΠΤΩΣΕΙΣ εκπτώσεις sale

ΕΛΑΣΤΙΚΑ ελαστικά tyres, tires

ΕΛ.ΑΣ, ΕΛΛΗΝΙΚΗ ΑΣΤΥΝΟΜΙΑ Ελληνική Αστυνομία Greek police

ΕΛΑΤΕ ελάτε *[e**la**te]* come in; hello

ΕΛΑΤΤΩΣΑΤΕ ΤΑΧΥΤΗΤΑ ελαττώσατε ταχύτητα reduce speed

ΕΛΕΓΞΑΤΕ ΤΟ ΛΑΔΙ ΤΗΣ ΜΗΧΑΝΗΣ; ελέγξατε το λάδι της μηχανής; have you checked your oil?

ΕΛΕΓΧΟΣ έλεγχος checkpoint, control (passports)

ΕΛΕΓΧΟΣ ΑΠΟΣΚΕΥΩΝ έλεγχος αποσκευών baggage control

ΕΛΕΓΧΟΣ ΕΠΙΒΑΤΩΝ έλεγχος επιβατών passenger control

ΕΛΕΥΘΕΡΑ ΕΙΣΟΔΟΣ ελευθέρα είσοδος admission free

ΕΛΕΥΘΕΡΟΝ ελεύθερον vacant

ΕΛΛΗΝΙΚΑ ΤΑΧΥΔΡΟΜΕΙΑ Ελληνικά Ταχυδρομεία Greek Post Office

ΕΛΛΗΝΙΚΗ ΡΑΔΙΟΦΩΝΙΑ ΤΗΛΕΟΡΑΣΗ Ελληνική Ραδιοφωνία Τηλεόραση Greek radio and television

ΕΛΛΗΝΙΚΗΣ ΚΑΤΑΣΚΕΥΗΣ Ελληνικής κατασκευής made in Greece

Α	Β	Γ	Δ	Ε	Ζ	Η	Θ	Ι	Κ	Λ	Μ	Ν	Ξ	Ο	Π	Ρ	Σ	Τ	Υ	Φ	Χ	Ψ	Ω
α	β	γ	δ	ε	ζ	η	θ	ι	κ	λ	μ	ν	ξ	ο	π	ρ	σ	τ	υ	φ	χ	ψ	ω
a	v	g/y	TH	e	z	i	th	i	k	l	m	n	x	o	p	r	s	t	i	f	H	ps	o

ΕΛΛΗΝΙΚΟ ΠΡΟΙΟΝ Ελληνικό προιόν produce of Greece

ΕΛΛΗΝΙΚΟΣ ΚΑΦΕΣ Ελληνικός καφές *[elinikos kafes]* Greek coffee

ΕΛΛΗΝΙΚΟΣ ΟΡΓΑΝΙΣΜΟΣ ΤΟΥΡΙΣΜΟΥ Ελληνικός Οργανισμός Τουρισμού Greek Tourist Organization

Ε.Λ.Π.Α. Greek motoring organization

ΕΛ.ΤΑ. Greek Post Office

ΕΜΠΡΟΣ εμπρός *[ebros]* come in; hello

ΕΜΦΑΝΙΣΕΙΣ ΦΙΛΜ εμφανίσεις φιλμ films developed

ΕΝΑΡΞΗ έναρξη commences

ΕΝΔΕΙΞΕΙΣ ενδείξεις indications

ΕΝΕΣΗ ένεση injection

ΕΝΟΙΚΙΑΖΕΤΑΙ ενοικιάζεται to rent, to let

ΕΝΟΙΚΙΑΖΟΝΤΑΙ ΔΩΜΑΤΙΑ ενοικιάζονται δωμάτια rooms to rent

ΕΝΟΙΚΙΑΖΟΝΤΑΙ ΑΥΤΟΚΙΝΗΤΑ ενοικιάζονται αυτοκίνητα car rental

ΕΝΟΙΚΙΑΖΟΝΤΑΙ ΜΗΧΑΝΑΚΙΑ ενοικιάζονται μηχανάκια motorbikes to hire/rent

ΕΝΟΙΚΙΑΖΟΝΤΑΙ ΠΟΔΗΛΑΤΑ ενοικιάζονται ποδήλατα bicycles to hire/rent

ΕΞΑΤΜΙΣΕΙΣ εξατμίσεις car exhausts

ΕΞΟΔΟΣ έξοδος exit, way out

ΕΞΟΔΟΣ ΚΙΝΔΥΝΟΥ έξοδος κινδύνου emergency exit

ΕΞΟΔΟΣ ΠΡΑΤΗΡΙΟΥ έξοδος πρατηρίου way out of petrol/gas station

ΕΞΩΣΤΗΣ εξώστης circle (in theatre)

ΕΞΩΤΕΡΙΚΗΣ ΧΡΗΣΕΩΣ εξωτερικής χρήσεως for external use only

Ε.Ο.Κ. EEC, European Economic Community

ΕΟΡΤΕΣ εορτές public holidays

Ε.Ο.Τ. Greek State Tourist Organization

Ε.Π.Ε. Ltd, Inc

ΕΡΓΑ ΣΤΟ ΔΡΟΜΟ έργα στο δρόμο roadwork(s)

ΕΠΙ ΠΙΣΤΩΣΕΙ επί πιστώσει credit terms available

ΕΠΙΠΛΟΠΟΙΕΙΟ επιπλοποιείο furniture shop/store

ΕΠΙΠΛΩΜΕΝΑ ΔΩΜΑΤΙΑ επιπλωμένα δωμάτια furnished rooms

ΕΠΙΣΤΟΛΕΣ επιστολές letters

ΕΠΙΣΚΕΥΑΖΟΝΤΑΙ ΥΠΟΔΗΜΑΤΑ επισκευάζονται υποδήματα shoe repairs

ΕΠΙΣΤΡΕΦΩ ΣΕ 5′ επιστρέφω σε 5′ back in 5 minutes

ΕΠΙΤΑΓΕΣ επιταγές cheques, checks; money orders

ΕΠΙΤΟΚΙΟ επιτόκιο interest rate

ΕΡΓΑΛΕΙΑ ΠΥΡΑΣΦΑΛΕΙΑΣ εργαλεία πυρασφαλείας fire-fighting equipment

ΕΡΓΑ ΕΠΙ ΤΗΣ ΟΔΟΥ ΣΕ ΜΗΚΟΣ … ΧΛΜ έργα επί της οδού σε μήκος … χλμ roadwork(s) for … kms

ΕΡΓΑΣΤΗΡΙΟ ΗΛΕΚΤΡΟΝΙΚΩΝ εργαστήριο ηλεκτρονικών electronics

Ε.Ρ.Τ. Greek radio and television organization

ΕΣΤΙΑΤΟΡΙΟ εστιατόριο restaurant

ΕΣΩΡΟΥΧΑ ΓΥΝΑΙΚΕΙΑ εσώρουχα γυναικεία ladies' underwear

ΕΣΩΤΕΡΙΚΟΥ εσωτερικού domestic flights

ΕΤΟΙΜΑ ΓΥΝΑΙΚΕΙΑ έτοιμα γυναικεία ladies' ready-to-wear clothing

ΕΤΟΙΜΑ ΠΑΙΔΙΚΑ έτοιμα παιδικά children's ready-to-wear clothing

ΕΥΘΡΑΥΣΤΟ εύθραυστο fragile

ΕΥΚΑΙΡΙΕΣ ευκαιρίες bargains

ΕΥΦΛΕΚΤΟ εύφλεκτο inflammable

ΕΥΧΑΡΙΣΤΩ ευχαριστώ *[efharisto]* thank you

ΕΦΗΜΕΡΕΥΟΝ εφημερεύον emergency chemist/pharmacy

ΕΦΗΜΕΡΙΔΕΣ-ΠΕΡΙΟΔΙΚΑ εφημερίδες-περιοδικά newspapers-magazines

ΕΦΟΡΙΑ εφορία tax office

Ζ

ΖΑΧΑΡΟΠΛΑΣΤΕΙΟ ζαχαροπλαστείο confectionery
ΖΕΛΕ ΒΕΡΙΚΟΚΟΥ ζελέ βερίκοκου *[zele verikokoo]* apricot jelly
ΖΕΛΕ ΚΕΡΑΣΙ ζελέ κεράσι *[zele kerasi]* cherry jelly
ΖΕΛΕ ΜΠΑΝΑΝΑΣ ζελέ μπανάνας *[zele bananas]* banana jelly
ΖΕΛΕ ΦΡΑΟΥΛΑ ζελέ φράουλα *[zele fraoola]* strawberry jelly
ΖΕΣΤΟ ζεστό hot
ΖΕΣΤΟ ΝΕΡΟ ζεστό νερό hot water
ΖΩΟΛΟΓΙΚΟΣ ΚΗΠΟΣ ζωολογικός κήπος zoo

Η

Η ΑΙΘΟΥΣΑ ΔΙΑΘΕΤΕΙ ΚΛΙΜΑΤΙΣΜΟ η αίθουσα διαθέτει κλιματισμό this cinema/movie-theater is air-conditioned
ΗΛΕΚΤΡΙΚΑ ηλεκτρικά electrical goods
ΗΛΕΚΤΡΙΚΑ ΕΙΔΗ ηλεκτρικά είδη electrical goods
ΗΛΕΚΤΡΟΛΟΓΟΣ ηλεκτρολόγος electrician
ΗΛΕΚΤΡΟΛΟΓΟΣ ΑΥΤΟΚΙΝΗΤΩΝ ηλεκτρολόγος αυτοκινήτων car electrician
ΗΜΕΡΟΜΗΝΙΑ ΛΗΞΗΣ ημερομηνία λήξης best before
ΗΜΕΡΟΜΗΝΙΑ ΠΑΡΑΣΚΕΥΗΣ ημερομηνία παρασκευής date of manufacture
ΗΜΙΟΡΟΦΟΣ ημιόροφος mezzanine
Η.Π.Α. USA
ΗΡΩΟΝ ηρώον war memorial
ΗΣΥΧΙΑ ησυχία silence (hospital)

Θ

ΘΑΛΑΣΣΙΑ ΣΠΟΡ θαλάσσια σπορ water sports
ΘΑ ΣΕ ΔΩ θα σε δω *[tha se THO]* see you
ΘΕΑΤΡΟ θέατρο theatre, theater
ΘΕΡΜΑΝΣΗ θέρμανση heating
ΘΕΡΙΝΟΣ θερινός open-air cinema/movie theater
ΘΕΣΕΙΣ ΓΙΑ ΑΤΟΜΑ ΠΟΥ ΧΡΕΙΑΖΟΝΤΑΙ ΒΟΗΘΕΙΑ θέσεις γιά άτομα που χρειάζονται βοήθεια seats for the handicapped
ΘΕΣΕΙΣ ΚΑΘΗΜΕΝΩΝ θέσεις καθημένων seats
ΘΕΣΕΙΣ ΟΡΘΙΩΝ θέσεις ορθίων standing room
ΘΕΣΗ 1η/2η/ΤΟΥΡΙΣΤΙΚΗ θέση 1η/2η τουριστική 1st/2nd/tourist class
ΘΕΣΣΑΛΟΝΙΚΗ Θεσσαλονίκη Salonica
ΘΕΩΡΕΙΑ θεωρεία boxes (in theatre)
ΘΗΡΑ Θήρα Thera, Santorini
ΘΥΡΩΡΟΣ θυρωρός porter, doorman

Α	Β	Γ	Δ	Ε	Ζ	Η	Θ	Ι	Κ	Λ	Μ	Ν	Ξ	Ο	Π	Ρ	Σ	Τ	Υ	Φ	Χ	Ψ	Ω
α	β	γ	δ	ε	ζ	η	θ	ι	κ	λ	μ	ν	ξ	ο	π	ρ	σ	τ	υ	φ	χ	ψ	ω
a	v	g/y	TH	e	z	i	th	i	k	l	m	n	x	o	p	r	s	t	i	f	H	ps	o

Ι

ΙΑΜΑΤΙΚΕΣ ΠΗΓΕΣ ιαματικές πηγές spa
ΙΑΤΡΟΣ ιατρός doctor
ΙΑΤΡΕΙΟ ιατρείο surgery, doctor's office
ΙΔΙΟΚΤΗΤΟ ΠΑΡΚΙΝΓΚ ιδιόκτητο πάρκινγκ private parking
ΙΔΙΟΚΤΙΣΙΑ ΙΔΙΩΤΙΚΗ/ΚΡΑΤΙΚΗ ιδιοκτισία ιδιωτική/κρατική private/state property
ΙΔΙΩΤΙΚΗ ΠΕΡΙΟΥΣΙΑ ιδιωτική περιουσία private property
ΙΔΙΩΤΙΚΗ ΠΙΝΑΚΟΘΗΚΗ ιδιωτική πινακοθήκη private art gallery
ΙΔΙΩΤΙΚΟΣ ΔΡΟΜΟΣ ιδιωτικός δρόμος private road
ΙΕΡΟΣ ΝΑΟΣ ιερός ναός church
ΙΝΣΤΙΤΟΥΤΟ ΑΙΣΘΗΤΙΚΗΣ ινστιτούτο αισθητικής beauty parlo(u)r
ΙΠΠΟΔΡΟΜΟΣ ιππόδρομος race course (*for horses*)
ΙΡΛΑΝΔΙΑ Ιρλανδία Ireland
ΙΣΟΓΕΙΟΝ ισόγειον (*UK*) ground floor, (*US*) first floor
ΙΣΟΠΕΔΟΣ ΔΙΑΒΑΣΙΣ ισόπεδος διάβασις level crossing, railroad crossing
ΙΧΘΥΟΠΩΛΕΙΟ ιχθυοπωλείο fishmonger

Κ

Κ. (ΚΥΡΙΟΣ κύριος) Mr
Κα. (ΚΥΡΙΑ κυρία) Mrs
ΚΑΖΙΝΟ καζίνο casino
ΚΑΘΑΡΙΣΤΗΡΙΟ καθαριστήριο dry-cleaner
ΚΑΘΑΡΤΙΚΟ καθαρτικό laxative
ΚΑΘΑΡΟ ΒΑΡΟΣ καθαρό βάρος net weight
ΚΑΘΗΜΕΡΙΝΑ καθημερινά daily
ΚΑΘΗΜΕΝΟΙ/ΟΡΘΙΟΙ καθήμενοι/όρθιοι seats/standing room
ΚΑΘΗΣΤΕ καθήστε *[kathi**s**te]* please sit down
ΚΑΘΟΔΟΣ κάθοδος steep hill
ΚΑΘΥΣΤΕΡΗΣΗ καθυστέρηση delay
ΚΑΚΑΟ κακάο *[kak**a**o]* cocoa
ΚΑΛΑΜΑΡΑΚΙΑ ΤΗΓΑΝΗΤΑ καλαμαράκια τηγανητά *[kalamar**a**kia tiganit**a**]* fried squid
ΚΑΛΕΣΤΕ ΤΟΝ ΑΡΙΘΜΟ καλέστε τον αριθμό dial number
ΚΑΛΗΜΕΡΑ καλημέρα *[kalim**e**ra]* good morning
ΚΑΛΗΝΥΧΤΑ καληνύχτα *[kalin**i**нta]* good night
ΚΑΛΗΣΠΕΡΑ καλησπέρα *[kalisp**e**ra]* good afternoon, good evening
ΚΑΛΛΥΝΤΙΚΑ καλλυντικά cosmetics
ΚΑΛΟ ΠΑΣΧΑ καλό Πάσχα happy Easter
ΚΑΛΩΣ ΗΡΘΑΤΕ καλώς ήρθατε welcome
ΚΑΛΩΣ ΩΡΙΣΑΤΕ ΣΤΗΝ ... καλώς ωρίσατε στην ... welcome to ...
ΚΑΜΑΡΙΕΡΑ καμαριέρα chambermaid, maid
ΚΑΜΠΙΝΓΚ κάμπινγκ camping
ΚΑΝΕΛΛΟΝΙΑ ΓΕΜΙΣΤΑ κανελλόνια γεμιστά *[kanel**o**nia yemist**a**]* stuffed canelloni
ΚΑΝΟΝΙΣΜΟΣ κανονισμός regulations
ΚΑΠΝΙΣΤΕΣ καπνιστές smokers
ΚΑΠΝΙΣΤΗΡΙΟ καπνιστήριο smoking room
ΚΑΠΝΟΠΩΛΕΙΟ καπνοπωλείο tobacconist, tobacco store
ΚΑΡΑΜΕΛΑ καραμέλα caramel, toffee
ΚΑΡΝΑΒΑΛΙ ΤΗΣ ΠΑΤΡΑΣ καρναβάλι της Πάτρας Patras Carnival Festival

ΚΑΡΠΟΥΖΙ καρπούζι *[karpoozi]* water melon
ΚΑΡΤ ΠΟΣΤΑΛ καρτ ποστάλ post cards
ΚΑΡΥΔΟΠΙΤΤΑ καρυδόπιττα *[kariTHopita]* pie with nuts and syrup
ΚΑΣΤΡΟ κάστρο castle
ΚΑΤΑΘΕΣΗ κατάθεση deposit
ΚΑΤΑΪΦΙ καταΐφι *[kata-ifi]* dessert with honey and nuts
ΚΑΤΑΚΟΜΒΕΣ κατακόμβες catacombs
ΚΑΤΑΛΛΗΛΟ κατάλληλο U certificate
ΚΑΤΑΛΑΓΟΣ ΦΑΓΗΤΩΝ κατάλαγος φαγητών menu
ΚΑΤΑΝΑΛΩΣΗ ΠΡΙΝ ... κατανάλωση πριν ... consume before...
ΚΑΤΑΣΚΕΥΑΖΟΝΤΑΙ ΚΛΕΙΔΙΑ κατασκευάζονται κλειδιά keys cut here
ΚΑΤΑΣΤΗΜΑ ΑΦΟΡΟΛΟΓΗΤΩΝ κατάστημα αφορολογήτων duty-free
ΚΑΤΑΣΤΡΩΜΑ κατάστρωμα deck
ΚΑΤΕΙΛΗΜΕΝΟΣ κατειλημένος occupied; reserved
ΚΑΤΕΨΥΓΜΕΝΟ κατεψυγμένο *[katepsigmeno]* frozen
ΚΑΤΟΛΙΣΘΗΣΕΙΣ κατολισθήσεις falling rocks
ΚΑΤΟΣΤΑΡΙΚΟ κατοστάρικο 100 drachma note
ΚΑΤΩ κάτω down
ΚΑΦΕΚΟΠΤΕΙΟ καφεκοπτείο coffee shop/store
ΚΑΦΕ-ΜΠΑΡ καφέ-μπαρ cafe-bar
ΚΑΦΕΝΕΙΟ καφενείο cafe
ΚΑΦΕΣ ΒΑΡΥΣ ΓΛΥΚΟΣ καφές βαρύς γλυκός *[kafes varis glikos]* sweet Greek coffee
ΚΑΦΕΣ ΜΕ ΓΑΛΑ καφές με γάλα *[kafes me gala]* instant coffee with milk
ΚΑΦΕΣ ΜΕΤΡΙΟΣ καφές μέτριος *[kafes metrios]* medium sweet Greek coffee
ΚΑΦΕΤΕΡΙΑ καφετέρια cafe
ΚΕΪΚ ΜΕ ΑΜΥΓΔΑΛΑ κέϊκ με αμύγδαλα *[ke-ik me amigTHala]* almond cake
ΚΕΪΚ ΜΕ ΚΑΡΥΔΙΑ ΚΑΙ ΣΤΑΦΙΔΕΣ κέϊκ με καρύδια και σταφίδες *[ke-ik me kariTHia ke stafiTHes]* nut and sultana cake
ΚΕΪΚ ΜΕ ΜΗΛΑ κέϊκ με μήλα *[ke-ik me mila]* apple cake
ΚΕΪΚ ΣΟΚΟΛΑΤΑΣ κέϊκ σοκολάτας *[ke-ik sokolatas]* chocolate cake
ΚΕΪΚ ΦΡΟΥΤΩΝ κέϊκ φρούτων *[ke-ik frooton]* fruit cake
ΚΕΝΤΗΜΑΤΑ κεντήματα embroidery
ΚΕΝΤΡΟ κέντρο centre, center; bar
ΚΕΝΤΡΟ ΑΛΛΟΔΑΠΩΝ κέντρο αλλοδαπών aliens' department
ΚΕΡΑΜΙΚΑ κεραμικά ceramics
ΚΕΡΑΣΙΑ κεράσια *[kerasia]* cherries
ΚΕΡΚΥΡΑ Κέρκυρα Corfu
ΚΕΡΜΑ – ΚΕΡΜΑΤΑ κέρμα-κέρματα coin – coins
ΚΕΦΤΕΔΕΣ ΜΕ ΣΑΛΤΣΑ κεφτέδες με σάλτσα *[kefteTHes me saltsa]* meatballs in tomato sauce
ΚΕΦΤΕΔΕΣ ΣΤΟ ΦΟΥΡΝΟ κεφτέδες στο φούρνο *[kefteTHes sto foorno]* oven-cooked meatballs
ΚΕΦΤΕΔΕΣ ΤΗΓΑΝΗΤΟΙ κεφτέδες τηγανητοί *[kefteTHes tiganiti]* fried meatballs
ΚΗΠΟΘΕΑΤΡΟ κηποθέατρο open-air theatre/theater
ΚΗΠΟΣ κήπος garden, park
ΚΙΝΔΥΝΟΣ κίνδυνος danger
ΚΙΝΔΥΝΟΣ ΘΑΝΑΤΟΣ κίνδυνος θάνατος danger (to life)
ΚΙΝΔΥΝΟΣ ΠΥΡΚΑΓΙΑΣ κίνδυνος πυρκαγιάς fire risk
ΚΙΝΗΜΑΤΟΓΡΑΦΟΣ κινηματογράφος cinema, movie theater
ΚΚ. (ΚΥΡΙΟ) κκ. (κύριοι) Messrs
ΚΛΕΙΔΙΑ κλειδιά keys cut here
ΚΛΕΙΝΕΤΕ ΤΗΝ ΠΟΡΤΑ κλείνετε την πόρτα close the door
ΚΛΕΙΣΤΟΝ κλειστόν closed
ΚΛΕΙΣΤΟ ΤΙΣ ΚΥΡΙΑΚΕΣ ΚΑΙ ΑΡΓΙΕΣ κλειστό τις Κυριακές

Α	Β	Γ	Δ	Ε	Ζ	Η	Θ	Ι	Κ	Λ	Μ	Ν	Ξ	Ο	Π	Ρ	Σ	Τ	Υ	Φ	Χ	Ψ	Ω
α	β	γ	δ	ε	ζ	η	ϑ	ι	κ	λ	μ	ν	ξ	ο	π	ϱ	σ	τ	υ	φ	χ	ψ	ω
a	v	g/y	TH	e	z	i	th	i	k	l	m	n	x	o	p	r	s	t	i	f	H	ps	o

και αργίες closed on Sundays and public holidays
ΚΛΙΜΑΤΙΣΜΟΣ κλιματισμός air-conditioning
ΚΛΙΝΙΚΗ κλινική clinic
ΚΟΙΜΗΤΗΡΙΟ κοιμητήριο cemetery
ΚΟΙΝΟΤΙΚΟ ΓΡΑΦΕΙΟ κοινοτικό γραφείο local government office
ΚΟΚΚΙΝΟ ΞΗΡΟ ΚΡΑΣΙ κόκκινο ξηρό κρασί *[k**o**kino xir**o** kras**i**]* dry red wine
ΚΟΚΟΡΕΤΣΙ κοκορέτσι *[kokor**e**tsi]* spit-roasted lambs' intestines
ΚΟΛΟΚΥΘΑΚΙΑ ΓΕΜΙΣΤΑ ΜΕ ΡΥΖΙ κολοκυθάκια γεμιστά με ρύζι *[kolokith**a**kia yemist**a** me r**i**zi]* courgettes/zucchinis stuffed with rice
ΚΟΛΟΚΥΘΑΚΙΑ ΛΑΔΕΡΑ κολοκυθάκια λαδερά *[kolokith**a**kia laтнer**a**]* courgettes/zucchinis cooked in oil
ΚΟΛΟΚΥΘΑΚΙΑ ΤΗΓΑΝΗΤΑ κολοκυθάκια τηγανητά *[kolokith**a**kia tiganit**a**]* courgette/zucchini slices fried in oil
ΚΟΛΟΚΥΘΑΚΙΑ ΓΕΜΙΣΤΑ ΜΕ ΚΙΜΑ κολοκυθάκια γεμιστά με κιμά *[kolokith**a**kia yemist**a** me kim**a**]* courgettes/zucchinis stuffed with minced meat/ground beef
ΚΟΛΟΚΥΘΑΚΙΑ ΜΕ ΠΑΤΑΤΕΣ κολοκυθάκια με πατάτες *[kolokith**a**kia me pat**a**tes]* courgettes/zucchinis with potatoes
ΚΟΛΟΚΥΘΑΚΙΑ ΜΟΥΣΑΚΑΣ κολοκυθάκια μουσακάς *[kolokith**a**kia moosak**a**s]* courgettes/zucchinis with minced meat/ground beef
ΚΟΛΟΚΥΘΑΚΙΑ ΠΑΠΟΥΤΣΑΚΙΑ κολοκυθάκια παπουτσάκια *[kolokith**a**kia papoots**a**kia]* courgettes/zucchinis with minced meat/ground beef
ΚΟΛΟΚΥΘΑΚΙΑ ΣΑΛΑΤΑ κολοκυθάκια σαλάτα *[kolokith**a**kia sal**a**ta]* courgette/zucchini salad
ΚΟΛΟΚΥΘΟΤΥΡΟΠΙΤΤΑ κολοκυθοτυρόπιττα *[kolokithotir**o**pita]* courgette/zucchini pie
ΚΟΛΥΜΒΗΤΗΡΙΟ κολυμβήτηριο swimming pool
ΚΟΜΜΩΤΗΡΙΟ κομμωτήριο hairdresser
ΚΟΜΠΟΣΤΑ ΒΕΡΙΚΟΚΑ κομπόστα βερίκοκα *[kob**o**sta ver**i**koka]* apricot compote
ΚΟΜΠΟΣΤΑ ΔΑΜΑΣΚΗΝΑ ΞΗΡΑ κομπόστα δαμάσκηνα ξηρά *[kob**o**sta тнam**a**skina xir**a**]* prune compote
ΚΟΜΠΟΣΤΑ ΚΕΡΑΣΙ κομπόστα κεράσι *[kob**o**sta ker**a**si]* cherry compote
ΚΟΜΠΟΣΤΑ ΚΥΔΩΝΙΑ κομπόστα κυδώνια *[kob**o**sta kiтн**o**nia]* quince compote
ΚΟΜΠΟΣΤΑ ΜΗΛΑ κομπόστα μήλα *[kob**o**sta m**i**la]* apple compote
ΚΟΜΠΟΣΤΑ ΡΟΔΑΚΙΝΑ κομπόστα ροδάκινα *[kob**o**sta roтн**a**kina]* peach compote
ΚΟΜΠΟΣΤΑ ΦΡΑΟΥΛΕΣ κομπόστα φράουλες *[kob**o**sta fr**a**ooles]* strawberry compote
ΚΟΝΣΟΜΕ κονσομέ *[konsom**e**]* consommé
ΚΟΡΝΙΖΕΣ κορνίζες picture frames
Κος. (ΚΥΡΙΟΣ κύριος) Mr
ΚΟΣΜΗΜΑΤΑ κοσμήματα jewel(l)ry
ΚΟΣΜΗΜΑΤΟΠΩΛΕΙΟ κοσμηματοπωλείο jewel(l)er
ΚΟΤΑ ΒΡΑΣΤΗ κότα βραστή *[k**o**ta vrast**i**]* boiled chicken
ΚΟΤΑ ΓΕΜΙΣΤΗ κότα γεμιστή *[k**o**ta yemist**i**]* stuffed chicken
ΚΟΤΑ ΚΟΚΚΙΝΙΣΤΗ κότα κοκκινιστή *[k**o**ta kokinist**i**]* chicken in tomato sauce
ΚΟΤΑ ΠΙΛΑΦΙ ΜΙΛΑΝΕΖΑ κότα πιλάφι μιλανέζα *[k**o**ta pil**a**fi milan**e**za]* chicken pilaf with cheese sauce
ΚΟΤΑ ΨΗΤΗ ΣΤΟ ΦΟΥΡΝΟ κότα ψητή στο φούρνο *[k**o**ta psit**i** sto f**oo**rno]* roast chicken
ΚΟΤΟΛΕΤΕΣ ΑΡΝΙΣΙΕΣ ΠΑΝΕ κοτολέτες αρνίσιες πανέ *[kotol**e**tes arn**i**si-es pan**e**]* breaded lamb cutlets
ΚΟΤΟΛΕΤΕΣ ΜΟΣΧΑΡΙΣΙΕΣ ΠΑΝΕ κοτολέτες μοσχαρίσιες πανέ *[kotol**e**tes mos-нar**i**si-es pan**e**]* breaded veal cutlets
ΚΟΤΟΠΙΤΤΑ κοτόπιττα *[kot**o**pita]* chicken pie
ΚΟΤΟΠΟΥΛΟ ΓΙΟΥΒΕΤΣΙ ΜΕ ΧΥΛΟΠΙΤΤΕΣ κοτόπουλο γιουβέτσι με χυλοπίττες *[kot**o**poolo yoov**e**tsi me нilop**i**tes]* chicken with a kind of pasta
ΚΟΤΟΠΟΥΛΟ ΜΕ ΜΠΑΜΙΕΣ

κοτόπουλο με μπάμιες *[kotopoolo me bami-es]* chicken with okra
ΚΟΤΟΠΟΥΛΟ ΜΕ ΜΠΙΖΕΛΙΑ κοτόπουλο με μπιζέλια *[kotopoolo me bizelia]* chicken with peas
ΚΟΤΟΠΟΥΛΟ ΠΙΛΑΦΙ κοτόπουλο πιλάφι *[kotopoolo pilafi]* chicken pilaf
ΚΟΤΟΠΟΥΛΟ ΣΧΑΡΑΣ κοτόπουλο σχάρας *[kotopoolo s-Haras]* grilled chicken
ΚΟΥΝΕΛΙ ΜΕ ΣΑΛΤΣΑ κουνέλι με σάλτσα *[kooneli me saltsa]* rabbit with tomato sauce
ΚΟΥΝΕΛΙ ΣΤΙΦΑΔΟ κουνέλι στιφάδο *[kooneli stifaTHo]* rabbit with onion stew
ΚΟΥΝΟΥΠΙΔΙ ΒΡΑΣΤΟ ΣΑΛΑΤΑ κουνουπίδι βραστό σαλάτα *[koonoopiTHi vrasto salata]* boiled cauliflower salad
ΚΟΥΡΑΜΠΙΕΔΕΣ ΜΕ ΑΜΥΓΔΑΛΟ κουραμπιέδες με αμύγδαλο *[koorabi-eTHes me amigTHalo]* sweet biscuits/cookies with almonds
ΚΟΥΡΕΙΟ κουρείο barber
ΚΟΥΤΑΛΙΕΣ ΣΟΥΠΑΣ/ΓΛΥΚΟΥ κουταλιές σούπας/γλυκού tablespoonfuls/teaspoonfuls
ΚΡΑΣΙ (ΧΥΜΑ) κρασί (χύμα) wine (on draught)
ΚΡΑΤΗΣΕΙΣ κρατήσεις reservations
ΚΡΑΤΗΣΕΙΣ ΘΕΣΕΩΝ κρατήσεις θέσεων seat reservations
ΚΡΕΑΣ ΜΕ ΑΝΤΙΔΙΑ ΑΥΓΟΛΕΜΟΝΟ κρέας με αντίδια αυγολέμονο *[kreas me antiTHia avgolemono]* beef with endives in egg and lemon sauce
ΚΡΕΑΣ ΜΕ ΦΑΣΟΛΙΑ ΞΕΡΑ κρέας με φασόλια ξερά *[kreas me fasolia xera]* beef with dried beans
ΚΡΕΑΤΟΠΙΤΤΕΣ κρεατόπιττες *[kreatopites]* minced meat/ground beef pies
ΚΡΕΜΑ ΚΑΡΑΜΕΛΕ κρέμα καραμελέ *[krema karamele]* creme caramel
ΚΡΕΜΑ ΜΕ ΜΗΛΑ κρέμα με μήλα *[krema me mila]* apples with cream
ΚΡΕΜΑ ΜΕ ΜΠΑΝΑΝΕΣ κρέμα με μπανάνες *[krema me bananes]* bananas with cream
ΚΡΕΜΜΥΔΟΣΟΥΠΑ κρεμμυδόσουπα *[kremiTHosoopa]* onion soup
ΚΡΕΟΠΩΛΕΙΟ κρεοπωλείο butcher
ΚΡΗΤΗ Κρήτη Crete
ΚΡΥΟ κρύο cold
ΚΡΥΟ ΝΕΡΟ κρύο νερό cold water
ΚΤΕΛ public transport buses
ΚΥΔΩΝΙΑ κυδώνια *[kiTHonia]* quinces
ΚΥΔΩΝΟΠΑΣΤΟ κυδωνόπαστο *[kiTHonopasto]* thick jelly made from quince
ΚΥΛΟΤΕΣ κυλότες underpants
ΚΥΠΡΟΣ Κύπρος Cyprus
ΚΥΡ κυρ Mr
ΚΥΡΙΑ κυρία Mrs
ΚΥΡΙΑΚΗ ΑΝΟΙΚΤΟ Κυριακή ανοικτό open on Sundays
ΚΥΡΙΕΣ κυρίες plural form of Mrs
ΚΥΡΙΟΙ κύριοι Messrs
ΚΥΡΙΑΚΕΣ ΚΑΙ ΕΟΡΤΕΣ Κυριακές και Εορτές Sundays and holidays
ΚΥΡΙΟΣ κύριος Mr
ΚΩΚ κωκ *[kok]* pastry with cream and chocolate topping

Λ

Λ. avenue
ΛΑΓΟΣ ΜΕ ΣΑΛΤΣΑ λαγός με σάλτσα *[lagos me saltsa]* hare in tomato sauce
ΛΑΓΟΣ ΣΤΙΦΑΔΟ λαγός στιφάδο *[lagos stifaTHo]* hare with onion stew

Α	Β	Γ	Δ	Ε	Ζ	Η	Θ	Ι	Κ	Λ	Μ	Ν	Ξ	Ο	Π	Ρ	Σ	Τ	Υ	Φ	Χ	Ψ	Ω
α	β	γ	δ	ε	ζ	η	ϑ	ι	κ	λ	μ	ν	ξ	ο	π	ϱ	σ	τ	υ	φ	χ	ψ	ω
a	v	g/y	TH	e	z	i	th	i	k	l	m	n	x	o	p	r	s	t	i	f	H	ps	o

ΛΑΓΟΣ ΣΤΟ ΦΟΥΡΝΟ ΜΕ ΛΑΔΟΡΙΓΑΝΗ λαγός στο φούρνο με λαδορίγανη *[lagos sto foorno me laTHorigani]* oven-cooked hare with origano and oil
ΛΑΔΙΑ λάδια engine oil
ΛΑΙΚΗ ΑΓΟΡΑ λαϊκή αγορά street market
ΛΑΧΑΝΟ ΝΤΟΛΜΑΔΕΣ ΜΕ ΑΣΠΡΗ ΣΑΛΤΣΑ λάχανο ντολμάδες με άσπρη σάλτσα *[laHano dolmaTHes me aspri saltsa]* cabbage leaves stuffed with rice in white sauce
ΛΑΧΑΝΟ ΝΤΟΛΜΑΔΕΣ ΜΕ ΣΑΛΤΣΑ ΝΤΟΜΑΤΑ λάχανο ντολμάδες με σάλτσα ντομάτα *[laHano dolmaTHes me saltsa domata]* cabbage leaves stuffed with rice in tomato sauce
ΛΑΧΕΙΑ λαχεία national lottery
ΛΕΜΟΝΑΔΑ λεμονάδα *[lemonaTHa]* lemonade
ΛΕΩΦΟΡΟΣ λεωφόρος avenue
ΛΕΩΦΟΡΕΙΑ λεωφορεία buses, coaches
ΛΕΩΦΟΡΕΙΟ ΥΠ ΑΡΙΘΜ... λεωφορείο υπ αριθμ... bus number...
ΛΗΓΕΙ ΤΗΝ... λήγει την... expires on...
ΛΙΑΝΙΚΗΣ λιανικής retail
ΛΙΜΕΝΑΡΧΕΙΟ λιμεναρχείο port authorities
ΛΙΜΕΝΙΚΗ ΑΣΤΥΝΟΜΙΑ λιμενική αστυνομία harbo(u)r police
ΛΙΜΗΝ λιμήν port
ΛΙΡΑ ΑΓΓΛΙΑΣ λίρα Αγγλίας pound sterling
ΛΙΤΑΝΕΙΑ λιτανεία litany, religious procession
ΛΟΓΙΣΤΗΡΙΟΝ λογιστήριον accounts office
ΛΟΥΚΑΝΙΚΑ ΒΡΑΣΤΑ λουκάνικα βραστά *[lookanika vrasta]* boiled sausages
ΛΟΥΚΑΝΙΚΑ ΚΑΠΝΙΣΤΑ ΣΤΗ ΣΧΑΡΑ λουκάνικα καπνιστά στη σχάρα *[lookanika kapnista sti s-Hara]* grilled smoked sausages
ΛΟΥΚΑΝΙΚΑ ΤΗΓΑΝΗΤΑ λουκάνικα τηγανητά *[lookanika tiganita]* fried sausages
ΛΟΥΚΟΥΜΑΔΕΣ λουκουμάδες *[lookoomaTHes]* doughnuts served with honey
ΛΟΥΚΟΥΜΙΑ λουκούμια Turkish delight
ΛΟΥΝΑ-ΠΑΡΚ λούνα-παρκ fair ground
ΛΥΚΕΙΟ λύκειο grammar school, high school
ΛΥΡΙΚΗ ΣΚΗΝΗ λυρική σκηνή opera house

M

ΜΑΓΕΙΡΙΤΣΑ μαγειρίτσα *[mayiritsa]* Easter soup with lambs' intestines
ΜΑΓΙΟΝΕΖΑ μαγιονέζα *[mayoneza]* mayonnaise
ΜΑΙΕΥΤΗΡΙΟ μαιευτήριο maternity hospital
ΜΑΚΑΡΟΝΑΚΙ ΚΟΦΤΟ μακαρονάκικοφτό *[makaronaki kofto]* pasta
ΜΑΚΑΡΟΝΙΑ ΜΕ ΚΙΜΑ μακαρόνια με κιμά *[makaronia me kima]* spaghetti bolognaise
ΜΑΚΑΡΟΝΙΑ ΠΑΣΤΙΤΣΙΟ ΜΕ ΚΙΜΑ μακαρόνια παστίτσιο με κιμά *[makaronia pastitsio me kima]* spaghetti with rice and bechamel sauce
ΜΑΛΑΚΑ! μαλάκα! *[malaka]* wanker!
ΜΑΛΛΙΝΟ μάλλινο wool
ΜΑΝΤΑΡΙΝΙ μανταρίνι *[madarini]* mandarin
ΜΑΡΙΝΑ μαρίνα marina
ΜΑΡΜΕΛΑΔΑ ΒΕΡΙΚΟΚΟ μαρμελάδα βερίκοκο *[marmelaTHa verikoko]* apricot jam
ΜΑΡΜΕΛΑΔΑ ΚΥΔΩΝΙ μαρμελάδα κυδώνι *[marmelaTHa kiTHoni]* quince jam
ΜΑΡΜΕΛΑΔΑ ΜΗΛΟ μαρμελάδα μήλο *[marmelaTHa milo]* apple jam
ΜΑΡΜΕΛΑΔΑ ΠΟΡΤΟΚΑΛΙ μαρμελάδα πορτοκάλι *[marmelaTHa portokali]* orange marmalade
ΜΑΡΜΕΛΑΔΑ ΡΟΔΑΚΙΝΟ μαρ-

μελάδα ροδάκινο *[marmelaTHa roTHakino]* peach jam
ΜΑΡΜΕΛΑΔΑ ΦΡΑΟΥΛΑ μαρμελάδα φράουλα *[marmelaTHa fraoola]* strawberry jam
ΜΑΡΟΥΛΙΑ ΚΑΙ ΝΤΟΜΑΤΑ ΣΑΛΑΤΑ μαρούλια και ντομάτα σαλάτα *[maroolia ke domata salata]* lettuce and tomato salad
ΜΑΡΟΥΛΙΑ ΣΑΛΑΤΑ μαρούλια σαλάτα *[maroolia salata]* lettuce salad
ΜΕΓΑΛΗ ΒΡΕΤΑΝΙΑ Μεγάλη Βρετανία Great Britain
ΜΕΓΕΘΟΣ μέγεθος size
ΜΕΓΙΣΤΟ ΒΑΡΟΣ μέγιστο βάρος maximum permitted weight
ΜΕ ΔΟΣΕΙΣ με δόσεις by instal(l)ments
ΜΕΛΙΤΖΑΝΕΣ ΓΕΜΙΣΤΕΣ ΜΕ ΚΙΜΑ μελιτζάνες γεμιστές με κιμά *[melidzanes yemistes me kima]* aubergines/eggplants stuffed with minced meat/ground beef
ΜΕΛΙΤΖΑΝΕΣ ΓΙΑΧΝΙ μελιτζάνες γιαχνί *[melidzanes yiaHni]* aubergines/eggplants in tomato and onions
ΜΕΛΙΤΖΑΝΕΣ ΙΜΑΜ ΜΠΑΙΛΝΤΙ μελιτζάνες ιμάμ μπαϊλντί *[melidzanes imam ba-ildi]* aubergines/eggplants in garlic and tomato
ΜΕΛΙΤΖΑΝΕΣ ΜΟΥΣΑΚΑΣ μελιτζάνες μουσακάς *[melidzanes moosakas]* moussaka with aubergines/eggplants in mince/ground beef, potatoes and bechamel sauce
ΜΕΛΙΤΖΑΝΕΣ ΠΑΠΟΥΤΣΑΚΙΑ μελιτζάνες παπουτσάκια *[melidzanes papootsakia]* aubergines/eggplants cooked with minced meat/ground beef and tomato
ΜΕΛΙΤΖΑΝΕΣ ΤΗΓΑΝΗΤΕΣ μελιτζάνες τηγανητές *[melidzanes tiganites]* fried aubergines/eggplants
ΜΕΛΙΤΖΑΝΟΣΑΛΑΤΑ μελιτζανοσαλάτα *[melidzanosalata]* aubergine/eggplant salad
ΜΕΛΟΜΑΚΑΡΟΝΑ μελομακάρονα *[melomakarona]* sweet cakes with cinammon, nuts and syrup
ΜΕ ΝΤΟΥΣ με ντους with shower
ΜΕ ΜΠΑΝΙΟ με μπάνιο with bathroom
ΜΕ ΣΥΓΧΩΡΕΙΤΕ με συγχωρείτε *[me sin-Horite]* excuse me
ΜΕΤΑ ΑΠΟ ΣΑΣ μετά από σας *[meta apo sas]* after you
ΜΕΤΑΞΙ μετάξι silk
ΜΕΤΑΧΕΙΡΙΣΜΕΝΑ μεταχειρισμένα second hand
ΜΕΤΡΗΤΗΣ ΒΕΝΖΙΝΗΣ μετρητής βενζινης fuel gauge
ΜΗ ΕΓΓΙΖΕΤΕ μη εγγίζετε do not touch
ΜΗ ΚΑΠΝΙΖΕΤΕ μη καπνίζετε no smoking
ΜΗ ΚΑΠΝΙΣΤΕΣ μη καπνιστές non-smokers
ΜΗΛΑ μήλα *[mila]* apples
ΜΗΝ ΕΝΟΧΛΕΙΤΕ μην ενοχλείτε do not disturb
ΜΗΝ ΟΜΙΛΕΙΤΕ ΣΤΟΝ ΟΔΗΓΟ μην ομιλείτε στον οδηγό do not speak to the driver
ΜΗ ΠΑΤΑΤΕ ΤΟ ΠΡΑΣΙΝΟ/ΧΟΡΤΟ μη πατάτε το πράσινο/χόρτο keep off the grass
ΜΗ ΠΟΣΙΜΟ μη πόσιμο not for drinking
ΜΗ ΠΟΣΙΜΟ ΥΔΩΡ μη πόσιμο ύδωρ not drinking water
ΜΗΤΡΟΠΟΛΗ μητρόπολη cathedral
ΜΗ ΤΟΞΙΚΟ μη τοξικό non-toxic
ΜΙΚΤΟ ΒΑΡΟΣ μικτό βάρος gross weight
ΜΙΣΗ ΤΙΜΗ μισή τιμή half-price
ΜΝΗΜΕΙΟ μνημείο monument
ΜΟΔΕΣ μόδες fashions
ΜΟΝΑΔΙΚΗ ΕΥΚΑΙΡΙΑ μοναδική ευκαιρία special offer
ΜΟΝΑΣΤΗΡΑΚΙ Μοναστηράκι area in Athens where the flea-market is
ΜΟΝΗ μονή monastery

Α	Β	Γ	Δ	Ε	Ζ	Η	Θ	Ι	Κ	Λ	Μ	Ν	Ξ	Ο	Π	Ρ	Σ	Τ	Υ	Φ	Χ	Ψ	Ω
α	β	γ	δ	ε	ζ	η	ϑ	ι	κ	λ	μ	ν	ξ	ο	π	ϱ	σ	τ	υ	φ	χ	ψ	ω
a	v	g/y	TH	e	z	i	th	i	k	l	m	n	x	o	p	r	s	t	i	f	H	ps	o

ΜΟΝΟΔΡΟΜΟΣ μονόδρομος one-way

ΜΟΝΟ ΕΙΣΟΔΟΣ μόνο είσοδος entrance only

ΜΟΝΟ ΕΞΟΔΟΣ μόνο έξοδος exit only

ΜΟΝΟΚΛΙΝΟ ΔΩΜΑΤΙΟ μονόκλινο δωματιο single room

ΜΟΣΧΑΡΙ ΒΡΑΣΤΟ μοσχάρι βραστό *[mos-нari vrasto]* veal stew

ΜΟΣΧΑΡΙ ΚΟΚΚΙΝΙΣΤΟ μοσχάρι κοκκινιστό *[mos-нari kokinisto]* veal in tomato sauce

ΜΟΣΧΑΡΙ ΜΕ ΑΡΑΚΑ μοσχάρι με αρακά *[mos-нari me araka]* veal with peas

ΜΟΣΧΑΡΙ ΜΕ ΚΡΙΘΑΡΑΚΙ μοσχάρι με κριθαράκι *[mos-нari me kritharaki]* veal with a kind of pasta

ΜΟΣΧΑΡΙ ΜΕ ΜΕΛΙΤΖΑΝΕΣ μοσχάρι με μελιτζάνες *[mos-нari me melidzanes]* veal with aubergines/eggplants

ΜΟΣΧΑΡΙ ΜΕ ΜΠΑΜΙΕΣ μοσχάρι με μπάμιες *[mos-нari me bami-es]* veal with okra

ΜΟΣΧΑΡΙ ΜΕ ΜΠΙΖΕΛΙΑ μοσχάρι με μπιζέλια *[mos-нari me bizelia]* veal with green peas

ΜΟΣΧΑΡΙ ΜΕ ΠΑΤΑΤΕΣ ΡΑΓΟΥ μοσχάρι με πατάτες ραγού *[mos-нari me patates ragoo]* veal with potatoes cooked in tomato sauce

ΜΟΣΧΑΡΙ ΜΕ ΠΑΤΑΤΕΣ ΣΤΟ ΦΟΥΡΝΟ μοσχάρι με πατάτες στο φούρνο *[mos-нari me patates sto foorno]* veal with potatoes cooked in the oven

ΜΟΣΧΑΡΙ ΜΕ ΠΟΥΡΕ μοσχάρι με πουρέ *[mos-нari me poore]* veal with mashed potatoes

ΜΟΣΧΑΡΙ ΡΟΣΜΠΙΦ μοσχάρι ροσμπίφ *[mos-нari ros-bif]* roast beef

ΜΟΤΟΠΟΔΗΛΑΤΑ μοτοποδήλατα motorcycles

ΜΟΥΣΑΚΑΣ μουσακάς *[moosakas]* moussaka

ΜΟΥΣΕΙΟ μουσείο museum

ΜΟΥΣΙΚΑ ΟΡΓΑΝΑ μουσικά όργανα musical instruments

ΜΠΑΚΑΛΙΑΡΟΣ μπακαλιάρος *[bakaliaros]* dried cod

ΜΠΑΚΛΑΒΑΣ ΜΕ ΑΜΥΓΔΑΛΑ μπακλαβάς με αμύγδαλα *[baklavas me amigтнala]* baklava with almonds, flaky pastry dessert

ΜΠΑΚΛΑΒΑΣ ΜΕ ΚΑΡΥΔΙΑ μπακλαβάς με καρύδια *[baklavas me kariтнia]* baklava with nuts, flaky pastry dessert

ΜΠΑΜΙΕΣ ΛΑΔΕΡΕΣ μπάμιες λαδερές *[bami-es laтнeres]* okra with tomato in oil

ΜΠΑΡ μπαρ bar

ΜΠΑΣΤΑΡΔΕ! μπάσταρδε! *[bastarтнe]* bastard!

ΜΠΡΕΚΦΑΣΤ μπρέκφαστ breakfast

ΜΠΕΣΑΜΕΛ ΣΑΛΤΣΑ μπεσαμέλ σάλτσα *[beshamel saltsa]* bechamel sauce, white sauce made with cream, butter and flour

ΜΠΙΣΚΟΤΑ ΜΕ ΜΑΡΜΕΛΑΔΑ μπισκότα με μαρμελάδα *[biskota me marmelaтнa]* jam biscuits/cookies

ΜΠΙΣΚΟΤΑ ΜΕ ΣΤΑΦΙΔΕΣ μπισκότα με σταφίδες *[biskota me stafiтнes]* sultana biscuits/cookies

ΜΠΙΣΚΟΤΑ ΣΟΚΟΛΑΤΑΣ μπισκότα σοκολάτας *[biskota sokolatas]* chocolate biscuits/cookies

ΜΠΙΣΚΟΤΑΚΙΑ ΑΛΜΥΡΑ μπισκοτάκια αλμυρά *[biskotakia almira]* salty crackers

ΜΠΙΦΤΕΚΙ ΜΕ ΚΙΜΑ μπιφτέκι με κιμά *[bifteki me kima]* beef steak

ΜΠΟΝ ΦΙΛΕ μπον φιλέ *[bon file]* fillet steak

ΜΠΛΟΥΖΑΚΙΑ μπλουζάκια T-shirts

ΜΠΟΥΖΟΥΚΙΑ μπουζούκια singing and dancing club where bouzouki music is played

ΜΠΟΥΡΕΚΑΚΙΑ μπουρεκάκια *[boorekakia]* cheese pies

ΜΠΟΥΤΙΚ μπουτίκ boutique

ΜΠΡΙΖΟΛΕΣ ΒΟΔΙΝΕΣ ΣΤΗ ΣΧΑΡΑ μπριζόλες βοδινές στη σχάρα *[brizoles voтнines sti s-нara]* grilled beef steak

ΜΠΡΙΖΟΛΕΣ ΣΤΟ ΤΗΓΑΝΙ μπριζόλες στο τηγάνι *[brizoles sto tigani]* fried beef steak

ΜΠΡΙΖΟΛΕΣ ΧΟΙΡΙΝΕΣ μπριζόλες χοιρινές *[brizoles нirines]* pork chops

ΜΠΥΡΑ μπύρα *[bira]* beer

ΜΥΑΛΑ ΠΑΝΕ μυαλά πανέ *[miala*

pane] breaded beef brains

ΜΥΔΙΑ ΤΗΓΑΝΗΤΑ μύδια τηγανητά *[mitHia tiganita]* fried mussels

Ν

Ν. (ΝΟΤΙΟΣ νότιος) south

ΝΑ ΛΑΜΒΑΝΕΤΑΙ ΜΟΝΟΝ ΑΠΟ ΤΟ ΣΤΟΜΑ να λαμβάνεται μόνον από το στόμα to be taken orally

ΝΑ ΛΑΜΒΑΝΕΤΑΙ ... ΦΟΡΕΣ ΗΜΕΡΗΣΙΩΣ να λαμβάνεται ... φορές ημερησίως to be taken ... times daily

ΝΑ ΦΥΛΑΣΣΕΤΑΙ ΜΑΚΡΙΑ ΑΠΟ ΠΑΙΔΙΑ να φυλάσσεται μακριά από παιδιά keep out of the reach of children

ΝΕΚΡΟΤΑΦΕΙΟ νεκροταφείο cemetery

ΝΕΡΟ νερό *[nero]* water

ΝΕΣΚΑΦΕ νεσκαφέ (*tm*) *[neskafe]* instant coffee

ΝΗΠΙΑΓΩΓΕΙΟ νηπιαγωγείο kindergarten

ΝΟΜΑΡΧΙΑ νομαρχία local government offices

ΝΟΜΟΣ νομός county

ΝΟΣΟΚΟΜΕΙΟ νοσοκομείο hospital

ΝΤΕΜΙ ΠΑΝΣΙΟΝ ντεμί πανσιόν half board, European plan

ΝΤΟΛΜΑΔΕΣ ΑΥΓΟΛΕΜΟΝΟ ΜΕ ΚΙΜΑ ντολμάδες αυγολέμονο με κιμά *[dolmaTHes avgolemono me kima]* vine leaves with rice and egg and lemon sauce

ΝΤΟΛΜΑΔΕΣ ΓΙΑΛΑΝΤΖΙ ντολμάδες γιαλαντζί *[dolmaTHes yaladzi]* stuffed vine leaves with rice

ΝΤΟΜΑΤΕΣ ΓΕΜΙΣΤΕΣ ΜΕ ΚΙΜΑ ντομάτες γεμιστές με κιμά *[domates yemistes me kima]* stuffed tomatoes with mince/ground beef

ΝΤΟΜΑΤΟΣΑΛΑΤΑ ντοματοσαλάτα *[domatosalata]* tomato, cucumber and onion salad

ΝΥΧΤΕΡΙΝΟ ΚΕΝΤΡΟ νυχτερινό κέντρο night club

ΝΥΧΤΙΚΑ νυχτικά nightgowns

Ξ

ΞΕΝΟΔΟΧΕΙΟ ξενοδοχείο hotel

ΞΕΝΩΝ ξενών pension

ΞΕΝΩΝΑΣ ΝΕΟΤΗΤΑΣ ξενώνας νεότητας youth hostel

ΞΕΠΟΥΛΗΜΑ ξεπούλημα closing-down sale

ΞΗΡΟΙ ΚΑΡΠΟΙ ξηροί καρποί *[xiri karpi]* dried fruit/nuts

Α	Β	Γ	Δ	Ε	Ζ	Η	Θ	Ι	Κ	Λ	Μ	Ν	Ξ	Ο	Π	Ρ	Σ	Τ	Υ	Φ	Χ	Ψ	Ω
α	β	γ	δ	ε	ζ	η	ϑ	ι	κ	λ	μ	ν	ξ	ο	π	ρ	σ	τ	υ	φ	χ	ψ	ω
a	v	g/y	TH	e	z	i	th	i	k	l	m	n	x	o	p	r	s	t	i	f	H	ps	o

Ο

Ο.Α. Olympic Airways
Ο.Α.Σ. urban transport authority
Ο/Γ ferry
ΟΔΗΓΟΣ οδηγός driver
ΟΔΟΝΤΙΑΤΡΕΙΟ οδοντιατρείο dentist
ΟΔΟΣ οδός road, street
ΟΔΟΣ ΑΝΕΥ ΣΗΜΑΝΣΕΩΣ ΣΕ ΜΗΚΟΣ ... οδός άνευ σημάνσεως σε μήκος ... no road markings for ... kms
Ο.Η.Ε. UN
ΟΛΙΣΘΗΡΟ ΟΔΟΣΤΡΩΜΑ ολισθηρό οδόστρωμα slippery road surface
Ο.Λ.Π. Piraeus Port Authorities
ΟΛΥΜΠΙΑΚΗ ΑΕΡΟΠΟΡΙΑ Ολυμπιακή Αεροπορία Olympic Airways
ΟΛΥΜΠΙΑΚΟ ΣΤΑΔΙΟ Ολυμπιακό στάδιο Olympic stadium
ΟΜΕΛΕΤΑ ομελέτα *[omel**e**ta]* omelet(te)
ΟΜΕΛΕΤΑ ΛΟΥΚΑΝΙΚΑ ομελέτα λουκάνικα *[omel**e**ta look**a**nika]* sausage omelet(te)
ΟΜΕΛΕΤΑ ΣΥΚΩΤΑΚΙΑ ΠΟΥΛΙΩΝ ομελέτα συκωτάκια πουλιών *[omel**e**ta sikot**a**kia pooli**o**n]* omelet(te) with birds' intestines
ΟΠΤΙΚΑ οπτικά optician
ΟΠΩΡΟΠΩΛΕΙΟ οπωροπωλείο green-grocer
ΟΡΓΑΝΙΣΜΟΣ ΗΝΩΜΕΝΩΝ ΕΘΝΩΝ Οργανισμός Ηνωμένων Εθνών United Nations Organisation
ΟΡΕΚΤΙΚΑ ορεκτικά *[orektik**a**]* hors d'oeuvres
ΟΡΙΟ ΤΑΧΥΤΗΤΟΣ όριο ταχύτητος speed limit
ΟΡΟΦΟΣ όροφος floor, storey
ΟΡΤΥΚΙΑ ΜΕ ΣΑΛΤΣΑ ορτύκια με σάλτσα *[ort**i**kia me s**a**ltsa]* quails with tomato sauce
ΟΡΤΥΚΙΑ ΣΟΥΒΛΑΣ ορτύκια σούβλας *[ort**i**kia s**oo**vlas]* quails on the spit
Ο.Σ.Ε. Greek railways/railroad
Ο.Τ.Ε. Greek Telecommunications Organization
Ο.Υ. water authorities
ΟΥΖΕΡΙ ουζερί ouzo bar
ΟΥΖΟ ούζο *[**oo**zo]* ouzo
ΟΥΖΟ ΜΕ ΜΕΖΕ ούζο με μεζέ *[**oo**zo me mez**e**]* ouzo with a small side dish
ΟΥΖΟ ΜΕ ΠΟΙΚΙΛΙΑ ούζο με ποικιλία *[**oo**zo me pikili**a**]* ouzo with a larger side dish
ΟΥΖΟ ΣΚΕΤΟ ούζο σκέτο *[**oo**zo sk**e**to]* straight ouzo
ΟΥΡΑ ουρά queue here, line up here
ΟΦΘΑΛΜΙΑΤΡΟΣ οφθαλμίατρος optician
ΟΧΙ ΕΠΙΤΑΓΕΣ όχι επιταγές no cheques/checks
ΟΧΙ ΥΠΕΡΑΣΤΙΚΑ όχι υπεραστικά no long-distance calls

Π

ΠΑΓΩΤΟ ΚΟΚΤΑΙΗΛ παγωτό κοκταίηλ *[pagot**o** kokt**e**-il]* ice cream cocktail
ΠΑΓΩΤΟ ΚΡΕΜΑ παγωτό κρέμα *[pagot**o** kr**e**ma]* vanilla ice cream
ΠΑΓΩΤΟ ΜΕ ΒΕΡΙΚΟΚΟ παγωτό με βερίκοκο *[pagot**o** me ver**i**koko]* apricot ice cream
ΠΑΓΩΤΟ ΜΕ ΝΕΣΚΑΦΕ παγωτό με νεσκαφέ *[pagot**o** me neskaf**e**]* coffee ice cream
ΠΑΓΩΤΟ ΞΥΛΑΚΙ παγωτό ξυλάκι *[pagot**o** xil**a**ki]* ice lolly
ΠΑΓΩΤΟ ΜΠΑΝΑΝΑ παγωτό μπανάνα *[pagot**o** ban**a**na]* banana ice cream
ΠΑΓΩΤΟ ΠΥΡΑΥΛΟΣ παγωτό

πύραυλος *[pagot**o** p**i**ravlos]* ice cream cornet

ΠΑΓΩΤΟ ΣΟΚΟΛΑΤΑ παγωτό σοκολάτα *[pagot**o** sokol**a**ta]* chocolate ice cream

ΠΑΓΩΤΟ ΦΡΑΟΥΛΑ παγωτό φράουλα *[pagot**o** fr**a**oola]* strawberry ice cream

ΠΑΓΩΤΟ ΦΥΣΤΙΚΙ παγωτό φυστίκι *[pagot**o** fist**i**ki]* pistachio ice cream

ΠΑΓΩΤΟ ΧΩΝΑΚΙ παγωτό χωνάκι *[pagot**o** ʜon**a**ki]* ice cream cornet

ΠΑΖΑΡΙ παζάρι bazaar

ΠΑΙΔΙΚΑ ΕΙΔΗ παιδικά είδη children's department

ΠΑΙΔΙΚΑ ΕΣΩΡΟΥΧΑ παιδικά εσώρουχα children's underwear

ΠΑΙΔΙΚΑ ΦΟΡΜΑΚΙΑ παιδικά φορμάκια babywear, toddlers' clothes

ΠΑΙΔΙΚΟΣ ΣΤΑΘΜΟΣ παιδικός σταθμός nursery school

ΠΑΙΔΟΤΟΠΟΣ παιδότοπος children's playground

ΠΑΙΧΝΙΔΙΑ παιχνίδια toys

ΠΑΝΗΓΥΡΙ πανηγύρι festival, fair

ΠΑΝ/ΜΙΟ ΠΑΝΕΠΙΣΤΗΜΙΟ παν/μιο πανεπιστήμιο university

ΠΑΝΣΙΟΝ πανσιόν pension

ΠΑΝΤΕΣΠΑΝΙ παντεσπάνι *[padesp**a**ni]* sponge cake

ΠΑΝΤΟΠΩΛΕΙΟ παντοπωλείο general store

ΠΑΡΑΚΑΛΩ παρακαλώ *[parakal**o**]* please, don't mention it, you're welcome

ΠΑΡΑΚΑΛΩ/ΜΗ ΚΑΠΝΙΖΕΤΕ παρακαλώ/μη καπνίζετε please do not smoke

ΠΑΡΑΚΑΜΠΤΗΡΙΟΣ παρακαμπτήριος diversion

ΠΑΡΑΚΑΜΨΗ παράκαμψη diversion

ΠΑΡΑΛΑΒΗ ΑΠΟΣΚΕΥΩΝ παραλαβή αποσκευών baggage claim

ΠΑΡΑΛΙΑ παραλία beach

ΠΑΡΑΠΟΝΑ παράπονα complaints

ΠΑΡΚΙΝΓΚ πάρκινγκ parking

ΠΑΡΚΟ πάρκο park

ΠΑΡΚΟΜΕΤΡΑ παρκόμετρα parking meters

ΠΑΡΟΔΟΣ πάροδος side street

ΠΑΣΤΑ ΑΜΥΓΔΑΛΟΥ πάστα αμυγδάλου *[p**a**sta amigᴛʜ**a**loo]* almond pastry

ΠΑΣΤΑ ΝΟΥΓΚΑΤΙΝΑ πάστα νουγκατίνα *[p**a**sta noogat**i**na]* cream pastry

ΠΑΣΤΑ ΣΟΚΟΛΑΤΙΝΑ πάστα σοκολατίνα *[p**a**sta sokolat**i**na]* chocolate pastry

ΠΑΣΤΕΛΙ παστέλι *[past**e**li]* sesame seeds with honey

ΠΑΣΤΙΤΣΙΟ παστίτσιο *[past**i**tsio]* spaghetti with mince/ground beef and bechamel sauce

ΠΑΤΑΤΕΣ ΓΙΑΧΝΙ πατάτες γιαχνί *[pat**a**tes yaʜn**i**]* potatoes cooked with onion and tomato

ΠΑΤΑΤΕΣ ΚΑΙ ΚΟΛΟΚΥΘΑΚΙΑ ΣΤΟ ΦΟΥΡΝΟ πατάτες και κολοκυθάκια στο φούρνο *[pat**a**tes ke kolokith**a**kia sto f**oo**rno]* potatoes, pumpkin/squash and tomato cooked in the oven

ΠΑΤΑΤΕΣ ΜΕ ΚΟΛΟΚΥΘΑΚΙΑ πατάτες με κολοκυθάκια *[pat**a**tes me kolokith**a**kia]* potatoes with pumpkin/squash

ΠΑΤΑΤΕΣ ΜΟΥΣΑΚΑΣ πατάτες μουσακάς *[pat**a**tes moosak**a**s]* potatoes with aubergines/eggplants, mince/ground beef and bechamel sauce, moussaka

ΠΑΤΑΤΕΣ ΠΟΥΡΕ πατάτες πουρέ *[pat**a**tes poor**e**]* mashed potatoes

ΠΑΤΑΤΕΣ ΣΤΟ ΦΟΥΡΝΟ ΡΙΓΑΝΑΤΕΣ πατάτες στο φούρνο ριγανάτες *[pat**a**tes sto f**oo**rno rigan**a**tes]* potatoes baked in the oven with origano and olive oil

ΠΑΤΑΤΕΣ ΤΗΓΑΝΙΤΕΣ πατάτες τηγανιτές *[pat**a**tes tigan**i**tes]* French fries

ΠΑΤΑΤΟΣΑΛΑΤΑ πατατοσαλάτα *[patatosal**a**ta]* potato salad

ΠΑΤΖΑΡΙΑ πατζάρια *[padz**a**ria]* beetroot

Α	Β	Γ	Δ	Ε	Ζ	Η	Θ	Ι	Κ	Λ	Μ	Ν	Ξ	Ο	Π	Ρ	Σ	Τ	Υ	Φ	Χ	Ψ	Ω
α	β	γ	δ	ε	ζ	η	ϑ	ι	κ	λ	μ	ν	ξ	ο	π	ϱ	σ	τ	υ	φ	χ	ψ	ω
a	v	g/y	ᴛʜ	e	z	i	th	i	k	l	m	n	x	o	p	r	s	t	i	f	ʜ	ps	o

ΠΑΤΣΑΣ ΣΟΥΠΑ πατσάς σούπα *[patsas soopa]* tripe soup

ΠΑΥΣΙΠΟΝΟ παυσίπονο pain-killer

ΠΕΖΟΔΡΟΜΟΣ πεζόδρομος pedestrian precinct

ΠΕΙΡΑΙΑΣ Πειραιάς Piraeus

ΠΕΝΗΝΤΑΡΙΚΟ πενηντάρικο 50 drachma coin or note

ΠΕΝΤΑΚΟΣΑΡΙΚΟ πεντακοσάρικο 500 drachma note

ΠΕΠΟΝΙ πεπόνι *[peponi]* melon

ΠΕΡΑΣΤΕ ΑΡΓΟΤΕΡΑ/ΑΥΡΙΟ περάστε αργότερα/αύριο *[peraste argotera/avrio]* come back later/tomorrow

ΠΕΡΙΕΧΕΙ ΑΝΘΡΑΚΙΚΟ περιέχει ανθρακικό contains carbon dioxide

ΠΕΡΙΕΧΟΜΕΝΟ περιεχόμενο contains

ΠΕΡΙΜΕΝΕ περίμενε *[perimene]* wait

ΠΕΡΙΠΤΕΡΟ περίπτερο kiosk, selling papers, cigarettes, chocolates

ΠΙΕΣΑΤΕ πιέσατε push, press

ΠΙΛΑΦΙ ΜΕ ΓΑΡΙΔΕΣ πιλάφι με γαρίδες *[pilafi me gariTHes]* shrimp pilaf

ΠΙΛΑΦΙ ΜΕ ΜΥΔΙΑ πιλάφι με μύδια *[pilafi me miTHia]* pilaf with mussels

ΠΙΛΑΦΙ ΜΕ ΣΥΚΩΤΑΚΙΑ πιλάφι με συκωτάκια *[pilafi me sikotakia]* liver pilaf

ΠΙΝΑΚΟΘΗΚΗ πινακοθήκη art gallery

ΠΙΡΟΣΚΙ πιροσκί *[piroski]* minced meat/ground beef pies

ΠΙΣΙΝΑ πισίνα swimming pool

ΠΙΣΤΩΤΙΚΗ ΚΑΡΤΑ πιστωτική κάρτα credit card

ΠΙΤΣΑ ΜΕ ΖΑΜΠΟΝ πίτσα με ζαμπόν *[pitsa me zambon]* ham pizza

ΠΙΤΣΑ ΜΕ ΜΑΝΙΤΑΡΙΑ πίτσα με μανιτάρια *[pitsa me manitaria]* mushroom pizza

ΠΙΤΣΑ ΜΕ ΝΤΟΜΑΤΑ ΤΥΡΙ πίτσα με ντομάτα τυρί *[pitsa me domata tiri]* cheese and tomato pizza

ΠΙΤΣΑΡΙΑ πιτσαρία pizzeria

ΠΙΤΣΟΥΝΙΑ ΜΕ ΣΑΛΤΣΑ πιτσούνια με σάλτσα *[pitsoonia me saltsa]* baby pigeons in tomato sauce

ΠΙΤΣΟΥΝΙΑ ΣΤΗ ΣΟΥΒΛΑ πιτσούνια στη σούβλα *[pitsoonia sti soovla]* baby pigeons on the spit

ΠΙΤΤΑ πίττα *[pita]* pitta bread

ΠΙΤΤΑ ΜΕ ΚΙΜΑ πίττα με κιμά *[pita me kima]* minced meat/ground beef pie

ΠΛΑΣΤΙΚΑ πλαστικά plastic goods

ΠΛΑΤΕΙΑ πλατεία (city) square; stalls (*in theatre*)

ΠΛΑΤΦΟΡΜΑ πλατφόρμα platform, track

ΠΛΗΡΕΣ πλήρες full

ΠΛΗΡΟΦΟΡΙΕΣ πληροφορίες information

ΠΛΗΡΩΝΕΤΕ ΕΔΩ πληρώνετε εδώ pay here

ΠΛΟΙΑ πλοία boats

ΠΛΥΝΤΗΡΙΟ ΑΥΤΟΚΙΝΗΤΩΝ πλυντήριο αυτοκινήτων car-wash

ΠΛΥΣΙΜΟ ΜΕ ΤΟ ΧΕΡΙ πλύσιμο με το χέρι hand-wash only

ΠΟΙΟΣ ΕΙΝΑΙ; ποιός είναι; *[pios ine]* who's there?

ΠΟΛΥΤΕΛΕΙΑΣ πολυτελείας luxury class, four-star (hotel)

ΠΟΛΥΤΕΧΝΕΙΟ πολυτεχνείο πολυτεψηνιψ

ΠΟΡΤΟΚΑΛΑΔΑ πορτοκαλάδα *[portokalaTHa]* orange juice

ΠΟΡΤΟΚΑΛΙ πορτοκάλι *[portokali]* orange

ΠΟΣΙΜΟ ΥΔΩΡ πόσιμο ύδωρ drinking water

ΠΟΣΤ ΡΕΣΤΑΝΤ ποστ ρεστάντ poste restante, general delivery

ΠΟΤΟΠΩΛΕΙΟ ποτοπωλείο off-licence, liquor store

ΠΟΥΛΜΑΝ πούλμαν bus, coach

ΠΟΥΣΤΗ! πούστη! *[poosti]* queer!, poofter!

ΠΟΥΤΙΓΚΑ ΜΕ ΚΑΡΥΔΙΑ πουτίγκα με καρύδια *[pootinga me kariTHia]* pudding with nuts

ΠΟΥΤΙΓΚΑ ΜΕ ΣΤΑΦΙΔΕΣ πουτίγκα με σταφίδες *[pootinga me stafiTHes]* sultana pudding

ΠΡΑΚΤΟΡΕΙΟ ΕΦΗΜΕΡΙΔΩΝ πρακτορείο εφημερίδων newsagent, news vendor

ΠΡΑΚΤΟΡΕΙΟ ΛΑΧΕΙΩΝ πρακτορείο λαχείων place selling lottery tickets

ΠΡΑΚΤΟΡΕΙΟ ΠΡΟ-ΠΟ πρακτορείο προ-πο football pools betting shop

ΠΡΑΣΟΠΙΤΤΑ πρασόπιττα *[prasopita]* leek pie
ΠΡΑΤΗΡΙΟ ΒΕΝΖΙΝΗΣ πρατήριο βενζίνης petrol/gas station
ΠΡΕΜΙΕΡΑ πρεμιέρα première
ΠΡΕΣΒΕΙΑ πρεσβεία embassy
ΠΡΟΓΕΥΜΑ πρόγευμα breakfast
ΠΡΟΓΡΑΜΜΑ πρόγραμμα program(me); timetable, schedule
ΠΡΟΕΙΔΟΠΟΙΣΗ προειδοποίση warning
ΠΡΟΞΕΝΕΙΟ προξενείο consulate
ΠΡΟΟΡΙΣΜΟΣ προορισμός destination
ΠΡΟ-ΠΟ προ-πο football pools
ΠΡΟΣ ... προς ... to ...
ΠΡΟΣΔΕΘΗΤΕ προσδεθήτε fasten your seat belts
ΠΡΟΣΕΧΕ πρόσεχε *[proseHe]* watch out; take care
ΠΡΟΣΕΧΩΣ προσεχώς coming soon
ΠΡΟΣΘΕΤΗ ΕΠΙΒΑΡΥΝΣΗ πρόσθετη επιβάρυνση surcharge
ΠΡΟΣ ΟΡΟΦΟΥΣ προς ορόφους to staircase/lift/elevator
ΠΡΟΣ ΠΑΡΑΣΚΗΝΙΑ προς παρασκήνια to dressing rooms
ΠΡΟΣΟΧΗ προσοχή caution
ΠΡΟΣΟΧΗ ΑΡΓΑ προσοχή αργά caution: slow
ΠΡΟΣΟΧΗ ΕΞΟΔΟΣ ΟΧΗΜΑΤΩΝ προσοχή έξοδος οχημάτων caution: vehicle exit
ΠΡΟΣΟΧΗ ΕΥΦΛΕΚΤΟΝ προσοχή εύφλεκτον caution: highly inflammable
ΠΡΟΣΟΧΗ ΚΙΝΔΥΝΟΣ προσοχή κίνδυνος caution: danger
ΠΡΟΣΟΧΗ ΣΚΥΛΟΣ προσοχή σκύλος beware of the dog
ΠΡΟΣΟΧΗ ΣΤΑ ΤΣΙΓΑΡΑ ΣΑΣ προσοχή στα τσιγάρα σας be careful with your cigarettes
ΠΡΟΣΟΧΗ ΧΡΩΜΑΤΑ/ΜΠΟΓΙΕΣ προσοχή χρώματα/μπογιές wet paint
ΠΡΟΣΤΙΜΟ πρόστιμο penalty, fine
ΠΡΟΣΦΟΡΑ προσφορά special bargain
ΠΡΟΣΦΟΡΑ ΓΝΩΡΙΜΙΑΣ προσφορά γνωριμίας introductory offer
ΠΡΟΦΥΛΑΚΤΙΚΑ προφυλακτικά contraceptives
ΠΡΩΤΕΣ ΒΟΗΘΕΙΕΣ πρώτες βοήθειες first aid
ΠΡΩΤΗ ΘΕΣΗ πρώτη θέση first class
ΠΟΔΗΛΑΤΑ ποδήλατα bicycles
ΠΤΗΣΕΙΣ ΕΞΩΤΕΡΙΚΟΥ πτήσεις εξωτερικού international flights
ΠΤΗΣΕΙΣ ΕΣΩΤΕΡΙΚΟΥ πτήσεις εσωτερικού domestic flights
ΠΥΖΑΜΕΣ πυζάμες pyjamas, pajamas
ΠΥΡΟΣΒΕΣΤΗΡ πυροσβεστήρ fire extinguisher
ΠΥΡΟΣΒΕΣΤΙΚΗ ΦΩΛΙΑ πυροσβεστική φωλιά fire hose
ΠΩΛΕΙΤΑΙ πωλείται for sale

Ρ

ΡΑΒΙΟΛΙΑ ραβιόλια *[raviolia]* ravioli
ΡΑΔΙΟΦΩΝΟ ραδιόφωνο radio
ΡΑΛΛΥ ΑΚΡΟΠΟΛΙΣ ράλλυ Ακρόπολις Acropolis rally
ΡΑΦΕΙΟ ραφείο tailor
ΡΕΒΑΝΙ ρεβανί *[revani]* very sweet sponge cake
ΡΕΒΥΘΙΑ ΣΟΥΠΑ ρεβύθια σούπα *[revithia soopa]* chickpea soup
ΡΕΣΕΨΙΟΝ ρεσεψιόν reception
ΡΕΤΣΙΝΑ ρετσίνα *[retsina]* retsina (resinous wine)
ΡΟΔΑΚΙΝΑ ροδάκινα *[roTHakina]* peaches
ΡΟΔΟΣ Ρόδος Rhodes

Α	Β	Γ	Δ	Ε	Ζ	Η	Θ	Ι	Κ	Λ	Μ	Ν	Ξ	Ο	Π	Ρ	Σ	Τ	Υ	Φ	Χ	Ψ	Ω
α	β	γ	δ	ε	ζ	η	θ	ι	κ	λ	μ	ν	ξ	ο	π	ρ	σ	τ	υ	φ	χ	ψ	ω
a	v	g/y	TH	e	z	i	th	i	k	l	m	n	x	o	p	r	s	t	i	f	H	ps	o

ΡΟΣΜΠΙΦ ΑΡΝΙ Η ΜΟΣΧΑΡΙ ροσμπίφ αρνί ή μοσχάρι *[ros-bif arni i mos-Hari]* roast beef, lamb or veal
ΡΟΥΛΩ ΜΕ ΚΙΜΑ ρουλώ με κιμά *[roolo me kima]* rolled mince/ground beef with egg
ΡΥΖΙ ΣΟΥΠΑ ρύζι σούπα *[rizi soopa]* rice soup
ΡΥΖΟΓΑΛΟ ρυζόγαλο *[rizogalo]* rice pudding
ΡΩΣΙΚΗ ΣΑΛΑΤΑ ρωσική σαλάτα *[rosiki salata]* Russian salad

Σ

ΣΑΓΙΟΝΑΡΕΣ σαγιονάρες beach sandals, flip-flops
ΣΑΛΑΤΑ ΜΑΡΟΥΛΙΑ σαλάτα μαρούλια *[salata maroolia]* lettuce salad
ΣΑΛΑΤΑ ΝΤΟΜΑΤΕΣ ΚΑΙ ΑΓΓΟΥΡΙΑ σαλάτα ντομάτες και αγγούρια *[salata domates ke agooria]* tomato and cucumber salad
ΣΑΛΑΤΑ ΠΑΝΤΖΑΡΙΑ σαλάτα παντζάρια *[salata padzaria]* beetroot salad
ΣΑΛΑΤΑ ΣΠΑΡΑΓΓΙΑ σαλάτα σπαράγγια *[salata sparagia]* asparagus salad
ΣΑΛΑΤΑ–ΚΑΡΟΤΑ–ΝΤΟΜΑΤΕΣ σαλάτα–καρότα–ντομάτες *[salata karota domates]* carrot and tomato salad
ΣΑΛΑΤΑ ΚΟΛΟΚΥΘΑΚΙΑ σαλάτα κολοκυθάκια *[salata kolokithakia]* courgette/zucchini salad
ΣΑΛΑΤΑ ΚΟΥΝΟΥΠΙΔΙ ΒΡΑΣΤΟ σαλάτα κουνουπίδι βραστό *[salata koonoopiTHI vrasto]* boiled cauliflower salad
ΣΑΛΑΤΑ ΜΑΡΟΥΛΙΑ ΚΑΙ ΝΤΟΜΑΤΑ σαλάτα μαρούλια και ντομάτα *[salata maroolia ke domata]* lettuce and tomato salad
ΣΑΛΑΤΑ ΜΑΡΟΥΛΙΑ ΜΕ ΑΥΓΑ σαλάτα μαρούλια με αυγά *[salata maroolia me avga]* lettuce and egg salad
ΣΑΛΑΤΑ ΜΕΛΙΤΖΑΝΕΣ σαλάτα μελιτζάνες *[salata melidzanes]* aubergine/eggplant salad
ΣΑΛΑΤΑ ΝΤΟΜΑΤΕΣ-ΠΙΠΕΡΙΕΣ σαλάτα ντομάτες-πιπεριές *[salata domates piperi-es]* tomato and green pepper salad
ΣΑΛΑΤΑ ΤΑΡΑΜΑ σαλάτα ταραμά *[salata tarama]* taramasalata, fish roe pâté
ΣΑΛΑΤΑ ΧΟΡΤΑ ΒΡΑΣΜΕΝΑ σαλάτα χόρτα βρασμένα *[salata Horta vrazmena]* chicory salad
ΣΑΛΑΤΑ ΧΩΡΙΑΤΙΚΗ σαλάτα χωριάτικη *[salata Horiatiki]* peasants' salad: tomatoes, cucumber and feta cheese
ΣΑΛΙΓΚΑΡΙΑ σαλιγκάρια *[saligaria]* snails
ΣΑΛΟΝΙ σαλόνι lounge
ΣΑΛΤΣΑ ΝΤΟΜΑΤΑ σάλτσα ντομάτα *[saltsa domata]* tomato sauce
ΣΑΜΠΟΥΑΝ σαμπουάν shampoos
ΣΑΝΤΟΥΙΤΣ σάντουιτς *[santwits]* sandwiches
ΣΒΗΣΤΕ ΤΗ ΜΗΧΑΝΗ σβήστε τη μηχανή switch off engine
ΣΕΙΡΑ σειρά row (of seats)
ΣΕ ΛΙΓΟ σε λίγο *[se ligo]* in a little while
ΣΕ ΠΕΡΙΠΤΩΣΗ ΑΝΑΓΚΗΣ ΣΠΑΣΤΕ ΤΟ ΤΖΑΜΙ σε περίπτωση ανάγκης σπάστε το τζάμι in emergency break glass
ΣΕ ΤΙΜΕΣ ΚΟΣΤΟΥΣ σε τιμές κόστους at cost price
ΣΗΚΩΣΤΕ ΤΟ ΑΚΟΥΣΤΙΚΟ σηκώστε το ακουστικό lift receiver
ΣΗΜΑ ΚΙΝΔΥΝΟΥ σήμα κινδύνου communication cord, emergency brake
ΣΗΜΑ ΣΤΟΝ ΟΔΗΓΟ σήμα στον οδηγό push to stop
ΣΗΜΕΙΟ ΣΥΝΑΝΤΗΣΕΩΣ σημείο συναντήσεως meeting point
ΣΗΜΕΡΑ σήμερα *[simera]* today
ΣΗΜΕΡΟΝ σήμερον showing today
ΣΙΔΗΡΟΔΡΟΜΙΚΟΣ ΣΤΑΘΜΟΣ σιδηροδρομικός σταθμός railway station, railroad station
ΣΙΡΟΠΙ σιρόπι syrup

ΣΙΝΕΜΑ σινεμά cinema, movie theater
ΣΚΑΛΕΣ σκάλες stairs
ΣΚΑΛΤΣΟΥΝΙΑ σκαλτσούνια nuts and raisins with icing
ΣΚΗΝΕΣ σκηνές tents
ΣΚΟΡΔΑΛΙΑ ΜΕ ΨΩΜΙ σκορδαλιά με ψωμί *[skorTHalia me psomi]* garlic bread
ΣΚΩΤΙΑ Σκωτία Scotland
ΣΟΚΟΛΑΤΑ σοκολάτα *[sokolata]* chocolate
ΣΟΚΟΛΑΤΑΚΙΑ σοκολατάκια *[sokolatakia]* little chocolate cakes
ΣΟΥΒΛΑΚΙΑ ΑΠΟ ΚΡΕΑΣ ΑΡΝΙΣΙΟ σουβλάκια από κρέας αρνίσιο *[soovlakia apo kreas arnisio]* lamb kebab
ΣΟΥΒΛΑΚΙΑ ΑΠΟ ΚΡΕΑΣ ΜΟΣΧΑΡΙΣΙΟ σουβλάκια από κρέας μοσχαρίσιο *[soovlakia apo kreas mos-Harisio]* veal kebab
ΣΟΥΒΛΑΚΙΑ ΑΠΟ ΚΡΕΑΣ ΧΟΙΡΙΝΟ σουβλάκια από κρέας χοιρινό *[soovlakia apo kreas Hirino]* pork kebab
ΣΟΥΠΑ ΠΑΤΣΑΣ σούπα πατσάς *[soopa patsas]* soup made from tripe
ΣΟΥΠΑ ΤΡΑΧΑΝΑΣ σούπα τραχανάς *[soopa traHanas]* noodle soup
ΣΟΥΠΑ ΦΑΚΕΣ σούπα φακές *[soopa fakes]* lentil soup
ΣΟΥΠΑ ΦΑΣΟΛΙΑ σούπα φασόλια *[soopa fasolia]* bean soup
ΣΟΥΠΕΡ ΒΕΝΖΙΝΗ σούπερ βενζίνη four-star petrol, premium (gas)
ΣΟΥΠΕΡ-ΜΑΡΚΕΤ σούπερ-μάρκετ supermarket
ΣΟΥΠΙΕΣ ΤΗΓΑΝΗΤΕΣ σουπιές τηγανητές *[soopi-es tiganites]* fried cuttlefish
ΣΟΥΤΖΟΥΚΑΚΙΑ σουτζουκάκια *[sootzookakia]* spicy meatballs in tomato sauce
ΣΟΥΦΛΕ σουφλέ *[soofle]* soufflé
ΣΠΑΓΓΕΤΟ ΜΕ ΖΑΜΠΟΝ ΠΑΣΤΙΤΣΙΟ σπαγγέτο με ζαμπόν παστίτσιο *[spageto me zambon pastitsio]* spaghetti with ham and bechamel
ΣΠΑΝΑΚΟΠΙΤΤΕΣ σπανακόπιττες *[spanakopites]* spinach pies
ΣΠΑΝΑΚΟΡΥΖΟ σπανακόρυζο *[spanakorizo]* spinach with boiled rice
ΣΠΑΝΑΚΟΤΥΡΟΠΙΤΤΑ σπανακοτυρόπιττα *[spanakotiropita]* spinach and cheese pie
ΣΠΑΡΑΓΓΙΑ ΣΑΛΑΤΑ σπαράγγια σαλάτα *[sparagia salata]* asparagus salad
ΣΠΗΛΑΙΟ σπήλαιο cave
ΣΠΛΗΝΕΣ ΓΕΜΙΣΤΕΣ σπλήνες γεμιστές *[splines yemistes]* stuffed spleens
ΣΤΑΔΙΟ στάδιο stadium
ΣΤΑΘΜΟΣ ΑΝΕΦΟΔΙΑΣΜΟΥ ΘΑΛΑΜΗΓΩΝ σταθμός ανεφοδιασμού θαλαμηγών yacht refuelling station
ΣΤΑΘΜΟΣ ΛΕΩΦΟΡΕΙΩΝ σταθμός λεωφορείων bus station
ΣΤΑΘΜΟΣ ΠΡΩΤΩΝ ΒΟΗΘΕΙΩΝ σταθμός πρώτων βοηθειών first aid post
ΣΤΑΘΜΟΣ ΤΑΞΙ σταθμός ταξί taxi rank
ΣΤΑΘΜΟΣ ΥΠΕΡΑΣΤΙΚΩΝ ΛΕΩΦΟΡΕΙΩΝ σταθμός υπεραστικών λεωφορείων long-distance coach/bus station
ΣΤΑΘΜΟΣ ΧΩΡΟΦΥΛΑΚΗΣ σταθμός χωροφυλακής police station
ΣΤΑΣΗ στάση stop (*for bus, train*)
ΣΤΑΣΗ ΑΣΤΙΚΩΝ ΣΥΓΚΟΙΝΩΝΙΩΝ στάση αστικών συγκοινωνιών city bus stop
ΣΤΑΣΗ ΤΑΞΙ στάση ταξί taxis
ΣΤΑΦΥΛΙΑ σταφύλια grapes
ΣΤΕΓΝΟ ΚΑΘΑΡΙΣΜΑ ΜΟΝΟΝ στεγνό καθάρισμα μόνον dry-clean only
ΣΤΙΒΟΣ στίβος athletics stadium
ΣΤΙΦΑΔΟ στιφάδο *[stifaTHo]* chopped meat in onions
ΣΤΟ ΔΙΑΟΛΟ! στο διάολο! *[sto THia-*

Α	Β	Γ	Δ	Ε	Ζ	Η	Θ	Ι	Κ	Λ	Μ	Ν	Ξ	Ο	Π	Ρ	Σ	Τ	Υ	Φ	Χ	Ψ	Ω
α	β	γ	δ	ε	ζ	η	θ	ι	κ	λ	μ	ν	ξ	ο	π	ρ	σ	τ	υ	φ	χ	ψ	ω
a	v	g/y	TH	e	z	i	th	i	k	l	m	n	x	o	p	r	s	t	i	f	H	ps	o

olo] go to hell!
ΣΤΟΠ στοπ stop
ΣΤΡΟΦΕΣ στροφές bends
ΣΥΓΓΝΩΜΗ συγγνώμη *[signomi]* sorry
ΣΥΚΑ σύκα *[sika]* figs
ΣΥΚΩΤΑΚΙΑ ΠΙΛΑΦΙ συκωτάκια πιλάφι *[sikotakia pilafi]* liver pilaf
ΣΥΚΩΤΑΚΙΑ ΣΤΗ ΣΧΑΡΑ συκωτάκια στη σχάρα *[sikotakia sti s-нara]* grilled liver
ΣΥΚΩΤΑΚΙΑ ΤΗΓΑΝΗΤΑ συκωτάκια τηγανητά *[sikotakia tiganita]* fried liver
ΣΥΝΑΛΛΑΓΜΑ συνάλλαγμα foreign exchange
ΣΥΝΑΥΛΙΑ ΤΡΑΓΟΥΔΙΟΥ συναυλία τραγουδιού concert *(singing)*
ΣΥΝ/ΓΕΙΟ ΣΥΝΕΡΓΕΙΟ συν/γειο συνεργείο auto repairs
ΣΥΝΕΡΓΕΙΟ ΑΥΤΟΚΙΝΗΤΩΝ συνεργείο αυτοκινήτων auto repairs
ΣΥΝΘΕΤΙΚΟ συνθετικό synthetic
ΣΥΡΑΤΕ σύρατε pull
ΣΥΡΙΓΓΕΣ σύριγγες syringes
ΣΥΣΚΕΥΑΣΙΑ ΣΕ ΚΕΝΟ ΑΕΡΟΣ συσκευασία σε κενό αέρος vacuum-packed
ΣΥΣΤΑΤΙΚΑ συστατικά ingredients
ΣΥΣΤΗΜΕΝΑ συστημένα registered letters
ΣΧΟΛΕΙΟ σχολείο school
ΣΧΟΛΙΚΑ σχολικά school items

Τ

ΤΑΒΕΡΝΑ ταβέρνα tavern
ΤΑΒΛΙ τάβλι back-gammon
ΤΑΙΝΙΑ ΕΛΕΓΧΟΥ ταινία ελέγχου government sticker for customs purposes
ΤΑΛΗΡΟ τάληρο 5 drachma coin
ΤΑΜΕΙΟ(Ν) ταμείο(ν) cashier, cashpoint
ΤΑΜΙΕΥΤΗΡΙΟ ταμιευτήριο savings bank
ΤΑΞΙΔΙΩΤΙΚΕΣ ΕΠΙΤΑΓΕΣ ταξιδιωτικές επιταγές traveller's cheques, traveler's checks
ΤΑΡΑΜΟΣΑΛΑΤΑ ταραμοσαλάτα *[taramosalata]* taramasalata, fish roe pâté
ΤΑ ΡΕΣΤΑ ΣΑΣ τα ρέστα σας *[ta resta sas]* here's your change
ΤΑΡΙΦΑ ταρίφα tariff
ΤΑΡΤΑ ΜΕ ΚΕΡΑΣΙΑ τάρτα με κεράσια *[tarta me kerasia]* cherry tart
ΤΑΡΤΑ ΜΕ ΦΡΑΟΥΛΕΣ τάρτα με φράουλες *[tarta me fraooles]* strawberry tart
ΤΑΡΤΑ ΜΗΛΟΥ τάρτα μήλου *[tarta miloo]* apple tart
ΤΑΧΥΔΡΟΜΕΙΟ ταχυδρομείο post office savings bank
ΤΕΛΕΥΤΑΙΑ ΠΑΡΑΣΤΑΣΗ τελευταία παράσταση last performance

ΤΕΛΟΣ τέλος end
ΤΕΛΩΝΕΙΟ τελωνείο customs
ΤΕΧΝΗΤΟ ΧΡΩΜΑ τεχνητό χρώμα artificial colo(u)ring
ΤΖΑΤΖΙΚΙ τζατζίκι *[tzatziki]* yogurt, cucumber, garlic and oil salad
ΤΗΓΑΝΙΤΕΣ τηγανίτες *[tiganites]* pancakes
ΤΗΛΕΓΡΑΦΗΜΑΤΑ τηλεγραφήματα telegrams
ΤΗΛΕΓΡΑΦΙΚΗ ΕΝΤΟΛΗ τηλεγραφική εντολή money order (by telegram)
ΤΗΛΕΦΩΝΙΚΗ ΕΝΤΟΛΗ τηλεφωνική εντολή money order (by telephone)
ΤΗΛΕΦΩΝΙΚΟΣ ΘΑΛΑΜΟΣ τηλεφωνικός θάλαμος telephone box
ΤΗΛΕΟΡΑΣΗ τηλεόραση television
ΤΗΛΕΦΩΝΟ τηλέφωνο telephone
ΤΗΝ ΚΥΡΙΑΚΗ ΑΝΟΙΚΤΟ την Κυριακή ανοικτό open on Sundays
ΤΙΜΕΣ ΑΠΟΘΗΚΗΣ τιμές αποθήκης wholesale prices
ΤΙΜΗ τιμή price
ΤΙΜΗ ΑΓΟΡΑΣ τιμή αγοράς buying rate
ΤΙΜΗ ΑΝΕΥ ΠΟΣΟΣΤΩΝ τιμή άνευ ποσοστών price exclusive of extras
ΤΙΜΗ ΔΩΜΑΤΙΟΥ τιμή δωματίου

room price
ΤΙΜΗ ΚΑΤ' ΑΤΟΜΟ τιμή κατ' άτομο price per person
ΤΙΜΗ ΚΛΙΝΗΣ τιμή κλίνης price per bed
ΤΙΜΗ ΜΕΤΑ ΠΟΣΟΣΤΩΝ τιμή μετά ποσοστών price inclusive of extras
ΤΙΜΗ ΠΩΛΗΣΗΣ τιμή πώλησης selling rate
ΤΟ ΑΣΑΝΣΕΡ ΔΕΝ ΕΙΝΑΙ ΑΥΤΟΜΑΤΟ το ασανσέρ δεν είναι αυτόματο non-automatic lift/elevator
ΤΟ ΔΕΛΤΙΟ ΑΓΟΡΑΣ ΕΙΝΑΙ ΑΠΑΡΑΙΤΗΤΟ το δελτίο αγοράς είναι απαραίτητο goods may not be exchanged without a receipt
ΤΟΙΣ ΜΕΤΡΗΤΟΙΣ τοις μετρητοίς cash only, no credit cards
ΤΟ ΚΑΤΑΣΤΗΜΑ ΜΕΤΑΦΕΡΘΗΚΕ ΕΙΣ ... το κατάστημα μεταφέρθηκε εις ... we have moved to ...
ΤΟ ΚΟΜΜΑΤΙ το κομμάτι per item
ΤΟΚΟΣ τόκος interest
ΤΟΞΙΚΟ τοξικό toxic
ΤΟΠΙΚΟ ΤΗΛΕΦΩΝΗΜΑ τοπικό τηλεφώνημα local call
ΤΟΣΤ τοστ *[tost]* toasted sandwiches
ΤΟΥΑΛΕΤΕΣ τουαλέτες toilets, rest rooms
ΤΟΥΡΙΣΤΙΚΗ ΑΣΤΥΝΟΜΙΑ τουριστική αστυνομία tourist police
ΤΟΥΡΚΙΑ Τουρκία Turkey
ΤΟΥΡΤΑ ΑΜΥΓΔΑΛΟΥ τούρτα αμυγδάλου *[t**oo**rta amigτHal**oo**]* almond cake
ΤΟΥΡΤΑ ΚΡΕΜΑ ΜΕ ΦΡΑΟΥΛΕΣ τούρτα κρέμα με φράουλες *[t**oo**rta kr**e**ma me fr**a**ooles]* cake with strawberries and cream
ΤΟΥΡΤΑ ΜΕ ΚΟΜΠΟΣΤΑ τούρτα με κομπόστα *[t**oo**rta me kob**o**sta]* cake with compote
ΤΟΥΡΤΑ ΣΟΚΟΛΑΤΑΣ τούρτα σοκολάτας *[t**oo**rta sokol**a**tas]* chocolate cake
ΤΡΑΠΕΖΑ τράπεζα bank
ΤΡΑΠΕΖΑΡΙΑ τραπεζαρία dining room
ΤΡΙΚΛΙΝΟ ΔΩΜΑΤΙΟ τρίκλινο δωμάτιο triple room
ΤΡΙΤΗ ΘΕΣΗ τρίτη θέση third class
ΤΡΟΥΦΑΚΙΑ τρουφάκια *[troof**a**kia]* small chocolate fudge cake
ΤΡΟΧΑΙΑ τροχαία traffic police
ΤΣΑΪ τσάι *[ts**a**i]* tea
ΤΣΑΝΤΕΣ ΜΠΑΝΙΟΥ τσάντες μπάνιου beach bags; toilet bags
ΤΣΙΓΑΡΑ τσιγάρα cigarettes
ΤΣΙΠΟΥΡΕΣ ΑΥΓΟΛΕΜΟΝΟ τσιπούρες αυγολέμονο *[tsip**oo**res avgol**e**mono]* flatfish with egg and lemon sauce
ΤΣΙΡΚΟ τσίρκο circus
ΤΣΙΡΟΙ ΤΗΓΑΝΗΤΟΙ τσίροι τηγανητοί *[ts**i**ri tiganit**i**]* fried mackerel
ΤΣΟΥΡΕΚΙΑ τσουρέκια *[tsoor**e**kia]* sweet bun with fresh butter (at Christmas)
ΤΥΡΟΠΙΤΤΑ τυρόπιττα *[tir**o**pita]* cheese pie
ΤΥΡΟΠΙΤΤΑΚΙΑ τυροπιττάκια *[tiropit**a**kia]* small cheese pies

Υ

ΥΑΛΙΚΑ υαλικά glassware
ΥΓΙΕΙΝΕΣ ΤΡΟΦΕΣ υγιεινές τροφές health foods
ΥΔΡΑΥΛΙΚΑ υδραυλικά plumber
ΥΠΕΡΑΣΤΙΚΑ ΛΕΩΦΟΡΕΙΑ υπεραστικά λεωφορεία long-distance buses
ΥΠΕΡΑΣΤΙΚΟ ΤΗΛΕΦΩΝΗΜΑ υπεραστικό τηλεφώνημα long-distance call

Α	Β	Γ	Δ	Ε	Ζ	Η	Θ	Ι	Κ	Λ	Μ	Ν	Ξ	Ο	Π	Ρ	Σ	Τ	Υ	Φ	Χ	Ψ	Ω
α	β	γ	δ	ε	ζ	η	ϑ	ι	κ	λ	μ	ν	ξ	ο	π	ρ	σ	τ	υ	φ	χ	ψ	ω
a	v	g/y	TH	e	z	i	th	i	k	l	m	n	x	o	p	r	s	t	i	f	H	ps	o

ΥΠΕΡΠΟΛΥΤΕΛΕΙΑΣ υπερπο-
λυτελείας five-star (hotel)
ΥΠΟΓΕΙΟ υπόγειο basement
ΥΠΟΔΗΜΑΤΑ υποδήματα footwear
ΥΠΟΔΗΜΑΤΑ ΓΥΝΑΙΚΕΙΑ
υποδήματα γυναικεία ladies' shoes
ΥΠΟΔΗΜΑΤΟΠΟΙΕΙΟ υποδημα-
τοποιείο shoe shop/store, shoemaker
ΥΠΟΘΕΤΑ υπόθετα suppositories
ΥΠΟΥΡΓΕΙΟ υπουργείο ministry
ΥΠΟΥΡΓΕΙΟ ΔΗΜΟΣΙΑΣ
ΤΑΞΗΣ υπουργείο δημοσίας
τάξης Ministry of Public Order
ΥΠΟΥΡΓΕΙΟ ΔΙΚΑΙΟΣΥΝΗΣ
υπουργείο δικαιοσύνης Ministry of
Justice

ΥΠΟΥΡΓΕΙΟ ΕΜΠΟΡΙΟΥ υπου-
ργείο εμπορίου Ministry of
Commerce
ΥΠΟΥΡΓΕΙΟ ΕΞΩΤΕΡΙΚΩΝ υπου-
ργείο εξωτερικών Foreign Office,
State Department
ΥΠΟΥΡΓΕΙΟ ΕΣΩΤΕΡΙΚΩΝ υπου-
ργείο εσωτερικών Ministry of In-
ternal Affairs
ΥΠΟΥΡΓΕΙΟ ΝΑΥΤΙΛΙΑΣ
υπουργείο ναυτιλίας Ministry of
Shipping
ΥΦΑΣΜΑΤΑ υφάσματα cloth
ΥΠΟΓΕΙΑ ΔΙΑΒΑΣΗ ΠΕΖΩΝ
υπόγεια διάβαση πεζών pedestrian
subway

Φ

ΦΑΒΑ φάβα *[fava]* chickpea soup
ΦΑΡΜΑΚΕΙΟ φαρμακείο chemist,
pharmacy
ΦΑΣΟΛΑΚΙΑ ΠΡΑΣΙΝΑ ΓΙΑΧ-
ΝΙ φασολάκια πράσινα γιαχνί *[fas-
olakia prasina yiahni]* runner beans with
onions and tomato
ΦΑΣΟΛΙΑ ΓΙΓΑΝΤΕΣ ΓΙΑΧ-
ΝΙ φασόλια γίγαντες γιαχνί *[fas-
olia yigades yiahni]* broad beans with
onions and tomato
ΦΑΣΟΛΙΑ ΓΙΓΑΝΤΕΣ ΣΤΟ ΦΟ-
ΥΡΝΟ φασόλια γίγαντες στο
φούρνο *[fasolia yigades sto foorno]*
oven-cooked broad beans
ΦΑΣΟΛΙΑ ΣΟΥΠΑ φασόλια σούπα
[fasolia soopa] bean soup
ΦΕΡΥ-ΜΠΩΤ φέρυ-μπωτ ferry
ΦΕΣΤΙΒΑΛ ΑΘΗΝΩΝ φεστιβάλ
Αθηνών Athens Cultural Festival
ΦΕΣΤΙΒΑΛ ΙΘΑΚΗΣ φεστιβάλ
Ιθάκης Ithaca Cultural Festival
ΦΕΣΤΙΒΑΛ ΚΙΝΗΜΑΤΟΓΡΑ-
ΦΟΥ ΘΕΣΣΑΛΟΝΙΚΗΣ φεστιβάλ
κινηματογράφου Θεσσαλονίκης Sa-
lonica Film Festival
ΦΕΣΤΙΒΑΛ ΤΡΑΓΟΥΔΙΟΥ φε-
στιβάλ τραγουδιού Salonica Song
Festival
ΦΕΤΑ φέτα *[feta]* feta, type of Greek
sour cheese

ΦΙΔΕ ΝΤΟΜΑΤΟΣΟΥΠΑ φιδέ
ντοματόσουπα *[fithe domatosoopa]*
tomato soup with vermicelli
ΦΙΛΕ ΜΙΝΙΟΝ φιλέ μινιόν *[file
minion]* thin fillet steak, fillet mignon
ΦΙΛΜ φιλμ films
ΦΙΛΟΔΩΡΗΜΑ φιλοδώρημα tip
ΦΟΙΤΗΤΙΚΑ ΕΙΣΙΤΗΡΙΑ φοιτη-
τικά εισιτήρια student tickets
ΦΟΝΤΑΝ ΑΜΥΓΔΑΛΟΥ φοντάν
αμυγδάλου *[fondan amigthaloo]* nut
sweets/candies
ΦΟΝΤΑΝ ΙΝΔΙΚΗΣ ΚΑΡΥΔΑΣ
φοντάν ινδικής καρύδας *[fondan
inthikis karithas]* coconut sweets/
candies
ΦΟΡΤΗΓΑ φορτηγά lorries, trucks
ΦΟΥΑΓΙΕ φουαγιέ foyer
ΦΟΥΑ ΓΚΡΑ φουά γκρα *[fooa gra]*
foie gras
ΦΡΑΠΕ φραπέ *[frape]* iced coffee
ΦΡΕΝΑ φρένα brakes
ΦΡΑΟΥΛΕΣ φράουλες *[fraooles]*
strawberries
ΦΡΑΟΥΛΕΣ ΜΕ ΣΑΝΤΙΓΥ
φράουλες με σαντιγύ *[fraooles me
sadiyi]* strawberries with whipped
cream
ΦΡΟΥΡΙΟ φρούριο fortress
ΦΡΟΥΤΑ φρούτα fruit
ΦΡΟΥΤΟΣΑΛΑΤΑ φρουτοσαλάτα

[frootosalata] fruit salad
ΦΥΓΕ! φύγε! *[fiye]* go away!
ΦΥΛΑΚΑΙ φυλακαί prison
ΦΥΛΑΞΗ ΑΠΟΣΚΕΥΩΝ φύλαξη αποσκευών left luggage, baggage check-room
ΦΥΣΙΚΟ ΠΡΟΪΟΝ φυσικό προϊόν natural product
ΦΥΣΙΚΟ ΧΡΩΜΑ φυσικό χρώμα natural colo(u)ring
ΦΩΤΟΓΡΑΦΕΙΟ φωτογραφείο photographer

X

ΧΑΛΒΑΣ χαλβάς *[Halvas]* sweet/candy made from sesame seeds, nuts and honey
ΧΑΛΙΑ χαλιά carpets
ΧΑΠΙΑ χάπια pills
ΧΑΡΤΕΣ χάρτες maps
ΧΑΡΤΙΚΑ χαρτικά stationery
ΧΑΡΤΟΝΟΜΙΣΜΑ χαρτονόμισμα banknote
ΧΑΡΤΟΦΥΛΑΚΕΣ χαρτοφύλακες briefcases
ΧΕΙΜΕΡΙΝΟΣ χειμερινός (indoor) cinema/movie theater
ΧΕΙΡΟΠΟΙΗΤΟ χειροποίητο handmade
ΧΙΛ. ΧΙΛΙΑ, ΧΙΛΙΑΔΕΣ χιλ. χίλια, χιλιάδες thousand, thousands
ΧΙΛΙΑΡΙΚΟ χιλιάρικο 1000 drachma note
ΧΙΛΙΟΜΕΤΡΟ χιλιόμετρο kilometre, kilometer
ΧΙΟΝΟΔΡΟΜΙΚΟ ΚΕΝΤΡΟ χιονοδρομικό κέντρο ski-centre, ski-center
ΧΛΙΑΡΟ ΝΕΡΟ χλιαρό νερό warm water
ΧΟΙΡΙΝΟ ΚΡΑΣΑΤΟ χοιρινό κρασάτο *[Hirino krasato]* pork cooked in wine
ΧΟΙΡΙΝΟ ΜΕ ΠΡΑΣΑ χοιρινό με πράσα *[Hirino me prasa]* pork with leeks
ΧΟΙΡΙΝΟ ΜΕ ΣΕΛΙΝΟ ΑΥΓΟΛΕΜΟΝΟ χοιρινό με σέλινο αυγολέμονο *[Hirino me selino avgolemono]* pork with celery and egg and lemon sauce
ΧΟΝΔΡΙΚΗΣ χονδρικής wholesale
ΧΟΡΤΑ ΒΡΑΣΜΕΝΑ ΣΑΛΑΤΑ χόρτα βρασμένα σαλάτα *[Horta vrasmena salata]* boiled chicory salad
ΧΟΡΤΟΣΟΥΠΑ χορτόσουπα *[Hortorsoopa]* herb soup
ΧΡΗΜΑΤΙΣΤΗΡΙΟ χρηματιστήριο stock exchange, stock market
ΧΡΟΝΙΑ ΠΟΛΛΑ χρόνια πολλά *[Hronia pola]* happy birthday/Christmas/Easter etc
ΧΡΩΜΑΤΑ-ΣΙΔΗΡΙΚΑ χρώματα-σιδηρικά paints and ironmonger/hardware store
ΧΤΑΠΟΔΙ ΒΡΑΣΤΟ χταπόδι βραστό *[Htapothi vrasto]* boiled octopus
ΧΤΑΠΟΔΙ ΚΡΑΣΑΤΟ χταπόδι κρασάτο *[Htapothi krasato]* octopus cooked in wine
ΧΤΑΠΟΔΙ ΠΙΛΑΦΙ χταπόδι πιλάφι *[Htapothi pilafi]* octopus pilaf
ΧΤΑΠΟΔΙ ΣΤΙΦΑΔΟ χταπόδι στιφάδο *[Htapothi stifatho]* octopus with onion stew
ΧΥΜΟΣ ΝΤΟΜΑΤΑΣ χυμός ντομάτας *[Himos domatas]* tomato juice
ΧΩΡΙΑΤΙΚΗ ΣΑΛΑΤΑ χωριάτικη σαλάτα *[Horiatiki salata]* peasants' salad: tomatoes, cucumber and feta cheese
ΧΩΡΙΣ ΑΝΘΡΑΚΙΚΟ χωρίς ανθρακικό contains no carbon dioxide

Α	Β	Γ	Δ	Ε	Ζ	Η	Θ	Ι	Κ	Λ	Μ	Ν	Ξ	Ο	Π	Ρ	Σ	Τ	Υ	Φ	Χ	Ψ	Ω
α	β	γ	δ	ε	ζ	η	ϑ	ι	κ	λ	μ	ν	ξ	ο	π	ρ	σ	τ	υ	φ	χ	ψ	ω
a	v	g/y	TH	e	z	i	th	i	k	l	m	n	x	o	p	r	s	t	i	f	H	ps	o

ΧΩΡΙΣ ΕΙΣΠΡΑΚΤΩΡΑ χωρίς εισπράκτωρα no ticket collector, have exact fare ready

ΧΩΡΙΣ ΜΠΑΝΙΟ χωρίς μπάνιο without bathroom

ΧΩΡΙΣ ΝΤΟΥΣ χωρίς ντους without shower

ΧΩΡΙΣ ΣΥΝΤΗΡΗΤΙΚΑ χωρίς συντηρητικά no preservatives

ΧΩΡΟΣ ΔΙΑ ΠΟΔΗΛΑΤΕΣ χώρος διά ποδηλάτες cycle path

ΧΩΡΟΦΥΛΑΚΗ χωροφυλακή police

Ψ

ΨΑΡΙ ΒΡΑΣΤΟ ΜΑΓΙΟΝΕΖΑ ψάρι βραστό μαγιονέζα *[psari vrasto mayoneza]* fried fish mayonnaise

ΨΑΡΙΑ ΓΛΩΣΣΕΣ ΒΡΑΣΤΕΣ ΜΕ ΑΥΓΟΛΕΜΟΝΟ ψάρια γλώσσες βραστές με αυγολέμονο *[psaria gloses vrastes me avgolemono]* steamed sole with egg and lemon

ΨΑΡΙΑ ΜΑΡΙΝΑΤΑ ψάρια μαρινάτα *[psaria marinata]* marinated fish

ΨΑΡΙΑ ΤΗΓΑΝΗΤΑ ψάρια τηγανητά *[psaria tiganita]* small fried fish

ΨΑΡΙΑ ΨΗΤΑ ΣΤΗ ΣΧΑΡΑ ψάρια ψητά στη σχάρα *[psaria psita sti s-Hara]* fried fish on charcoal

ΨΑΡΟΣΟΥΠΑ/ΑΥΓΟΛΕΜΟΝΟ ψαρόσουπα/αυγολέμονο *[psarosoopa avgolemono]* fish soup with egg and lemon sauce

ΨΑΡΟΤΑΒΕΡΝΑ ψαροταβέρνα fish tavern

ΨΗΣΤΑΡΙΑ ψησταριά grill (restaurant)

ΨΗΤΟΠΩΛΕΙΟ ψητοπωλείο kebab house

ΨΙΛΙΚΑ ψιλικά small shop

Ω

ΩΘΗΣΑΤΕ ωθήσατε push

ΩΡΕΣ ΛΕΙΤΟΥΡΓΙΑΣ ώρες λειτουργίας opening hours

Reference Grammar

NOUNS

GENDER

All Greek nouns are either masculine, feminine or neuter. Masculine nouns often end in 'ος', 'ας' or 'ης', feminine nouns in 'η' or 'α', and neuter nouns in 'ο' or 'ι'. Nouns with other endings may be masculine, feminine or neuter.

PLURALS

Plurals of nouns are formed by changing the endings as follows:

sing. ending	changes to pl. ending
-ος	-οι
-ας	-ες
-ης	-ες
-η	-ες
-α	-ες
-ο	-α
-ι	-ια

For example:

ο φίλος [o **fi**los]	οι φίλοι [i **fi**li]	the friend(s)
ο άντρας [o **a**dras]	οι άντρες [i **a**dres]	the man (men)
ο διευθυντής [o THi-efthidi**s**]	οι διευθυντές [i THie-efthide**s**]	the manager(s)
η τιμή [i tim**i**]	οι τιμές [i tim**es**]	the price(s)
η γυναίκα [i yin**e**ka]	οι γυναίκες [i yin**e**kes]	the woman (women)
το δωμάτιο [to THom**a**tio]	τα δωμάτια [ta THom**a**tia]	the room(s)
το παιδί [to peTH**i**]	τα παιδιά [ta peTHi**a**]	the child (children)

There are, however, exceptions to these rules:

η πόλη [i p**o**li]	οι πόλεις [i p**o**lis]	the city (cities)
το μπαρ [to bar]	τα μπαρ [ta bar]	the bar(s)

ARTICLES

THE DEFINITE ARTICLE (THE)

The form of the definite article depends on whether the noun is masculine, feminine or neuter, singular or plural:

	sing.	pl.
m.	ο	οι
f.	η	οι
n.	το	τα

For example:

ο καφές [o kaf**e**s]	the coffee
η πόλη [p**o**li]	the city
το μπαρ [to bar]	the bar
οι φίλοι [i fili]	the friends
οι γυναίκες [i yin**e**kes]	the women
τα παιδιά [ta peTHi**a**]	the children

THE INDEFINITE ARTICLE (A, AN)

The indefinite article also changes its form depending on whether the noun is masculine, feminine or neuter:

m.	ένας
f.	μία
n.	ένα

For example:

ένας παππάς [**e**nas pap**a**s]	a priest
μία πόρτα [m**i**a p**o**rta]	a door
ένα καπέλο [**e**na kap**e**lo]	a hat

ADJECTIVES

The endings of adjectives change according to whether the noun referred to is masculine, feminine or neuter, singular or plural. Most adjectives end in:

	sing.	pl.
m.	-ος	οι
f.	-η or -α	-ες
n.	-ο	-α

For example:

ο ψηλός άντρας [o psil**o**s **a**dras]	the tall man
μία μεγάλη πόλι [m**i**a meg**a**li p**o**li]	a big city
η ωραία γυναίκα [i or**e**a yin**e**ka]	the beautiful woman
το καλύτερο κρασί [to kal**i**tero kras**i**]	the best wine
οι ψηλοί άντρες [i psil**i** **a**dres]	the tall men
οι ωραίες γυναίκες [i or**e**-es yin**e**kes]	the beautiful women
τα καλύτερα κρασιά [ta kal**i**tera krasi**a**]	the best wines

COMPARATIVES

To form the comparative, place πιό in front of the adjective:

πιό μεγάλο [pi**o** meg**a**lo]	bigger
πιό καλό [pi**o** kal**o**]	better
πιό σγρήγορο [pi**o** gr**i**goro]	faster

'Than' is translated by από [ap**o**].

POSSESSIVE ADJECTIVES (MY, YOUR etc)

The possessive adjectives are:

μου [moo]	my
σου [soo]	your (*singular*)
του [too]	his
της [tis]	her
του [too]	its
μας [mas]	our
σας [sas]	your (*plural*)
τους [toos]	their

These follow the noun they refer to, and the definite article precedes the noun:

το όνομά μου [to **o**nom**a** moo]	my name
ο φίλος τους [o **fi**los toos]	their friend
τα λεφτά του [ta left**a** too]	his money
τα ρούχα σας [ta r**oo**Ha sas]	your clothes

When the noun is already preceded by an adjective, the possessive adjective usually comes between the adjective and the noun:

τα μαύρα της μαλλιά [ta m**a**vra tis mal**ia**]	her black hair
το καινούργιο μας αυτοκίνητο [to ken**oo**ryo mas aftok**i**nito]	our new car

PRONOUNS

PERSONAL PRONOUNS

subject		direct object		indirect object	
εγώ [ego]	I	με [me]	me	μου[moo]	to me
εσύ [esi]	you (*sing*)	σε [se]	you (*sing*)	σου [soo]	to you (*sing*)
αυτό [aftos]	he	τον [ton]	him	του [too]	to him
αυτή [afti]	she	την [tin]	her	της [tis]	to her
αυτό [afto]	it	το [to]	it	του [too]	to it
εμείς [emis]	we	μας [mas]	us	μας [mas]	to us
εσείς [esis]	you (*pol, pl*)	σας [sas]	you (*pol, pl*)	σας [sas]	to you (*pol, pl*)
αυτοί [afti]	they (m.)	τους [toos]	them	τους [toos]	to them
αυτές [aftes]	they (f.)	της [tis]	them	τους [toos]	to them
αυτά [afta]	they (n.)	τα [ta]	them	τους [toos]	to them

Pronouns expressing the subject are usually omitted in Greek as the ending of the verb makes it clear who is carrying out an action. They may, however, be used to avoid any confusion or for emphasis:

μένω στο Λονδίνο [**me**no sto LonTHino] — I live in London
εγώ το έκανα [eg**o** to **e**kana] — *I* did it

When a sentence contains a direct object pronoun and an indirect object pronoun, the indirect object pronoun comes before the direct object pronoun:

του το έδοσα [too to **e**THosa] — I gave it to him
αυτή μας το πούλησε [aft**i** mas to p**oo**lise] — she sold it to us

When the imperative form of the verb is used, the object pronoun comes after the verb:

δόσε μου λίγο νερό [TH**o**se moo l**i**go ner**o**] — give me some water
στείλτε το αύριο [st**i**lte to **a**vrio] — send it tomorrow

POSSESSIVE PRONOUNS (MINE, YOURS etc)

Possessive pronouns are formed by using a possessive adjective and the word δικός which behaves like an adjective, agreeing in gender and number with the noun.
For example:

είναι δική του αυτή η βαλίτσα; [**i**ne THik**i** too aft**i** i val**i**tsa?] — is this suitcase his?
όχι, είναι δική μου [**o**Hi **i**ne THik**i** moo] — no, it's mine
όχι, είναι δική της [**o**Hi **i**ne THik**i** tis] — no, it's hers
όχι, είναι δική μας [**o**Hi **i**ne THik**i** mas] — no, it's ours

VERBS

Greek verbs are divided into two main classes, known as 'active' and 'passive' verbs. Many verbs which are not passive in English are considered such in Greek. The passive is expressed in Greek by different verb endings.

THE PRESENT TENSE

1. ACTIVE VERBS

Active verbs are further divided into two main types:

i) those ending in unaccented -ω; e.g. θέλω [th**e**lo] I want; έχω [**e**ho] I have
ii) those ending in accented -ώ; e.g. αγαπώ [agap**o**] I love; μιλώ [mil**o**] I speak

The present tense is formed differently for each of these categories.

Present tense endings are:

category (i)		category (ii)
-ω	I ...	-ώ
-εις	you ... (*sing*)	-άς
-ει	he/she/it ...	-ά
-ουμε	we ...	-άμε
-ετε	you ... (*polite/pl.*)	-άτε
-ουν	they ...	-ούν

For example:

έχω [**e**ho]	I have	μιλώ [mil**o**]	I speak
έχεις [**e**his]	you have (*sing*)	μιλάς [mil**as**]	you speak (*sing*)
έχει [**e**hi]	he/she/it has	μιλά [mil**a**]	he/she/it speaks
έχουμε [**e**hoome]	we have	μιλάμε [mil**a**me]	we speak
έχετε [**e**hete]	you have (*pol/pl.*)	μιλάτε [mil**a**te]	you speak (*pol/pl.*)
έχουν [**e**hoon]	they have	μιλόυν [mil**oo**n]	they speak

2. PASSIVE VERBS

Passive verbs are also divided into two main categories:

i) those ending in -ομαι; e.g. έρχομαι [**e**rhome] I come; κάθομαι [**k**athome] I sit
ii) those ending in -αμαι; e.g. φοβάμαι [fov**a**me] I am afraid; θυμάμαι [thim**a**me] I remember

The present tense is formed differently for each of these categories.

Present tense endings are:

category (i)		category (ii)
-ομαι	I ...	-άμαι
-εσαι	you ... (*sing*)	-άσαι
-εται	he/she/it ...	-άται
-όμαστε	we ...	-όμαστε
-εστε	you ... (*pol, pl.*)	-άστε
-ονται	they ...	-ούνται

For example:

κάθομαι [**ka**thome] I sit
κάθεσαι [**ka**these] you sit (*sing.*)
κάθεται [**ka**thete] he/she/it sits
καθόμαστε [kath**o**maste] we sit
κάθεστε [**ka**theste] you sit (*pol/pl.*)
κάθονται [**ka**thonte] they sit

θυμάμαι [thim**a**me] I remember
θυμάσαι [thim**a**se] you remember (*sing.*)
θυμάται [thim**a**te] he/she/it remembers
θυμόμαστε [thim**o**maste] we remember
θυμάστε [thim**a**ste] you remember (*pol/pl.*)
θυμούνται [thim**oo**nte] they remember

Greek has a number of irregular verbs. The most important is the verb 'to be', the present tense of which is:

είμαι [**i**me]   I am
είσαι [**i**se]   you are (*sing.*)
είναι [**i**ne]   he/she/it is
είμαστε [**i**maste]   we are
είσαστε [**i**saste]   you are (*pol, pl.*)
είναι [**i**ne]   they are

THE INDEFINITE

The indefinite form of the verb has no exact equivalent in English, although it corresponds in function to the infinitive in many cases. It does not normally stand on its own, but is necessary for certain constructions and must be known in order to form certain tenses of the verb, such as the simple past. When used with another verb in a construction, the indefinite agrees in person and number with the main verb preceding it.

For example:

θέλουν να μείνουν [th**e**loon na m**i**noon]   they want to stay
μπορώ να μιλήσω Ελληνικά [bor**o** na miliso Elinik**a**]   I can speak Greek

THE SIMPLE PAST

The simple past tense in Greek corresponds to English 'I went', 'you did' etc. When forming the simple past, the accent is usually moved back one syllable. Where necessary, the letter ε is added to the beginning of the verb to make this possible, e.g. κάνω I do, έκανα I did.

The endings for this tense are as follows:

-α	I ...
-ες	you ... (*sing.*)
-ε	he/she/it ...
-αμε	we ...
-ατε	you ...(*pol/pl.*)
-αν	they ...

For example:

αγόρασα [ag**o**rasa] I bought
αγόρασες [ag**o**rases] you bought (*sing.*)
αγόρασε [ag**o**rase] he/she/it bought
αγοράσαμε [agor**a**same] we bought
αγοράσατε [agor**a**sate] you bought (*pol/pl.*)
αγόρασαν [ag**o**rasan] they bought

The simple past of the verb 'to be' is:
ήμουν [**i**moon] I was
ήσουν [**i**soon] you were (*sing.*)
ήταν [**i**tan] he/she/it was
ήμαστε [**i**maste] we were
ήσαστε [**i**saste] you were (*pol/pl.*)
ήταν [**i**tan] they were

Here is a list of common verbs, giving the first person singular of the present tense, the indefinite and the simple past. The endings for the indefinite form of the verb are the same as for the present tense.

	PRESENT	INDEFINITE	SIMPLE PAST
I am	είμαι	είμαι	ήμουν
I am afraid	φοβάμαι	φοβηθώ	φοβήθηκα
I am sitting	κάθομαι	καθίσω	κάθισα
I ask	ρωτώ	ρωτήσω	ρώτησα
I begin	αρχίζω	αρχίσω	άρχισα
I buy	αγοράζω	αγοράσω	αγόρασα
I can	μπορώ	μπορέσω	μπόρεσα
I close	κλείνω	κλείσω	έκλεισα
I come	έρχομαι	έρθω	ήρθα
I dance	χορεύω	χορέψω	χόρεψα
I do	κάνω	κάνω	έκανα
I drink	πίνω	πιώ	ήπια
I eat	τρώω	φάω	έφαγα
I give	δίνω	δόσω	έδωσα
I go	πηγαίνω	πάω	πήγα
I have	έχω	έχω	είχα
I know	γνωρίζω	γνωρίσω	γνώρισα
I know (*facts*)	ξέρω	ξέρω	ήξερα
I look	κοιτάζω	κοιτάξω	κοίταξα
I love	αγαπώ	αγαπήσω	αγάπησα
I open	ανοίγω	ανοίξω	άνοιξα
I remember	θυμάμαι	θυμηθώ	θυμήθηκα
I say	λέγω	πω	είπα
I see	βλέπω	δω	έιδα
I show	δείχνω	δείξω	έδειξα
I sleep	κοιμάμαι	κοιμηθώ	κοιμήθηκα
I speak	μιλώ	μιλήσω	μίλησα
I stay	μένω	μείνω	έμεινα
I stop	σταματώ	σταματήσω	σταμάτησα
I take	παίρνω	πάρω	πήρα
I think	νομίζω	νομίσω	νόμισα
I understand	καταλαβαίνω	καταλάβω	κατάλαβα
I want	θέλω	θέλω	ήθελα
I work	δουλεύω	δουλέψω	δούλεψα
I write	γράφω	γράψω	έγραψα

THE FUTURE TENSE

The future can be expressed by using θα and the appropriate forms of the indefinite tense. The forms of the indefinite are found by taking the indefinite (see list above) and adding the endings of the present tense.

For example:

θα έρθω [tha **e**rtho] I'll come
θα έρθεις [tha **e**rthis] you'll come (*sing.*)
θα έρθει [tha **e**rthi] he/she/it'll come
θα έρθουμε [tha **e**rthoome] we'll come
θα έρθετε [tha **e**rthete] you'll come (*pol/pl.*)
θα έρθουν [tha **e**rthoon] they'll come

MAKING THE VERB NEGATIVE

The negative is formed by placing the word δεν before the verb:

δεν καταλαβαίνω [THen katalav**e**no]	I don't understand
δεν θέλουμε αυτό [THen th**e**loome aft**o**]	we don't want this
δεν πήγαν στην παραλία [THen p**i**gan stin parali**a**]	they didn't go to the beach

YOU

There are two ways of expressing 'you' in Greek:

εσύ [es**i**]	this is the singular familiar form
εσείς [es**i**s]	this is the polite form and also the plural form (both familiar and polite)

It is acceptable to use the familiar form when speaking to hotel staff, taxi drivers etc, but if in doubt, use the polite form.

IMPERATIVES (GIVING COMMANDS)

To find the imperative to be used to people addressed by the familiar form of the verb, change the final -ω of the indefinite form to -ε:

φύγε! [f**i**ye!]	go away!
άκουσε! [**a**koose]	listen!

Polite imperatives, or imperatives addressed to more than one person, are formed by changing the final -ω of the indefinite to ετε or -τε:

τα βάζετε εδώ, παρακαλώ [ta v**a**zete ETH**o** parakal**o**] put them here please

To make the imperative negative, place μη or μην before the second person of the indefinite form of the verb:

μην ακούς [min ak**oo**s]	don't listen
μη φύγετε! [mi f**i**yete]	don't go!

Some common irregular imperatives are:

FAMILIAR	POLITE/PLURAL	
έλα [**e**la]	ελάτε [el**a**te]	come
πες [pes]	πέστε [p**e**ste]	say
άσε [**a**se]	άστε [**a**ste]	leave alone

TELLING THE TIME

what time is it?	ti **o**ra **i**ne? [τι ώρα είναι;]
it is ...	**i**ne ... [είναι ...]
one o'clock	m**i**a i **o**ra [μία η ώρα]
seven o'clock	eft**a** i **o**ra [εφτά η ώρα]
one a.m.	m**i**a pro mesimvr**i**as [μία προ μεσημβρίας]
seven a.m.	eft**a** pro mesimvr**i**as [εφτά προ μεσημβρίας]
one p.m.	m**i**a met**a** mesimvr**i**as [μία μετά μεσημβρίας]
seven p.m.	eft**a** met**a** mesimvr**i**as [εφτά μετά μεσημβρίας]
midday	mesim**e**ri [μεσημέρι]
midnight	mes**a**niʜta [μεσάνυχτα]
five past eight	oʜt**o** ke p**e**de [οχτώ και πέντε]
five to eight	oʜt**o** par**a** p**e**de [οχτώ παρά πέντε]
half past ten	ᴛʜ**e**ka ke mis**i** [δέκα και μισή]
quarter past eleven	**e**deka ke t**e**tarto [έντεκα και τέταρτο]
quarter to eleven	**e**deka par**a** t**e**tarto [έντεκα παρά τέταρτο]

CONVERSION TABLES

1. LENGTH

centimetres, centimeters
1 cm = 0.39 inches

metres, meters
1 m = 100 cm = 1000 mm
1 m = 39.37 inches = 1.09 yards

kilometres, kilometers
1 km = 1000 m
1 km = 0.62 miles = 5/8 mile

km	1	2	3	4	5	10	20	30	40	50	100
miles	0.6	1.2	1.9	2.5	3.1	6.2	12.4	18.6	24.9	31.1	62.1

inches
1 inch = 2.54 cm

feet
1 foot = 30.48 cm

yards
1 yard = 0.91 m

miles
1 mile = 1.61 km = 8/5 km

miles	1	2	3	4	5	10	20	30	40	50	100
km	1.6	3.2	4.8	6.4	8.0	16.1	32.2	48.3	64.4	80.5	161

2. WEIGHT

gram(me)s
1 g = 0.035 oz

g	100	250	500
oz	3.5	8.75	17.5 = 1.1 lb

kilos

1 kg = 1000 g

1 kg = 2.20 lb = 11/5 lb

kg	0.5	1	1.5	2	3	4	5	6	7	8	9	10
lb	1.1	2.2	3.3	4.4	6.6	8.8	11.0	13.2	15.4	17.6	19.8	22

kg	20	30	40	50	60	70	80	90	100
lb	44	66	88	110	132	154	176	198	220

tons

1 UK ton = 1018 kg

1 US ton = 909 kg

tonnes

1 tonne = 1000 kg

1 tonne = 0.98 UK tons = 1.10 US tons

ounces

1 oz = 28.35 g

pounds

1 pound = 0.45 kg = 5/11 kg

lb	1	1.5	2	3	4	5	6	7	8	9	10	20
kg	0.5	0.7	0.9	1.4	1.8	2.3	2.7	3.2	3.6	4.1	4.5	9.1

stones

1 stone = 6.35 kg

stones	1	2	3	7	8	9	10	11	12	13	14	15
kg	6.3	12.7	19	44	51	57	63	70	76	83	89	95

hundredweights

1 UK hundredweight = 50.8 kg

1 US hundredweight = 45.36 kg

3. CAPACITY

litres, liters

1 l = 7.6 UK pints = 2.13 US pints

$\frac{1}{2}$ l = 500 cl

$\frac{1}{4}$ l = 250 cl

pints
1 UK pint = 0.57 l
1 US pint = 0.47 l

quarts
1 UK quart = 1.14 l
1 US quart = 0.95 l

gallons
1 UK gallon = 4.55 l
1 US gallon = 3.79 l

4. TEMPERATURE

centigrade/Celsius
C = (F − 32) × 5/9

C	−5	0	5	10	15	18	20	25	30	37	38
F	23	32	41	50	59	64	68	77	86	98.4	100.4

Fahrenheit
F = (C × 9/5) + 32

F	23	32	40	50	60	65	70	80	85	98.4	101
C	−5	0	4	10	16	20	21	27	30	37	38.3

NUMBERS

0	miTH**e**n [μηδέν]	
1	**e**na [ένα]	1st pr**o**tos [πρώτος]
2	TH**i**o [δύο]	2nd TH**e**fteros [δεύτερος]
3	tr**i**a [τρία]	3rd tr**i**tos [τρίτος]
4	t**e**sera [τέσερα]	4th t**e**tartos [τέταρτος]
5	p**e**de [πέντε]	5th p**e**mtos [πέμπτος]
6	**e**xi [έξι]	6th **e**Htos [έχτος]
7	eft**a** [εφτά]	7th **e**vTHomos [έβδομος]
8	oHt**o** [οχτώ]	8th **o**gTHo-os [όγδοος]
9	eni**a** [εννιά]	9th **e**natos [έννατος]
10	TH**e**ka [δέκα]	10th TH**e**katos [δέκατος]
11	**e**deka [έντεκα]	
12	TH**o**THeka [δώδεκα]	
13	THekatr**i**a [δεκατρία]	
14	THekat**e**sera [δεκατέσερα]	
15	THekap**e**de [δεκαπέντε]	
16	THeka**e**xi [δεκαέξι]	
17	THekaeft**a** [δεκαεφτά]	
18	THekaoHt**o** [δεκαοχτώ]	
19	THekaeni**a** [δεκαεννιά]	
20	**i**kosi [είκοσι]	
21	ikosi-**e**na [εικοσιένα]	
22	ikosi-th**i**o [εικοσιδύο]	
23	ikosi-tr**i**a [εικοσιτρία]	
24	ikosi-t**e**sera [εικοσιτέσερα]	
25	ikosi-p**e**de [εικοσιπέντε]	
26	ikosi-**e**xi [εικοσιέξι]	
27	ikosi-eft**a** [εικοσιεφτά]	
28	ikosi-oHt**o** [εικοσιοχτώ]	
29	ikosi-eni**a** [εικοσιεννιά]	
30	tri**a**da [τριάντα]	
31	triada-**e**na [τριανταένα]	
40	sar**a**da [σαράντα]	
50	pen**i**da [πενήντα]	
60	ex**i**da [εξήντα]	
70	evTHom**i**da [εβδομήντα]	
80	ogTH**o**da [ογδόντα]	
90	enen**i**da [ενενήντα]	
100	ekat**o** [εκατό]	
101	ekat**o**n **e**na [εκατόν ένα]	
200	THiak**o**sia [διακόσια]	
300	triak**o**sia [τριακόσια]	
1,000	H**i**lia [χίλια]	
1987	H**i**lia eniak**o**sia ogTHodaeft**a** [χίλια εννιακόσια ογδονταεφτά]	
2,000	TH**i**o Hili**a**THes [δύο χιλιάδες]	
3,000	tris Hili**a**THes [τρεις χιλιάδες]	